I0258255

PÉTION ET HAÏTI.

TABLE

DES MATIÈRES CONTENUES DANS LE TOME PREMIER.

LIVRE I.

Naissance d'Alexandre Pétion.— Son éducation — Son apprentissage.— Etat des castes à Saint-Domingue. — Premiers mouvements révolutionnaires de la Métropole.— Premières démarches des affranchis pour obtenir l'égalité des droits politiques.-- Assemblée de Saint-Marc.— Décret du 8 mars 1790.— Vincent Ogé.— Sa prise d'armes et sa mort. 23

LIVRE II.

Décret du 15 mai 1791.— Assemblée coloniale — Campement des affranchis sur l'habitation Diégue.— Insurrection des esclaves. —Combats de Nérette et de Pernier.— Paix de Damiens.— Affaire des Suisses —Incendie du Port-au-Prince.— Première commission civile.— Dissolution de la confédération.—Loi du 4 avril.— Conseil de paix et d'union. — Rentrée des affranchis au Port-au-Prince. 86

LIVRE III.

Portrait de Sonthonax et de Polvérel.—Commission intermédiaire. —Premier voyage de Polvérel dans l'Ouest et le Sud.—Canonnade du Port-au-Prince.—Organisation de la légion de l'Ouest.— Arrivée de Galbaud.—Incendie du Cap.—Affaire du camp Desrivaux.—Proclamation de la liberté générale.—Invasion anglaise. —Coalition de Saint-Marc.—Perte du Port-au-Prince.—Départ des commissaires. — Arrestation de Montbrun. 170

LIVRE IV.

Reddition de Toussaint-L'Ouverture à la République.— Reprise de Léogane par Rigaud.—Siège de Byzoton.— Combat du *Carrefour-Truitier*. — Belle défense de Léogane par Desruisseaux et Pétion. — Paix entre la France et l'Espagne : fin de la guerre des esclaves.— Affaire du 30 ventôse.— Nouvelle commission civile.— Départ de Laveaux.— Pétion chef de brigade adjudant-général — Départ de Sonthonax.— Prise du *Camp de la Coupe*. 242

Paris. Impr. de Moquet, 92, r. de la Harpe.

A. PÉTION

Président d'Haïti

Laurent imp. r. St Jacques, 71 Paris.

TÉTOUAN ET HAML

ÉTUDE
MONOGRAPHIQUE ET HISTORIQUE

PÉTION ET HAÏTI.

ÉTUDE
MONOGRAPHIQUE ET HISTORIQUE,

PAR

SAINT-RÉMY.

(DES CAYES. HAÏTI.)

TOME PREMIER.

PARIS,

CHEZ L'AUTEUR,

RUE SAINT-JACQUES, 67.

1854

A

M. ISAMBERT,

CONSEILLER A LA COUR DE CASSATION DE FRANCE,

ANCIEN DÉPUTÉ, REPRÉSENTANT DU PEUPLE,

A LA CONSTITUANTE DE 1848.

A vous, Monsieur, je dédie ce livre, comme à un des amis les plus nobles, les plus dévoués de ma race.

Aujourd'hui encore, en l'absence de parlement, votre voix généreuse s'élève chaque fois qu'il s'agit de seconder les vues éclairées du ministre bienveillant qui dirige la MARINE et les COLONIES ([1]).

Cette offrande publique est autant une faible marque d'estime personnelle qu'une dette que l'Afrique et l'Amérique ont contractée envers vous, et qu'au nom de leurs enfants, j'essaye ici de remplir en ma qualité d'homme noir.

Daignez, Monsieur, croire à mon profond respect.

SAINT-RÉMY.

Paris, le 20 novembre 1853,
an XLIX de l'indépendance d'Haïti.

([1]) M. Ducos.

PÉTION ET HAÏTI.

PROLÉGOMÈNES.

Haïti, plus qu'aucune des îles qu'arrosent les mers du Nouveau-Monde, mérite peut-être de fixer l'attention du botaniste, du chimiste, du physicien. Et elle n'est pas moins digne des méditations du moraliste, du philosophe et de l'homme d'état.

En effet, quelle île de l'Archipel américain plus fertile, plus riche que cette terre haïtienne que le XVIIIe siècle, ce siècle de merveilles, appela la *Reine des Antilles?* Quels plus spacieux, quels plus magnifiques ports d'entrepôts pour le commerce des deux mondes ? Quels plus gigantesques arsenaux, debout le long des plages, au moyen de leur formidable artillerie, pourraient mieux porter la terreur sur toutes les côtes environnantes, — ces immenses débouchés du commerce européen, — et interdire à tout pavillon étranger les abords de la mer des Antilles et de la *Terre-Ferme ?* Jetez un grain dans le sein de cette terre miraculeuse : sans soin, le germe pousse, et montre bientôt son épi d'or. Là, un printemps perpétuel : c'est une nouvelle Salante. Plongez plus avant le fer ; vous exhumerez du marbre, du jaspe, de l'or, de l'argent, après lesquels tout le monde court, — du fer et du cuivre, qui valent cependant mieux. L'aspect et la nature du sol annoncent dans bien des localités des gisements de diamant. Des plantes encore inappréciées, peuvent renouveler toutes les ressources de la science médicale et donner une autre direction au progrès des Arts et Manufactures. Des forêts séculaires ombragent cette île dont les montagnes offrent les sites les plus pittoresques, et dont les vallons présentent des paysages plus enchanteurs qu'aucun de ceux que nous admirons sur la terre européenne. Enfin vingt à vingt-cinq millions d'hommes pourraient facilement vivre à l'aise sur cette terre splendide, et faire succéder à la solitude de la grève, au silence de la forêt, le mouvement des rames, l'activité de la cognée et de la charrue. Telle serait Haïti, — peuplée et florissante.

Telle l'aurait voulue sans doute le grand citoyen

dont j'entreprends de publier la vie. En effet, pour parvenir à ces heureux résultats, il ne négligea aucun moyen ; ayant connu les douleurs de la proscription, il se hâta, aussitôt qu'il fut au pouvoir, de rappeler de l'étranger tous ses concitoyens qui avaient été frappés par les différents régimes précédents. On le vit même pousser la magnanimité jusqu'à laisser débarquer ceux des nôtres qui avaient combattu contre la liberté de leur race. On le vit favoriser l'immigration de tous les noirs et mulâtres qui souffraient de l'esclavage et des préjugés dans l'archipel américain. On le vit encore, — étendant sa sollicitude sur la race blanche, — prendre sous sa protection Bolivan, cet autre libérateur, qui, poursuivi par les revers du sort, repoussé de la Jamaïque, à qui, dans sa détresse, il tendait les bras, arriva en Haïti où il trouva l'appui qu'il cherchait pour l'émancipation de son pays. On le vit enfin accueillir Billaud-Varennes, le fameux député à la Convention nationale, qui, fuyant les réactions de l'Europe, était venu demander à la république l'hospitalité de son sol libre. C'est qu'il pensait que pour avoir souffert si cruellement du joug de tant de despotismes divers, son pays devait, dès qu'il avait reconquis ses droits, devenir l'asile naturel de toutes les victimes de la politique.

Aussi Pétion, par la grandeur des vues et la générosité des moyens, exerça jusqu'au dernier moment et exerce-t-il encore au de là de la tombe, sur les esprits, un pouvoir qui tient d'un fanatisme religieux. On aura peine à croire jusqu'à quel point ce pouvoir put s'élever. Il était tel que durant nos révolutions, au champ de bataille, comme sous la tente, à la tribune et dans le cabinet, aucun évènement glorieux n'eut lieu, qu'il n'en ait eu sa grande part. Oui, il savait imposer à tous l'empire de ses volontés, rien que parce qu'à côté de lui se trouvaient la sagesse des conseils, l'amour de la patrie et de l'humanité. Joignez à son éloquence pleine de modestie et de bon sens, la majesté de son front, le feu martial qui brillait dans ses yeux ; et comme contraste de cette majesté et de ce feu martial, ajoutez le sourire aimable et plein de bonhomie qui accompagnait ses procédés toujours affables, toujours obligeants, lors même qu'il ne pouvait ni donner, ni accorder. A un flegme imperturbable, joignez de plus une bonté incommensurable. En veut-on une preuve ? Qu'on me permette de transcrire un fait tel que je l'écrivis aussitôt que Segrettier me l'eut raconté :

« Lorsque Rigaud vint de France essayer aux
« Cayes la restauration de son ancienne autorité,
« j'arborai comme les autres le drapeau scission-
« naire.

« J'étais à Miragoâne avec bon nombre de
« *boute-feux* : ce n'étaient que propos dé-
« daigneux, quolibets, brocards que nous lan-
« cions contre Pétion. A table chez Brouard, il
« m'arriva un jour de dire que le Président
« Pétion était, à mon avis, un pilote si incapable
« pour la République, que je ne lui aurais pas
« même confié le commandement d'un bateau
« que j'avais.

« Des partisans du Président lui rapportèrent
« mon discours. Quelque temps après, mon ba-
« teau se brisa sur les *Iles-Turques*.

« Mais la débâcle arrive. Pétion rentre dans le
« sud en pacificateur. Je vins habiter le Port-au-
« Prince. Notre flotte y conduisit un bateau de
« Christophe, qu'elle avait capturé. Je cours au
« palais et prie le Président de me le donner
« pour faire faire le cabotage de Miragoâne.
« Je suis fâché, me repondit-il, que vous vous
« soyez pris trop tard. Boyer vient de me le de-

« mander. Je lui en ai fait cadeau. Mais à propos,
« ajouta-t-il, vous en aviez un ; qu'en avez-vous
« fait? — Je l'ai perdu aux *Iles-Turques*.— C'est
« malheureux. Si vous m'en aviez donné le
« commandement, vous l'auriez peut-être en-
« core, tout mauvais timonier que je sois. Vous
« souvenez-vous, me dit-il en riant, des discours
« qu'on tenait à Miragoâne, il y a bientôt deux
« ans ?
« Je restai confondu entre l'admiration et la
« honte. Mais Pétion, qui ne fut jamais grand à
« demi, vit mon embarras, changea de conver-
« sation ; et je vis moi-même qu'il se repentait
« presque de m'avoir rappelé une circonstance
« douloureuse à mon cœur. »

Comment par de pareils procédés ne pas enchaîner l'amour universel ?

Qui eût vu Pétion, dans le cercle de la vie privée, l'eût cru plutôt propre à couler des jours exempts de fatigue et de gloire au sein de l'indolence et de l'incurie, qu'à fournir une carrière aussi orageuse et aussi brillante que fut la sienne. Mais la patrie faisait-elle entendre sa voix ? une métamorphose s'opérait tout-à-coup en cet homme étonnant. Tout ce qui se trouvait autour de lui subissait alors sa loi. Le poste du péril devenait le sien. Aussi laissa-t-il un si beau modèle dans l'art de maîtriser la confiance du soldat, que tous les généraux devraient se tenir pour honorés d'entrer sous ce rapport en comparaison avec lui.

Pétion ne fut pas seulement un grand capitaine ; il fut un grand homme d'état : réfléchissant aux succès que Pitt avait obtenus dans l'administration des finances, frappé du grand nom que ce ministre avait laissé derrière lui, et émerveillé de ce qu'après la mort de cet homme célèbre, l'état se fût vu dans la nécessité de payer ses dettes, il trouva cette fin si honorable pour un ministre, qu'il ne put que persister dans le désintéressement qui l'avait caractérisé dès le début de sa carrière. Il avait réfléchi plus que certains beaux esprits ne le pensent aujourd'hui, sur le chef-d'œuvre de Pitt, c'est-à-dire sur le secret qu'il a eu d'identifier tellement la fortune des particuliers à celle de l'état, que chacun, sentant son bien-être inséparable de celui de la patrie, soit toujours prêt à devancer ses besoins dans les cas nécessaires. Il parvenait insensiblement à ce but désirable : déjà les distributions des terres aux serviteurs de la République étaient comme les premières assises de son système économique.

Pétion fut encore un grand administrateur,

quoique la pénurie du trésor, au moment de sa mort, l'état languissant où se trouvaient le commerce et l'agriculture, semblent déposer contre ce dernier titre. Mais si l'on réfléchit aux attaques sans cesse renaissantes du nord, qui l'avaient empêché de faire fleurir le *Boucassin*, *l'Arcahaie*, la plaine du *Cul-de-Sac* et le *Mirebalais*; si l'on reporte ses méditations sur les troubles survenus tantôt à Léogane, tantôt à Jacmel, et tantôt aux Cayes; si l'on considère cette nouvelle *Vendée*, ce cancer politique que Christophe avait su organiser et alimenter dans la Grande-Anse, on se rangera à mon opinion, surtout en se rappelant avec quelle économie il vécut et dans quelle pauvreté il mourut.

L'assemblage de tant de qualités si éminentes, fit de Pétion presque un Dieu pour ses concitoyens. Aussi quand il se retira de ce monde, un cri qui retentit encore aujourd'hui, s'éleva du sein de la population indigène, comme étrangère : IL NE FIT COULER DE LARMES QU'A SA MORT ! Cri solennel, sublime, intuitif, s'il en fut jamais ; car il est dans toutes les bouches, sans qu'on sache qui le proféra le premier.

Quelle tombe a jamais été honorée d'une plus religieuse, plus majestueuse épitaphe ? C'est que,

« le Président Pétion, suivant Billaud-Varennes,
« était le Trajan d'Haïti, sans avoir le malheur
« d'être prince. Joignant les qualités de l'âme,
« ajoute-t-il, à celles de l'esprit, sage, équitable,
« bienfaisant, il réparait les pertes, effaçait les dé-
« sastres, consolait, ranimait, encourageait et
« rendait heureux tout ce qui l'entourait (¹). »

Éloge qui fut l'expression d'une profonde conviction, car Billaud-Varennes était de ces républicains farouches qui ne voient partout que des despotes et des esclaves (²).

(1) *Mémoires* de Billaud-Varennes, tome 2, page 191 et 192. Paris, 1821, chez Plancher.
(2) Billaud-Varennes débarqua au Port-au-Prince le 7 janvier 1816. Pétion se trouvait à son château de Tort. Ce grand homme, pensant que l'ex-conventionnel avait enfin renoncé à cette exagération de principes qui occasionna les horribles massacres de septembre, ne dédaigna pas de se rendre en ville, pour lui assurer lui-même sa bienveillante protection. Il le nomma *historiographe* d'Haïti. Après la mort de Pétion, Billaud commença la publication d'un travail où il promettait de donner le *portrait moral* de son bienfaiteur. Ce travail avait pour titre : « QUESTION DU DROIT DES GENS : *Les Républicains d'Haïti possèdent-ils les qualités requises pour obtenir la ratification de leur indépendance ?* par un Observateur philosophe. » Trois feuilles seulement parurent de ce travail. Le président Boyer, qui venait de succéder à Pétion, s'effaroucha de la violence des opinions de l'auteur. Billaud, mécontent, partit pour les Etats-Unis; il revint bientôt en Haïti, où il mourut en 1819, à l'âge de 57 ans. Il avait remis des manuscrits à Colombe.

Me permettra-t-on de rappeler aussi un autre éloge que les vertus du grand hommes inspirèrent au général Frémont, alors commissaire des guerres ?—Frémont célébra une fête sur son habitation *Moléart* que Pétion venait de lui donner au nom de la République, tant pour la conduite de son père durant la première guerre civile, que pour la coopération dont Frémont lui-même avait été à Lamarre lors de l'expulsion des Français du Petit-Goâve. Il avait fait inscrire dans la salle du banquet cette éloquente parole : Grace a dieu et au président pétion, associant ainsi le nom du héros à qui il devait sa fortune à celui de la Providence, qui couronnait ses travaux (¹). C'était là comme une réminiscence de la légende que Virgile avait fait inscrire sur le seuil de la maison de plaisance qu'il tenait de la munificence d'Auguste : Deus hæc otia fecit. Mais, agrandissant le sens de la légende par laquelle Frémont témoignait à Pétion sa gratitude, l'Haïtien ne doit jamais oublier qu'après Dieu, ce sont, pour me servir des expressions de l'amiral Grivel, à la célébration de la

Cet infortuné jeune homme se rendait en France pour les éditer avec ses propres travaux, quand il périt en 1823 sur le brick le *Léviathan*.

(1) *L'Abeille haïtienne*, n° xx. Port au Prince, 1816.

reconnaissance de notre indépendance, le courage et la sagesse de ce grand homme qui préparèrent l'accomplissement de ce fait mémorable (¹).

Aussi, jeune, pénétré d'admiration pour tout ce que j'entendais des vertus de Pétion, je commençai à recueillir des notes sur sa vie. Beaucoup de ceux qui se plaisaient tant à me raconter ce qu'ils en savaient, dorment aujourd'hui dans la générosité du tombeau. Hélas! naguère c'étaient Georges et Glézil; aujourd'hui c'est Segrettier. Ils furent eux-mêmes les témoins ou les compagnons de sa gloire. Les noms d'un grand nombre de mes traditionnaires se trouveront souvent prononcés à côté du sien. Depuis, les années se sont accumulées sur ma tête. Et mêlé moi-même aussi aux événements de mon pays, j'ai été à portée de sentir la différence qui existe entre notre génération et celle de nos pères. Il faut avoir le courage de le dire, nous n'avons en rien avancé leurs travaux.

Ma pensée primitive était de ne livrer au public qu'une *biographie*. Je voulais reprendre la tâche que Colombel s'était imposée, et qu'une mort prématurée et douloureuse enleva avant

---

(1) Appendice aux Mémoires de Toussaint-L'Ouverture, par Saint-Rémy, page 56. Paris, chez Pagnerre, 1853.

qu'il l'eût accomplie. Telle était ma pensée jusqu'en 1847, quand un de mes compatriotes, rempli de bonne volonté, riche d'ardeur, M. Madiou, fit paraître son premier volume de l'*Histoire d'Haïti*. Remarquant alors la quantité d'erreurs, d'anachronismes dont ce volume fourmillait ; voyant surgir d'autres erreurs dans deux autres volumes du même travail, je pris soudain la résolution d'élargir le cadre que je m'étais tracé, afin de pouvoir plus au long rétablir la vérité. Je me serais cru quelque culpabilité, si pensant avoir à dire quelque chose d'utile, je m'étais renfermé dans le mutisme. L'hospitalité de la grande nation française vint en quelque sorte, favoriser mon œuvre : toutes les archives des différents ministères me furent généreusement ouvertes.— C'est là sans doute encore une preuve de plus de la force d'un peuple qui n'a rien à redouter que de lui-même. — Je profitai de cette bienveillance, sans que la dette de la reconnaissance me pût faire oublier ce que je dois avant tout à ma race, à mon pays, à moi-même. Je fus donc plus à même que jamais de rétablir la sincérité des faits, la justice des blâmes et des éloges. J'allais faire imprimer, quand un écrivain, M. Ardouin, déjà connu par sa *Géographie de l'île d'Haïti*, entraîné sans doute, comme moi par l'amour de la vérité, est venu publier ses deux premiers volumes intitulés : *Études sur l'Histoire d'Haïti* (¹), où il relève avec un zèle tout-à-fait louable et infiniment de talents, beaucoup des erreurs de M. Madiou.

Ma tâche se trouvait, pour ainsi dire, toute accomplie par M. Ardouin. Je n'avais guère qu'à me replier sur moi-même et revenir à mon plan primitif. Mais, réfléchissant que le champ est vaste, que tous peuvent indistinctement le féconder de leurs sueurs, je résolus, malgré ma faiblesse relative, de donner tel quel le travail que j'avais terminé.

Dans ce travail, je n'ai point visé à faire de l'esthétique, encore moins de la grammaire. Quoique plein de respect pour la langue de Bossuet et de Voltaire, je ne suis pas de ceux qui en veulent plus à Boisrond-Tonnerre d'avoir outragé l'Académie en créant le verbe *lugubrer*, que d'avoir outragé l'humanité en provoquant le massacre des blancs. Je crois même que l'haïtien a le droit d'innover dans la langue française, jusqu'à lui donner l'originalité de ses mœurs, de ses localités ; qu'il a le droit d'innover jusqu'au *créolisme*, pourvu que le style soit rapide, imagé, et que la pensée se laisse

(1) *Études sur l'histoire d'Haïti*, Chez Dézobry et Magdeleine Paris, 1853.

d'autant mieux saisir. Ne se trompent-ils pas ceux qui croient faire quelque chose de durable, en se traînant à la remorque de la littérature française, comme on fait en Belgique? Pourquoi, tout au contraire, ne ferait on pas comme aux États-Unis, où les meilleurs écrivains sont précisément ceux qui s'éloignent le plus des traces indiquées par les classiques de la Grande-Bretagne?

Un soin surtout que j'ai eu en vue, c'était de m'abstenir, autant qu'il n'en était pas rigoureusement nécessaire, de faire des axiômes, des maximes d'état. Mais en compensation, j'ai essayé de poser ou de rétablir la vérité matérielle des faits.—Est-ce à dire pour cela que toute la vérité se trouve dans mon travail?—Non sans doute ; combien de faits importants resteront encore ignorés ou défigurés, par cela seul que nous ne devons pas toujours nous en rapporter aux traditions, et que les documents manquent souvent, soit pour fixer la chronologie des scènes, soit pour fixer la pensée des acteurs. — Est-ce à dire même que je ne me sois pas plus d'une fois trompé?—Non ; car c'est folie que de penser toujours avoir mieux fait que les autres, de croire qu'après soi il n'y a plus de part pour autrui que le silence et l'admiration. — Quant à la méthode, quatre écrivains, dont je me déclare le tributaire, quatre pères de notre histoire nationale, Toussaint-L'Ouverture, par ses *Mémoires*, Boisrond-Tonnerre, par les siens, M. Hérard-Dumesle, par son *Voyage dans le Nord d'Haïti*, M. Ardouin, par sa *Géographie*, me devaient nécessairement servir de jalons, pour ne pas m'égarer dans le développement des causes de nos révolutions. Je leur dois mes remercîments, d'avoir les premiers songé à enregistrer, sinon,—suivant moi,—toujours avec exactitude, du moins avec patriotisme, les faits mémorables qui se sont accomplis dans notre pays. On me croira sans peine, même l'*Histoire d'Haïti*, par M. Madiou, m'a été quelquefois utile. Tant Sénèque *le philosophe* avait raison de dire qu'on apprend toujours quelque chose avec un livre tel qu'il soit ; et c'est si vrai que grâce à la publication des trois volumes de M. Madiou, j'ai pu mieux que je ne l'avais fait jusqu'alors, envisager certains événements et certains caractères.

C'est donc à l'aide de mes devanciers que j'ai essayé de peindre, sans doute sans talent, mais avec bonne foi, toutes nos célébrités, la plupart funestes à la patrie, funestes à eux-mêmes. La plus grande figure morale, qui, à mes yeux, ressort de tout ce cliquetis d'armes, de toutes ces hécatombes, auxquels le lecteur aura assisté, c'est sans contredit Alexandre Pétion, à qui la postérité confirmera le nom de *grand* que ses contemporains lui décernèrentr. Et quand nous avons vu une telle figure, sortir d'une race abrutie, croître, grandir, pure de tout excès, toujours magnanime dans ses desseins, comme dans les moyens qu'il employait pour les réaliser, nous devons dire hautement que cette race a dans ses entrailles du cœur, dans son cerveau de l'intelligence, dans son âme toutes les aptitudes civilisatrices.

Mon travail, fruit de longues et consciencieuses recherches, est destiné principalement à l'instruction de la jeunesse. Quel plus beau type national offrir à l'imitation de cette jeunesse que Pétion?

Voltaire a dit quelque part : « Célébrer des « hommes tels que le cardinal de Richelieu, Louis « XIV, un Séguier, un Colbert, un Turenne, un « Condé, c'est dire à haute voix : rois, ministres, « généraux à venir, imitez ces grands hommes. » Nous devons dire à notre tour à tous ceux que le ciel appelle à gouverner notre pays : imitez Pétion dans sa charité, son désintéressement, son dévoûment, sa grandeur d'âme.

Voltaire ajoute encore : « Ignore-t-on que le « panégyrique de Trajan anima Antonin à la ver-

« tu? Et Marc-Aurèle, le premier des empereurs
« et des hommes n'avoue-t-il pas dans ses écrits
« l'émulation que lui inspirèrent les vertus d'An-
« tonin? Lorsque Henri IV entendit dans le par-
« lement nommer Louis XII le *Père du peuple*, il
« se sentit pénétré du désir de l'imiter et il le sur-
« passa. »

C'est donc un fait acquis que le tableau de la vie des grands hommes peut influer en bien sur l'esprit de ceux qui viennent après eux. Je laisse alors de côté toutes les considérations qui pourraient m'arrêter dans mon dessein ; et, le cœur plein d'un religieux patriotisme, j'évoque des ombres chères à tous pour les dessiner aux yeux de tous. J'évoque surtout Alexandre Pétion.

Raconter la vie d'un homme qui appartient à la race Africaine ! Ceux qui mettent la passion au-dessus de la vérité, y trouveront à redire. Mais ce n'est pas pour eux que j'écris. Mon livre ne s'adresse qu'aux hommes de bonne foi. Je ne puis ni ne dois m'inquiéter des jugements des méchants. D'ailleurs, c'est le flambeau de la vérité à la main, que j'essaie d'éclairer le dédale de nos discordes civiles et de faire à chacun la part d'éloge et de blâme, d'estime et de mépris, qui lui est due. Je désire surtout, et c'est là toute mon ambition, de contribuer, dans la mesure de mes forces, à la civilisation des hommes de ma race. Il n'entre pas dans ma pensée de flatter personne. Ce n'est pas en caressant les passions populaires, ce n'est pas en sanctifiant d'absurdes préjugés, — chose toujours dangereuse, — qu'on relève le monde à la hauteur dont est susceptible sa dignité. Je veux être juste. Aux actions mauvaises, inutiles, leur sanction pénale, comme aux actions honnêtes, profitables à l'humanité, leur éloge et leur glorification. Voilà, suivant moi, la tâche de l'histoire, si l'on veut faire fructifier ses enseignements.

LIVRE PREMIER.

Naissance d'Alexandre Pétion.—Son éducation.—Son apprentissage.—Etat des castes à Saint-Domingue. — Premiers mouvements révolutionnaires de la Métropole.—Premières démarches des affranchis pour obtenir l'égalité des droits politiques. — Assemblée de Saint-Marc.—Décret du 8 mars 1790.—Vincent Ogé. - Sa prise d'armes et sa mort.

I. Anne-Alexandre, connu sous le nom de *Pétion*, vit le jour au Port-au-Prince, rue de la Révolution, alors rue d'Orléans (1), le lundi 2 avril 1770 ; et par un bien heureux augure, ce jour, c'était l'anniversaire de la fête de St-Vincent-de-Paule, si célèbre pour son dévoûment à l'humanité. Il naquit de l'union naturelle de M. Pascal Sabès, *blanc*, et de la Dame Ursule, *mulâtresse*. Quoiqu'il fût *quarteron*, espèce de *sang-mêlés*, dont l'épiderme est ordinairement blanc, il vint au monde si noir, qu'avec ses cheveux lisses on eût pu le prendre pour indien. La Dame Ursule était déjà mère d'une fille du nom de Suzanne, plus connue sous le diminutif de *Sanite*, dont le galbe contrastait avec l'ébène de son frère. Ce phénomène de la variation cutanée des *quarterons* se reproduit souvent. Mais M. Sabès ne s'en rendait pas compte. Aussi prétend-on que la peau noire du nouveau-né lui fit douter de

(1) La maison dans laquelle Pétion vint au monde fut longtemps en ruines. Le président Boyer, avec l'étroitesse de ses vues, voulait faire bâtir une chapelle sur cet emplacement. Pourquoi pas plutôt un monument sur quelque place publique pour témoigner de la reconnaissance nationale due à la mémoire du *Père de la patrie?*

sa paternité, et qu'il refusa de lui donner son nom (¹).
— Quoi qu'il en soit, Anne-Alexandre, fort jeune encore, laissait deviner tout ce qu'il devait être un jour. Non pas que son éducation fût soignée. Qui ignorerait que dans les écoles des colonies, on n'apprenait que bien juste à lire aux mulâtres et aux noirs? Ces hommes ne sont donc que plus dignes d'admiration quand nous les voyons, de leurs propres efforts, briser toutes les entraves, s'élever et grandir à l'étonnement universel. Alexandre, parmi tant d'autres, mérite surtout nos hommages. C'était un de ces enfants privilégiés que la nature prépare pour sa joie, et qu'elle met au monde pour la gloire de sa puissance. Comme ces figures hors ligne qu'on rencontre d'espace en espace dans la marche des temps, — pour éclairer la route de l'humanité, — il devait, plus qu'aucun autre, et de lui-même croître et monter pour protester contre l'injustice des préjugés sous le joug desquels le despotisme colonial courba si longtemps la population colorée d'Amérique. Marcellus est né, mais cette fois Marcellus ne mourra pas.

II. Anne-Alexandre n'avait que soixante-un jours, lorsque le 3 juin, un affreux tremblement de terre vint faire du Port-au-Prince un monceau de décombres. A la première oscillation, la maison de M. Sabès chancela et menaça de s'écrouler. M. Sabès se saisit de la jeune

---

(1) Moins heureux pour Pétion que pour beaucoup d'autres de nos célébrités, je n'ai pu vérifier le fait, parce que les archives de 1770 furent dispersées par le tremblement de terre de la même année.

Suzanne, prend de l'autre main la dame Ursule, et s'élance dans la rue. Les autres gens de la maison suivent, éperdus, l'exemple du maître. Une tante d'Alexandre, qui d'ordinaire veillait sur lui, égarée, hors d'elle-même, oublie son nourrisson et se précipite aussi dans la rue. Mais à quelques pas, le souvenir de cet enfant pour lequel elle avait tant de sollicitude revient à sa pensée Aucun danger ne peut arrêter son dévoûment ; elle se fraye soudain un passage à travers les meubles renversés ; elle est au berceau de l'enfant, elle l'enlève. Elle regagnait à peine la rue, quand tout le corps du logis, broyé par le fléau, s'écroula avec fracas.

Six ans après ce désastreux événement, Alexandre fut envoyé à l'école tenue par un nommé Boisgirard, sur la *Place de l'Intendance*, non loin de l'église. Ses progrès furent lents, car c'était un écolier buissonnier, gâté par sa mère. La guerre de l'Indépendance des Etats-Unis avait fait réunir au Port-au-Prince beaucoup de troupes ; les évolutions, les exercices à feu, attiraient chaque jour sur la place du Gouvernement le jeune enfant ; il se passionna tellement pour le bruit du tambour que dès son réveil il courait aux casernes. Quand on le croyait à l'école, il faisait le soldat à la queue de quelque régiment. Les soldats en général aiment les enfants. Ceux-ci remarquèrent la constante assiduité du petit Alexandre à leurs manœuvres. Ils l'appelaient à eux dans les instants de repos et jouaient avec lui. Bientôt l'enfant devint leur ami familier, et surtout celui des canonniers, qu'il questionnait sur leur attirail de guerre. Ces canonniers se plaisaient à lui faire répéter l'exercice. Cette espèce d'école militaire, où Alexandre passait plus de temps qu'à celle de *la Place de l'Intendance*, décida de sa vocation pour l'attaque et la défense des places. Aussi on peut dire qu'à douze ans il était meilleur soldat que bon écolier, comme si un sentiment intérieur lui eût révélé qu'il fallait bientôt en appeler aux armes pour la revendication des droits civils et politiques de sa race.

III. C'était le célèbre amiral comte d'Estaing, dont la renommée est encore toute vivante dans les mers d'Amérique, qui devait prendre à bord de son escadre les troupes agglomérées tant au Port-au-Prince qu'au Cap Français et se porter au secours des Etats-Unis. D'Estaing, après avoir ravagé les petites Antilles Anglaises, avait enfin paru sur les côtes de Saint-Domingue. Là, comme en France, les cœurs sympathisaient ardemment avec la cause des Américains ; et avec le même enthousiasme qu'on avait vu en France la noblesse s'enrôler sous les bannières de Lafayette et de Rochambeau pour voler au secours des compatriotes de Washington et de Franklin, on vit à Saint-Domingue, à l'arrivée du comte d'Estaing, les hommes de couleur au nombre de huit cents, offrir à l'expédition de l'Amiral le concours de leur bravoure dans l'œuvre de l'émancipation des provinces de la Nouvelle-Angleterre. Je cite quelques noms que le lecteur aura occasion de rencontrer dans la marche des événements : Rigaud, Beauvais, Lambert, Christophe Morney, Villate, Bleck, Beauregard, Toureaux, Férou, Cangé, Chavannes, Martial-Besse, Léveillé, Mars Belley, etc. C'est ainsi que la population colorée de Saint-Domingue allait sur le continent Américain combattre pour l'affranchissement d'un peuple qui ne lui a tenu cependant aucun compte de son généreux dévoûment et qui, le danger passé, a oublié si cruellement que le sang africain s'était mêlé au sien pour féconder cette liberté qu'il dénie à notre race. Ce mouvement spontané de nos pères pour voler à la délivrance des Etats-Unis, cette agglomération extraordinaire d'hommes de toutes armes, les cris de liberté qui retentissaient dans les cœurs, exaltaient Alexandre, trop jeune encore pour suivre ses aînés dans la mêlée.

Enfin les volontaires étaient partis ; au bruit du tambour avait succédé le silence ordinaire de la rue. Alexandre, dans tout ce brouhaha, avait complètement oublié le chemin de son école, ainsi que je l'ai dit ; depuis il ne se pressait pas d'y retourner. Loin de là, parmi les artilleurs qui étaient restés au Port-au-Prince pour la garde habituelle de la place, le mauvais écolier avait conservé des amis, avec lesquels il allait passer ses journées, faisant leurs petites courses et mangeant à leurs gamelles. Dame Ursule, comme toutes les mères créoles, et de son temps surtout, avait tant de faiblesse pour son fils qu'elle le grondait à peine de ses coupables escapades. M. Sabès, au contraire, était à son égard d'une sévérité voisine de la brutalité. Cette sévérité tenait-elle aux préjugés de couleur ? Quelques uns l'ont dit. Mais qu'étaient donc ces préjugés pour qu'on ait pu les suspecter d'étouffer les sentiments de la nature ? C'est ce que je vais essayer d'expliquer.

IV. On le sait, l'Européen colonisa l'Amérique avec le concours de l'Africain transporté par la traite et asservi brutalement à la culture du sol. Bientôt de la cohabitation des blancs et des noires, quelquefois des noirs et des blanches, sortit une race mixte dont la couleur de la peau est basanée, comme si la nature avait voulu combler le vide que la destruction des Aborigènes de l'Archipel Américain avait opéré dans l'ensemble de ses œuvres. Race intéressante, participant de la race caucasienne et de la race éthiopienne, dont elle sort, le mulâtre semble être venu au monde comme pour rattacher l'Afrique à l'Europe, l'homme noir à l'homme blanc. Cependant son avénement dans la famille humaine ne fit pas tomber des mains iritées du blanc le fouet dont il lacérait le corps du noir : on pourrait même dire que le blanc fut insensible à la vue de son fils ; il l'appela *mulet* (mulato), d'où *mulâtre*, parceque ce fils sortait d'un croisement de races, comme l'animal du même nom. Ainsi ni cet enfant mulâtre si enjoué, si intelligent, ni cet enfant mulâtresse aux formes si artistiques, ne portèrent de joie aux entrailles paternelles ; condamnés à suivre la condition de leur mère, ils furent esclaves comme elle. Que, d'aventure, quelques nègres ou quelques mulâtres parvinsent, à force d'épargne à se racheter, ou que le maître les rendît de plein gré à la liberté, ils ne jouissaient pour cela d'aucune des prérogatives de cette liberté. Le CODE NOIR (édit de 1685), promulgué sous Louis XIV, voulait à la vérité que LES AFFRANCHIS JOUISSENT DES MÊMES DROITS, PRIVILÉGES ET IMMUNITÉS DONT JOUISSENT LES BLANCS ; mais des réglements ministériels infirmèrent cette disposition : IL IMPORTAIT, suivant la lettre du ministre Choiseul, du 10 avril 1770, DE NE PAS AFFAIBLIR L'ÉTAT D'HUMILIATION ATTACHÉ A L'ESPÈCE NOIRE DANS QUELQUE DEGRÉ QU'ELLE SE TROUVAT Telle était la politique paternelle de la vieille monarchie à l'égard des enfants des Iles. Cette politique outrageait la raison et préparait l'explosion des plus violentes calamités. Ainsi le système colonial foulait aux pieds tous les sentiments de la nature et de l'humanité. C'est donc de l'esclavage que naquit le monstrueux préjugé contre la couleur du noir et du mulâtre, par suite duquel il suffisait d'être nègre ou d'avoir du sang nègre dans les veines, pour être assimilé à du bétail et condamné à vivre dans l'ilotisme : les progrès du siècle laissent heureusement chaque jour, loin derrière nous, les débris des affreuses institutions coloniales. Avant cinquante ans l'imagination mettra au rang de fables l'histoire si ensanglantée des préjugés auxquels ces institutions donnèrent la sanction légale. Dans ces temps de lamentable mémoire, on voyait des blancs, pervertis par le libertinage, se jeter sur leurs jeunes esclaves comme sur des proies et donner le jour à des enfants que les chaînes de la servitude allaient enlacer comme leurs mères infortunées. Et quand l'aventurier Européen, attiré dans les colonies par l'appât du gain, prenait concubinairement une de ces pauvres femmes de couleur qui s'était fait émanciper, ou qu'il rachetait lui-même, c'était le plus souvent pour s'en faire une servante et un instrument de lubricité. Les enfants qui naissaient de ce commerce immonde ne devaient rencontrer dans la société qu'un perpétuel avilissement. On les disait libres par dérision, car ils n'avaient pas même le droit de port d'armes (ordonnance du 29 mai 1762). LES BLANCS SEULS ONT CE PRIVILÈGE, PARCE QU'ILS SONT TOUS ÉGAUX, TOUS SOLDATS, TOUS OFFICIERS, TOUS NOBLES. Ils ne pouvaient, quelques services qu'ils rendissent à la colonie, parvenir qu'au grade de sous-officiers dans les milices. L'exercice des arts libéraux leur était interdit. La profession la plus noble qu'ils pouvaient embrasser était celle de l'orfévrerie. Et Dieu sait si les blancs leur eussent laissé longtemps l'exercice de ce métier, sans la profusion de colifichets dont ils se plaisaient à parer leurs concubines ! Si telle était la condition du nègre et du mulâtre libres, qu'on se demande quelle devait être celle des esclaves.

V. M. Sabès vivait sous le même toit qu'Ursule, qui, comme les siennes, enfant perdue, n'avait pas de nom patrimonial et qui, suivant l'usage de ces temps honteux, bien qu'elle fût libre, s'appelait *Ursule à Sabès*, tout comme on disait *Toussaint à Breda*. M. Sabès, vieillard originaire de la paroisse Sainte-Croix, à Bordeaux, retiré du commerce avec une honnête aisance, s'occupait de jardinage, et dans sa cour, recueillait suffisamment de légumes, pour en faire vendre aux marchés publics. Il était brusque et violent à l'égard du jeune Alexandre; Suzanne intercédait souvent par ses prières et ses larmes; elle encourait quelquefois à son tour la colère du vieillard. Heureuse nature, cette femme, douée, au rapport de ceux qui la connurent, de la plus rare beauté, était encore un modèle de tendresse fraternelle.

VI. Alexandre grandissait, pour ainsi dire, livré à ses propres impulsions. Il savait à l'âge de treize ans lire et écrire; là se bornait la plus grande somme d'instruction qu'on donnait dans les colonies aux hommes noirs et jaunes. M. Boisgirard le punit un jour pour une espièglerie; c'était ce que demandait le mauvais écolier. Il s'échappa de la classe, et malgré les prières de sa mère et la colère du père, il refusa d'y retourner. Le désœuvrement auquel il se trouva tout-à-fait abandonné le conduisit dans les maisons de son voisinage, où la douceur de son caractère le faisait généralement aimer et choyer. — Cette espèce de vagabondage des enfants est, à ce qu'il paraît, traditionnelle dans les colonies de l'Amérique. — Une des maisons qu'Alexandre fréquentait, lui était surtout chère : c'était celle de M. Guiole, compatriote de M. Sabès et fabricant de joaillerie. Mme

Guiole avait pour le jeune enfant des soins véritablement maternels ; elle le conseillait et le dirigeait ; elle seule savait en faire ce qu'on voulait. Mme Guiole l'appelait *Pichoun*, mot provençal qui signifie *mon petit* ; les ouvriers de l'atelier en firent *Pikion*, *Pition* et enfin *Pétion*. Ainsi c'est à tort que quelques biographes prétendent qu'Alexandre prit lui-même le nom de Pétion par admiration pour le fameux maire qui dirigea la ville de Paris à l'aurore de la Révolution (¹). Cependant M. Sabès, furieux à juste titre de ce que son fils ne retournait pas à l'école, prit le parti d'en faire un forgeron. Pétion n'alla pas longtemps à la forge ; de son propre mouvement il se mit à apprendre l'orfèvrerie dans l'atelier de M. Guiole (²). Il était déjà habile ouvrier, quand son père fit à M. Guiole la commande de quelques bijoux. C'était aux yeux de Pétion une heureuse occasion de gagner les bonnes grâces de son père, en lui prouvant que, malgré les nuages qui existaient entre eux, il avait convenablement utilisé son temps. Il demanda donc à M. Guiole de lui confier le travail. Ce travail étonna le maître ; il croyait à la possibilité d'une paix entre le père et le fils, car la trêve devait avoir apaisé toute colère. Il envoya Pé-

(1) Je tiens ces détails d'un neveu de M Guiole avec lequel le hasard me mit en rapport en 1836, à Paris. D'autres prétendent que Pétion n'est que la contraction de *petiton*, signifiant aussi *petit*, mon *petit*.

(2) Un citoyen que les lettres regretteront longtemps, Lauriston-Cérisier, tué dans les désastreux événements du 16 avril 1848, pré-

tion faire lui-même la remise des bijoux. Mais le vieux Bordelais éclata en menaces, refusa les bijoux et ordonna au jeune homme de se retirer. Il avait entendu en faire un forgeron, et non un orfèvre : l'intervention d'Ursule, les larmes de Suzanne, rien ne put fléchir le courroux du vieillard.

VII. Pétion alors reporta sa pensée aux premiers jours de son enfance. En remontant la chaîne des ans, il se rappela le peu de sollicitude que son père lui avait marqué, ce refus de lui donner son nom, cette ténacité à ne vouloir faire de lui qu'un grossier forgeron. Alors, le cœur ulcéré, il sortit de la maison paternelle; et s'il y reparaissait quelquefois, ce n'était qu'à la dérobée pour saluer sa mère bien-aimée. Depuis cette rupture, qu'on dit avoir été définitive entre Pétion et son père, il resserra son intimité avec les soldats de la garnison. Il avait loué une modeste chambre ; là, on rencontrait toujours quelques sous-officiers. Enthousiaste plus que jamais du métier de la guerre, il ne faisait que les questionner sur leurs armes diverses. Souvent, prétend-on, on le surprenait à l'écart, esquissant au crayon, tantôt, l'attirail de l'artillerie, tantôt, la perspective d'un combat naval. Du reste, il était doué d'un goût tout particulier pour le dessin, et je sais que jusqu'à la fin de sa vie, il aimait à faire mille petites

tend dans une notice biographique, que Pétion apprit son métier chez un M. Jamain. Le neveu de M. Guiole m'affirma au contraire que c'est chez ce dernier.

ébauches. On prétend encore que depuis cette époque il préludait aux exercices mathématiques. Quelques ouvrages de stratégie lui tombèrent sous la main et devinrent sa principale lecture (1).

De plus, adroit dans tous les exercices du corps, nul n'était plus habile que lui à l'épée, au sabre, au pistolet et au fusil. Dans les assauts qu'on donnait le dimanche, chacun admirait son jeu, et surtout sa prestance, car d'une taille assez favorisée que ne défigurait pas un certain embonpoint, il attirait les regards de tous. Mais quant à l'équitation, on eût dit qu'il n'était pas créole, tant aux courses il était mal à son aise. Et, quoiqu'aimant beaucoup le cheval, l'aimant jusqu'à passer des heures entières à soigner et à panser les siens, il ne parvint jamais, même tardivement, à savoir en diriger aucun, qui eût quelqu'impétuosité.

VIII. Pétion, à dix-huit ans, soldat dans les chasseurs de la milice, — déjà maître de toutes les passions désordonnées qui flattent, enivrent et dominent la jeunesse, modeste dans ses goûts, trouvait dans son métier les ressources nécessaires à son existence et à ses plaisirs. Ses plaisirs étaient le bal et la chasse. Conciliateur des différents de tous ses amis, il lui arrivait cependant de se rendre personnelles des querelles d'autrui. Ainsi par exemple, un nommé Labastille, qui devint plus tard officier de gendarmerie, arrivé récemment de

---

(1) Manuscrit sans nom d'auteur sorti des archives de palais-national du Port-au-Prince.

France, où il avait fait ses études, était devenu insupportable aux autres jeunes gens de couleur du Port-au-Prince par la morgue de ses manières et le pédantisme de son éducation. On s'en était plaint à Pétion. Or, dans un bal, Pétion reprocha à Labastille ses procédés vis-à-vis des siens ; possédant dès lors au suprême degré cette ironie fine qui est le partage des natures intelligentes, le mulâtre inculte des Iles prouva sa supériorité sur le mulâtre élevé en Europe. On en vint à un cartel ; le duel fut fixé au POLYGONE, endroit situé derrière la maison du Gouvernement. Mais on n'en arriva pas aux mains, car Labastille, sur les fraternelles remontrances de Pétion, sut avouer ses torts, promit de s'en corriger, et devint, entre tous les jeunes gens de la ville, un des plus doux et des plus modestes (¹).

Les rendez-vous de chasse étaient aussi une arène où plus d'une fois, Pétion préluda à sa réputation de bravoure. C'était d'habitude le dimanche, de grand matin, qu'on se réunissait à la SALINE, au nord-ouest de la ville ; là, au mois de septembre les alouettes et les pluviers abondent. Les blancs du Port-au-Prince allaient aussi chasser dans cet endroit. Un de ces blancs, nommé Nicolas, jouissait d'une réputation d'adresse et d'intrépidité peu commune. Avant l'aube, il avait pris son affût. Pétion arriva bientôt avec ses camarades. Le blanc, habitué jusque là à voir les mu-

---

1 Cette anecdote m'a été racontée par M. Linstant Pradine, compagnon d'enfance de Pétion ; il en a été témoin.

lâtres plier et céder à sa volonté, enjoint aux nouveaux venus de ne pas faire le premier coup de feu ; car il se le réservait. Mais Nicolas ne savait pas quel était le mulâtre qui, pour ainsi dire, était le chef de la troupe à laquelle elle il s'adressait : « Je tirerai, lui répondit « Pétion, malgré vous et avant vous, aussitôt que je « verrai le gibier. » Le gibier parut au même instant : Pétion avait tenu parole. Nicolas ne se possédait pas de l'action que venait de commettre le jeune indigène ; c'était ce qu'on appelait alors : UN MANQUEMENT DE RESPECT AUX BLANCS, c'est-à-dire un crime. Aussi ajusta-t-il soudain son fusil sur Pétion. Pétion simultanément tire des balles de ses poches, en distribue à ses compagnons et tout en rechargeant son arme : « Tirez donc, si vous l'osez, » dit-il à Nicolas ; et, lui montrant d'autres balles, il ajouta : « En voilà ici pour vous, si vous en manquez. » Nicolas fut atterré en présence de l'attitude audacieuse, mais calme du jeune homme. Il se rendit en ville, promettant de former sa plainte contre le téméraire qui avait osé le défier. Cette aventure fit du bruit ; elle étonna l'aristocratie coloniale, et sans les grandes préoccupations politiques de cette époque, elle eût attiré la foudre sur la tête du jeune Pétion. Quoi qu'il en soit, ce fut là le premier acte de résistance à l'oppression de la part des hommes de couleur. Cet acte fait déjà pressentir le sangfroid et la fermeté d'un grand cœur qui n'attend que les événements pour se montrer[1].

(1) Cette aventure déjà publiée par Lauriston Cérisier dans sa

IX. La mort de M. Sabès, décédé à 87 ans, le 6 décembre 1789, vint encore donner plus de gravité et de poids au caractère de Pétion. Quoique le vieillard ne lui eût pas donné son nom sur les fonds de baptême, pas plus peut-être qu'il ne l'avait donné à Suzanne elle-même, Pétion s'occupa religieusement à le faire inhumer avec toute la décence que comportait la fortune de la famille. Puis, il porta ses outils au foyer maternel et y établit son atelier. A l'abri du besoin, sans être riche, il lui fallut travailler plus que jamais pour aider aux charges de sa mère et pour satisfaire surtout à son excessif penchant à obliger autrui, car dès cette époque sa bourse était celle de ses amis.

X. Pétion, rentré au foyer domestique, voulut se donner une compagne. Pour la première fois il songea au mariage. Entre toutes ces jeunes et belles mulâtresses, qui la plupart, hélas! n'étaient destinées qu'à devenir des concubines de blancs, une, morte naguère aux Cayes, mademoiselle Catherine, fille d'un colon nommé Lebon, lui inspirait une vive passion, qu'elle partageait elle-même. Mais on lui objecta la médiocrité de sa fortune. Alors il se dégoûta pour toujours d'un contrat, le plus important et le plus moral de la vie, sans les calculs de l'ambition, qui la plupart du temps lui servent de base. C'est ainsi du moins que je m'explique le long célibat dans lequel Pétion vécut et qu'il ne rompit

Biographie d'Alexandre Pétion, se trouve aussi racontée dans les matériaux historiques de feu le général Inginac.

en quelque sorte que malgré lui et fort tard, persistant néanmoins à ne faire intervenir ni la formule civile, ni l'eau lustrale.

Pétion, après son échec en amour, dont il ne se plaignit jamais, exerçait donc encore son métier d'orfèvre, quand la révolution éclata. Mais n'allons pas plus loin, et voyons avant tout quelle était la position des diverses castes qui habitaient la colonie.

XI. Trois grandes castes habitaient Saint-Domingue comme les autres colonies françaises : la caste des blancs, la caste des hommes de couleur libres et la caste des esclaves.

La caste des blancs se subdivisait en quatre fractions : la première, maîtresse des gros emplois administratifs et judiciaires, était décorée des ordres de la chevalerie et appartenait généralement à la noblesse; la seconde, livrée exclusivement aux grandes exploitations rurales, était plus particulièrement connue sous le nom de *grands-planteurs*; la troisième, adonnée au négoce, à la pacotille, à toutes sortes de petits trafics, était appelée les *pobans* (valant peu); elle se livrait à des industries suspectes ; orgueilleuse, elle s'irritait de sa position infime, et professait une haine d'autant plus violente contre la caste de couleur, que celle-ci avait sur elle l'avantage de quelques biens fonciers.

Les trois premières se recrutaient généralement d'Européens ; la dernière se perpétuait dans les colonies mêmes.

La caste des hommes de couleur se composait de

mulâtres et de noirs, qui jouissaient de la liberté par naissance ou par manumission; elle faisait la petite culture et exerçait tous les métiers manuels. La caste des esclaves comprenait la masse des nègres et des mulâtres adonnés forcément à l'agriculture ou à la domesticité. Par la raison que toutes ces castes avaient des mœurs, des habitudes, des dipositions d'esprit particulières, elles devaient avoir et avaient en effet des intérêts, des passions et des tendances différentes ; elles ne se rapprochaient que dans une seule chose, c'était dans la jalousie, dans la haine qu'elles s'étaient vouées mutuellement. Les hommes de couleur, traités en parias, appelaient de tous leurs vœux la réforme des abus dont ils étaient victimes tout en concentrant leur colère et leurs douleurs. Les esclaves, dont les maux semblaient n'avoir pas de terme, commençaient aussi à rêver à un meilleur avenir. Les *grands-planteurs*, éloignés des administrations, se montraient impatients du despotisme ministériel, qui gênait le commerce de leurs manufactures. *Les pobans* et *petits-blancs* aspiraient de leur côté à voir s'effacer la distance que le mépris avait établie entre eux et les autres blancs.

XII. Tel était l'état respectif des populations coloniales, quand le roi Louis XVI convoqua les États-généraux. C'était le moment des idées généreuses, des sublimes projets. C'était l'aurore d'une ère nouvelle pleine de grandes choses. On s'agitait pour renverser l'arbre de la féodalité, pour restreindre la royauté dans de justes limites, pour restaurer les finances publiques, pour donner un nouvel élan au commerce et aux arts, pour rendre, en un mot, à l'esprit humain sa dignité native.

Au moment de la convocation des États-généraux, il y avait à Paris des grands planteurs de toutes les Iles françaises ; c'était dans cette opulente cité qu'ils venaient fastueusement dépenser les revenus tirés des larmes et du sang de leurs pauvres nègres. Avides de participer aux affaires publiques, ils se hâtèrent d'annoncer par delà l'Atlantique, le mouvement qui travaillait la métropole, et donnèrent aux colonies l'idée de nommer, comme les autres provinces de la France, des députés aux États-généraux : Saint-Domingue seulement en nomma dix-huit. Mais cette nomination se fit sans la participation des hommes de couleur, en vertu de ce que l'édit de 1685 n'avait jamais reçu d'application. Les États-généraux ouvrent leurs séances à Versailles le 5 mai 1789. Le 17 juin, les députés du tiers-état avec une partie de ceux du clergé se forment en ASSEMBLÉE NATIONALE CONSTITUANTE. C'était là le premier pas vers cette grande unité sociale qui fait la force de la France. La cour s'alarma du mouvement qui s'opérait ; on parla de dissoudre l'assemblée. Alors (20 juin), réunis au Jeu-de-paume, sous la présidence de Bailly, le tiers-état et une partie du clergé, firent le serment de ne pas se séparer « *que la constitution du royaume et la régénération publique ne fussent établies et affermies.* » Cette attitude met en émoi la cour et ses favoris. Le 23 juin le roi lui-même alla lever la séance ; il déclara tout ce qui avait été fait par le tiers-état illégal et inconstitutionnel, et ordonna aux différents ordres d'avoir à délibérer séparément, suivant l'antique usage de la monarchie. Le roi sorti, le grand-maître des cérémonies, M. Dreux de Brézé, réitéra ses prescriptions. On hésitait, on frémissait tour à tour. Tout à coup, Mirabeau s'élance à la tribune : « Allez dire à votre maître, s'écria-t-il, en s'adressant à M. Dreux de Brézé, que nous sommes ici par la volonté du peuple et que nous n'en sortirons que par la force des bayonnettes. » Avec un pareil acte d'audacieuse énergie, le succès ne pouvait être douteux. La noblesse même vint le 27 siéger avec le tiers-état. Il n'y eut plus qu'une seule assemblée. La monarchie était vaincue. Ces événements avaient mis l'opinion publique dans le paroxisme de l'agitation. Les planteurs profitèrent de l'état de confusion où se trouvait l'assemblée pour demander l'admission de leurs députés. L'assemblée n'en admit néanmoins que six, entr'autres Cocherel, colon des environs de Port-au-Prince, Raynaud, des Cayes, et Gérard, de la *Plaine-à-Jacob*.

Les passions se déchaînaient de plus en plus. Le château de la Bastille fut assiégé, pris le 14 juillet et rasé. Les autres colonies envoyèrent successivement des députés. L'assemblée nationale les admit, parce qu'ils vantaient tout haut leur patriotisme, et que cette assemblée croyait rencontrer en eux des partisans à la cause de la liberté.

XIII. Pendant ces événements, se trouvaient en France quelques hommes de couleur d'un haut mérite. On remarquait surtout Julien Raymond et Vincent Ogé. Le premier, riche propriétaire à la Colline d'Aquin, où il avait vu le jour, doué d'une instruction supérieure, quoiqu'il n'eût étudié que dans son pays, plein de dévoûment au sort des siens, venu à Paris dès 1785, avait présenté au maréchal de Castries des *mémoires* intéressants sur la situation des colonies et les réformes dont elles avaient besoin (1). Ogé, né au bourg du Dondon en 1768, élevé à Bordeaux, avait appris dans cette ville le métier d'orfèvre. Revenu dans la colonie, il s'était livré à la spéculation des cafés et à la pacotille avec les capitaines de Bordeaux. Il venait de retourner en France pour suivre un procès au Conseil du roi relativement à un chemin que les autorités de la colonie avaient fait ouvrir sur ses biens.

Autant Raymond avait le caractère calme, la parole

(1) Raymond (Julien) naquit à Aquin en 1743. Il partit pour la France en mai 1784. Débarqué à Bordeaux, où il rencontra M. de Bellecombe, gouverneur de Saint-Domingue, qui en arrivait aussi, il se rendit dans le pays d'Aunis où sa femme avait un domaine et vint à Paris à la fin 1784 réclamer auprès du maréchal de Castries les droits politiques pour les noirs et les mulâtres libres et l'amélioration du sort des esclaves. Il fut membre du Directoire colonial à Saint-Domingue, membre du conseil des *Cinq-Cents*, agent des consuls de la République à Saint-Domingue, membre de l'Institut de France. Il mourut au Cap le 25 vendémiaire, an X (17 octobre 801) à l'âge de cinquante-huit ans.

réfléchie, autant Ogé avait le caractère ardent, la parole véhémente. Ils avaient assisté tous les deux à la chute de la Bastille, sous les efforts d'un peuple ivre de liberté. Ce spectacle leur avait fait plus que jamais songer aux souffrances de leurs frères des îles. Ils avaient vu les Colons siéger à l'assemblée nationale; ils pensèrent à y faire représenter aussi les leurs. Mais comment se réunir dans les îles, en face de l'orgueilleuse aristocratie blanche ? — Ils convoquèrent donc les noirs et les mulâtres qui se trouvaient à Paris, pour établir à l'instar des colons blancs, qui avaient formé le *club-Massiac*, — un club, sous le nom de *club d'Argenson*. Ces clubs tiraient leurs noms des hôtels où ils tenaient leurs séances. Le club d'Argenson, dont la présidence fut décernée à M. de Jolly, avocat au conseil du roi, philantrope dont le dévoûment à notre cause fut sublime, prépara le CAHIER DES DOLÉANCES DES HOMMES DE COULEUR ET NÈGRES LIBRES. Ce cahier fut délibéré et rédigé dans les assemblées des 3, 8, 12 et 22 septembre; remarquable par sa forme modérée, il ne demandait à l'assemblée nationale que de faire disparaître les odieux préjugés de couleur, en proclamant qu'il ne pouvait exister dans les colonies que DEUX CLASSES D'HOMMES, CELLE D'HOMMES LIBRES ET CELLE D'HOMMES QUI SONT NÉS OU QUI VIVENT DANS L'ESCLAVAGE.

C'était en d'autres termes demander les droits politiques en faveur des noirs, comme des mulâtres déjà libres. Ce cahier demandait aussi l'amélioration du sort des esclaves. —Qu'on ne vienne plus faire un crime à Raymond et à Ogé de n'avoir pas dès lors pétitionné l'émancipation générale. Incertains de l'émancipation politique de ceux qui déjà étaient libres, pourquoi eussent-ils compliqué la question ?— Si, en ce moment où les événements entraînaient toutes les intelligences, où tous les cœurs s'enflammaient des plus nobles sentiments, les colons eussent consenti à relever les affranchis de l'interdit politique sous le coup duquel ils étaient placés, que de maux ils se fussent épargnés ! Nul doute que la reconnaissance des droits politiques des hommes de couleur n'eût amené graduellement l'émancipation générale des esclaves. Nul doute que la liberté se fût assise par la suite dans les colonies, sans se baigner dans des flots de sang. Ogé, du moins, le sentait ainsi. Il fit même une démarche privative vers le *Club-Massiac*, alors présidé par M. Galiffet, grand-planteur des environs du Cap. Ce fut le 7 septembre, avant la rédaction définitive du CAHIER DES PLAINTES ET DOLÉANCES, qu'il prononça au Club des blancs la motion suivante :

Messieurs,

« Propriétaire de biens à Saint-Domingue, dépendance du
« Cap, et natif de la même île, je viens supplier l'Assemblée
« de m'admettre à ses délibérations ; je n'ai d'autre but que
« de concourir avec elle à la conservation de nos propriétés
« et de parer aux désastres qui nous menacent. »

Après quelques mots sur le commerce, Ogé continue :

« Pour amener cette heureuse révolution, il ne suffit pas
« du flambeau de la raison ; il fallait que celui de la liberté
« vînt mêler sa vivacité à la douceur de l'autre, et que leur
« réunion produisît une lumière uniforme, ardente et pure
« qui, en éclairant les esprits, pût enflammer les cœurs.
« Mais, Messieurs, ce mot de liberté qu'on ne prononce pas
« sans enthousiasme, ce mot qui porte avec lui l'idée de
« bonheur, ne fût-ce que parce qu'il semble nous faire ou-
« blier les maux dont nous souffrons depuis des siècles ;
« cette liberté, le plus grand, le premier des biens, est-elle
« faite pour tous les hommes ? Je le crois. Faut-il la donner
« à tous les hommes ? Je le crois encore. Mais comment
« faut-il la donner ? Quelles en doivent être les époques et
« les conditions ? Voilà pour nous, Messieurs, la plus
« grande et la plus importante des questions ; elle intéresse
« l'Amérique, l'Afrique, la France, l'Europe entière ; et
« c'est principalement cet objet qui m'a déterminé, Mes-
« sieurs, à vous prier de vouloir bien m'entendre. Si l'on
« ne prend les mesures les plus promptes, les plus efficaces ;
« si la fermeté, le courage, la constance ne nous arment
« tous ; si nous ne réunissons pas en faisceau toutes nos
« lumières, tous nos moyens, tous nos efforts ; si nous
« sommeillons un instant au bord de l'abîme, frémissons
« de notre réveil ! Voilà le sang qui coule ! voilà nos terres
« envahies, les objets de notre industrie ravagés, nos foyers
« incendiés ! Voilà nos voisins, nos amis, nos frères, nos
« enfants égorgés et mutilés ! Voilà l'esclave qui lève l'é-
« tendart de la révolte : les îles ne sont qu'un vaste et fu-

« neste embrâsement, le commerce est anéanti, la France
« reçoit une plaie mortelle, et une multitude d'honnêtes ci-
« toyens sont appauvris, ruinés. Nous perdons tout! Mais,
« Messieurs, il est temps de prévenir le désastre (1). »

Ogé termine, en offrant au club la communication d'un plan pour l'abolition graduelle de l'esclavage. Mais ce plan nous est resté inconnu ; car les colons n'admirent plus Ogé à leurs délibérations.

On ne peut qu'admirer dans le discours d'Ogé la façon carrée dont il pose la question coloniale et la prescience qu'il avait des événements de son pays. A lui revient la gloire d'avoir, avant personne, formulé résolument le vœu de la liberté générale : LA LIBERTÉ EST FAITE POUR TOUS ; IL FAUT LA DONNER A TOUS. MAIS COMMENT LA DONNER? —Question solennelle, posée par une conscience droite et ferme, à la solution de laquelle les colons pouvaient facilement contribuer avec un peu de bonne volonté. Loin de là, dans leur aveuglement, les colons contestaient même les droits de l'homme aux affranchis, ainsi que nous le verrons.

XIV. Malgré l'insuccès de la démarche conciliatrice d'Ogé, le club d'Argenson députa deux jours après MM. de Joly et Raymond vers les colons. M. Joly leur donna lecture du discours suivant :

(1) Ogé ne répète si souvent les pronons *nous*, *nos*, que pour mieux disposer sans doute les Colons en faveur des affranchis.

Messieurs,

« Les États-généraux ont été convoqués, les citoyens de
« toutes les classes y ont été appelés. Les représentants des
« colonies y ont été admis, et désormais vos libertés, vos
« droits, vos propriétés ne recevront aucune atteinte. Vous
« les conserverez sous l'empire des lois que vos représen-
« tants auront fondées.

« Seuls dans la nation entière, livrés à l'oubli, voués au
« mépris qu'ils ne croient pas avoir mérité, les citoyens de
« couleur répandus dans les colonies, ont été privés des
« biens, des avantages inappréciables que tous les Français
« ont partagés.

« Dans les colonies, ils n'ont pas été appelés aux assem-
« blées primaires.

« En France, à Paris, ils ont eu la douleur de voir se
« fermer à leurs côtés, sous leurs yeux des assemblées par-
« tielles dont l'accès leur a été interdit. Des députés à l'As-
« semblée nationale ont été nommés, et les citoyens de
« couleur n'ont pas concouru à leur élection. Des cahiers
« ont été rédigés, et personne n'a été appelé pour dé-
« fendre, pour stipuler leurs intérêts ; enfin, Messieurs,
« votre assemblée s'est constituée jusqu'à ce jour ; et sans
« la démarche que leur zèle, leur patriotisme, leur attache-
« ment inviolable pour vous leur ont inspirée, les citoyens de
« couleur ignoreraient encore votre réunion et les avantages
« qui peuvent en résulter.

« Il était temps, Messieurs, de faire cesser une distinc-
« tion aussi humiliante ; il était temps que les citoyens

« de couleur sortissent enfin de l'état passif de dénûment et
« d'abjection dans lequel on a voulu les tenir.

« Ils ont senti ce qu'ils étaient ; la déclaration des DROITS
« DE L'HOMME leur a fait connaître ce qu'ils valaient, et leurs
« vues se sont portées aussitôt, non pas vers la licence et
« l'insubordination, comme on s'est permis de les en ac-
« cuser, mais vers cette liberté précieuse que les lois leur
« assurent, et qu'ils doivent partager avec vous.

« C'est, Messieurs, dans cette vue que les citoyens de
« couleur se sont assemblés ; c'est dans ce même esprit,
« qu'après avoir pesé leurs droits et consulté leurs intérêts,
« ils se sont déterminés à porter à l'Assemblée nationale des
« demandes qui ne doivent trouver aucune difficulté.

« Mais avant de recourir à leurs juges, avant de porter au
« Tribunal de la nation les demandes légitimes, qu'ils sont
« dans le cas de former, les citoyens de couleur ont pensé
« qu'ils devaient se présenter au Tribunal de leurs compa-
« triotes, de leurs frères, de leurs amis ; et ils ont aussitôt
« résolu de vous adresser une députation.

« Cette députation a deux objets importants : l'un et
« l'autre leur sont également précieux.

« Le premier consiste à vous offrir l'expression de leurs
« sentiments, l'hommage de leur reconnaissance, les vœux
« les plus sincères de perpétuer, de cimenter d'une ma-
« nière irrévocable, les liens qui doivent les unir à vous.

« Le second, et celui-ci, Messieurs, mérite toute votre
« attention, consiste à réclamer l'entier, le libre exercice des
« droits attachés à la liberté. Ce mot seul vous dit tout. Il

« exprime dans toute leur étendue les réclamations que les
« citoyens de couleur sont enfin déterminés à former.

» Il serait doux pour eux de les voir accueillir avant
« même de les avoir formées ; ils seraient trop heureux de
« tenir de votre volonté, ce qu'ils sont en droit de réclamer
« et d'obtenir par la force même de la loi.

« Veuillez donc, Messieurs, jeter sur cette classe infor-
« tunée des regards que la nature, la bienfaisance et l'hu-
« manité doivent également attirer. Rappelez-vous qu'ils
« sont hommes, libres et citoyens : n'oubliez pas qu'aux
« termes d'une des plus anciennes lois de la colonie, de
« l'édit de 1685, les affranchis doivent jouir de tous les
« droits de citoyens ; admettez-les à une concurrence qui
« honorera votre justice ; arrachez pour jamais les gens de
« couleur à l'esclavage ; et cet aveu, cette déclaration de
« votre part, enchaîneront pour jamais des cœurs, qui
« peuvent être aigris par une injustice, mais que vos refus
« même ne peuvent aliéner. »

Le lendemain le club d'Argenson recevait le déclina-
toire que voici :

Paris, 10 septembre 1789.

« La Société ayant examiné, Monsieur, le mémoire qui lui
« a été lu par vous, pour les gens de couleur libres, a estimé
« qu'une simple réunion de colons, hors de leurs pays, ne
« pouvant avoir un caractère légal, il ne lui est pas possible
« de les discuter. Il lui semble que les demandes qui y sont
« formulées ne peuvent être que de la compétence d'une
« assemblée coloniale régulièrement convoquée sur les lieux

« Nous vous prions d'agréer tous nos remercîments, et
« avons l'honneur d'être bien sincèrement.

(Signé) de GALIFFET, Président.

« La morgue la plus insultante accompagna ce re-
« fus. Le procès-verbal de l'une des séances du club
« porte qu'on a fait entrer le *sieur* Raymond, et que
« tous les membres étant assis, il s'est approché du
« bureau (1). »

XV. Le club d'Argenson se constitua alors sous le titre de
COLONS AMÉRICAINS, au nombre de quatre-vingts membres. Cette réunion pensa, quoiqu'un peu tard, à nommer, comme les colons, des députés à l'assemblée nationale. M. de Jolly, malgré ses refus, fut le premier élu, dans la séance du 22 septembre; puis Raymond, Ogé, Du Souchet de Saint-Réal, Honoré et Fleury. Ces députés demandèrent une audience à l'Assemblée nationale qui écouta avec bienveillance leurs réclamations, et qui, par l'organe de son président, promit d'y faire droit. L'assemblée nomma même une commission pour vérifier le procès-verbal de leur nomination. Le rapporteur de cette commission, M. Grelet de Beauregard, réduisit le chiffre de la députation au nombre de trois membres. Mais l'intrigue des colons parvint à empêcher la lecture du rapport. Et malgré la justice de leur cause, malgré la proclamation des DROITS DE L'HOMME, la voix des

---

(1) *Rapport de Garan de Coulon*, tome I, page 106.

mulâtres et des noirs se perdit au milieu du grand mouvement qui agitait la métropole.

XVI. Dans les colonies, comme dans la métropole, la révolution marchait d'un pas rapide. Les blancs formèrent à Saint-Domingue, à la fin de 1789, et au commencement de 1790, trois assemblées sous le nom d'ASSEMBLÉES PROVINCIALES: l'une siégeant au Port-au-Prince, l'autre, au Cap, et la troisième, aux Cayes. Les affranchis avaient été naturellement exclus de la formation de ces assemblés. Cependant le bruit des chaînes qui se brisaient au sein de la mère-patrie avait réveillé en Amérique les généreux instincts de cette caste, jusqu'alors comprimés par l'injustice et la haine; elle voulut pétitionner l'égalité des droits auprès de ces mêmes assemblées. Mais à l'occasion de l'exercice de cette modeste faculté, le sang ruissela sous la main des colons. Au Cap, un mulâtre, nommé Lacombe, fut pendu le 2 novembre pour avoir demandé au nom des siens une place dans la régénération. Sa pétition commençait par ces mots: *Au nom du père, du fils et du Saint-Esprit* comme pour rappeler aux hommes blancs, l'origine commune de tous les hommes [1]. Au Petit-Goâve, un blanc, vénérable vieillard, M. Ferrand de Baudière, juge sénéchal, eut la tête tranchée par les co-

[1] Brulley, colon de Saint-Domingue, trouva cette pétition incendiaire, parce qu'elle contenait les mots sacramentels : *Au nom du Père, du Fils et du Saint-Esprit.* Voyer Garan de Coulon, *Rapport sur Saint-Domingue.*

lons le 19 novembre pour avoir rédigé une pareille pétition au nom des affranchis de ce lieu. A Aquin, un mulâtre, M. Labadie, est accusé par les blancs d'avoir une copie de la pétition rédigée par M. de Baudière ; son habitation fut cernée dans la nuit du 26 Novembre, et au moment où on allait l'envahir, Labadie ayant paru sur le seuil de sa porte, trois coups de fusils l'étendirent par terre avec un de ses esclaves tué à ses côtés. Loin d'être désarmée à la vue du vieillard prêt à rendre le dernier soupir, la fureur des assassins, pour prolonger ses tortures, s'avisa de l'attacher à la queue de son propre cheval, pensant que l'animal, effrayé du cadavre, eût pris le galop ; mais heureusement que l'instinct de l'animal ne répondit pas à la férocité des barbares, qui s'étaient précipitamment éloignés après leur attentat. Les gens de l'habitation, revenus de la frayeur que leur avait causée cette agression nocturne, vinrent délier le malheureux Labadie et le rappeler à la vie(1). Tant de forfaits ulcéraient les cœurs.

XVII. Une assemblée coloniale, convoquée par les assemblées provinciales, fixa son siège à Saint-Marc, ville du Nord-Ouest. Elle ouvrit ses séances le 15 avril, sous le titre d'ASSEMBLÉE GÉNÉRALE DE LA PARTIE FRANÇAISE DE SAINT-DOMINGUE. Comme on le pense bien, au-

(1) Le vieillard tremblait ; le danger qu'il avait couru produisit le singulier effet de lui rendre la fermeté et la netteté de sa main. Lettre de Labadie à Raymond du 9 juillet 1792. Voyez la *correspondance* de Julien Raymond, page 41.

cun affranchi ne fut appelé aux opérations électorales. Chaque jour, au contraire, cette caste se voyait plus maltraitée; tous ses droits étaient méconnus; sa correspondance interceptée, et les moindres confidences de l'amitié imputées à crimes; par suite, nulle sécurité. Bien plus, l'assemblée de Saint-Marc décréta le 20 mai la privation des droits de citoyen actif aux *blancs mésalliés*, c'est-à-dire à ceux qui étaient mariés à des négresses ou à des mulâtresses.

XVIII. La métropole ne montrait guère plus de sollicitude pour le sort des affranchis. Les députés des colons à l'assemblée nationale dirigeaient toutes les opérations de ce corps à l'égard des colonies ; ils étouffaient par leurs clameurs calomnieuses la voix de Raymond et d'Ogé. L'homme de couleur, traqué dans les îles, persécuté en France, n'avait alors d'autre protection que celle de la société des Amis des noirs dont Brissot de Warville fut le fondateur. Cette société renfermait dans son sein tout ce que la France comptait de plus éminent en vertus et en talents.

Le sort des affranchis s'aggrava encore par l'établissement d'un comité colonial au sein de l'assemblée constituante. C'est Barnave qui présidait ce comité ; cet intrigant, qui n'était pas sans talents, se mit à la dévotion du parti des blancs ; sacrifiant à ce parti les droits de la justice outragée, il fut avec raison accusé d'avoir vendu sa conscience au poids de l'or (1). Le COMITÉ COLONIAL, sous l'influence de Barnave, ne fut qu'une officine, où la voix prépondérante des planteurs décida plus d'une fois des graves et épouvantables événements qui couvrirent de deuil la terre des Antilles.

XIX. Cependant l'assemblée constituante attendait un rapport de son comité sur la situation des îles et les moyens d'y rétablir le calme. Barnave présenta ce rapport, mais sans toucher aux capitales questions des préjugés. L'assemblée, à sa demande, rendit le 8 mars, son premier décret sur les colonies. Ce décret autorisait chaque colonie à *faire connaître son vœu sur la constitution, la législation et l'administration convenables à ses habitants.* Des instructions royales, rédigées aussi par Barnave, scellées le 28, déclaraient *électeurs et éligibles aux assemblées coloniales toutes les personnes propriétaires ou contribuables, âgées de vingt-cinq ans.* C'est en vain que le curé d'Ebermenil, l'abbé Grégoire, demande qu'il soit fait mention expresse des *hommes libres sans distinction de couleur;* c'est en vain que Raymond et Ogé firent aussi des demandes pour obtenir le même résultat. L'astucieux Barnave leur répond que cette énonciation ferait supposer que les droits des hommes de couleur étaient *contestables!* — Les blancs qui se trouvaient à Paris consi-

(1) *Rapport sur Saint-Domingue*, par Garan de Coulon, tome, I, page 128.

dérèrent le décret et les instructions qui, l'accompagnaient comme le véritable triomphe de leurs privilèges sur les absurdes prétentions des affranchis. En effet, ces actes furent interprêtés et toute l'oligarchie coloniale fut d'accord qu'ils ne concernaient pas les hommes de couleur, parcequ'ils ne s'y trouvaient pas *expressément dénommés*.

XX. Cette pauvre caste d'hommes de couleur était donc aux colonies plus que jamais écrasée sous le poids de la réprobation et des plus cruelles injustices. Julien Raymond écrivait néanmoins à ses principaux frères, en leur recommandant la modération quand-même. Mais cette modération avait le malheur d'enhardir au mal l'orgueilleuse aristocratie coloniale. Dans le nord de Saint-Domingue, à Plaisance, un mulâtre, nommé Atrel est assassiné pour avoir osé réclamer d'un blanc le paiement d'un billet. Le crime reste impuni ; les mulâtres de l'endroit impassibles. Tant de longanimité ne fut point imitée au Fonds-Parisien, quartier dépendant de la Croix-des-Bouquets. Un des bestiaux d'un planteur mulâtre, M. Desmares (Jacques-François), fut pris dans les champs de l'habitation *Pinganeau*, alors gérée par un blanc, quoiqu'appartenant à une famille de couleur. Desmares paya sans mot dire la gourde d'amende. A quelque temps de là, un des bestiaux de l'habitation *Pinganeau* fut pris aussi dans le jardin de l'habitation de Desmares, qui exigea que le gérant blanc lui payât à son tour l'indemnité légale. Mais le blanc, qui ne croyait pas à la justice distributive, se présente en personne chez M. Desmares; et comme il tenait quelques propos injurieux, M. Desmares le renversa du haut de son perron. Le blanc, étonné de l'action de M. Desmares, peu habitué d'ailleurs à voir de la part des mulâtres de pareils traits d'énergie, courut à la Croix-des-Bouquets invoquer la force publique pour punir l'insolence du mulâtre : un exempt de maréchaussée fut envoyé de suite pour enquérir des faits. Cet exempt, ayant dit que les hommes de couleur ne devaient jamais s'écarter du respect dû aux blancs, M. Desmares le traita comme il avait fait le gérant. Oh ! pour le coup le Port-au-Prince s'en mêla : un détachement part de cette ville. M. Desmares, prévenu à temps, gagne la forêt avec ses enfants Le détachement, après avoir brisé tous ses meubles, se transporta dans la maison de son frère, alors absent, et fit prisonniers trois enfants qu'il y trouva. M. Desmares, averti par un de ses esclaves des excès auxquels venaient de se porter les blancs, se rapproche de la maison de son frère ; ces blancs enfonçaient une porte. Desmares, irrité de tant d'actes de violence, atteignit un blanc d'une balle aux reins. Les blancs lièrent les petits enfants et retournèrent à la Croix-des-Bouquets. Desmares que vinrent entourer plusieurs hommes de couleur en armes, notamment les Renaud Desruisseaux et les Poisson, se transporta sur l'habitation Pinganeau, menaçant de tout mettre à feu et à sang. Force fut aux blancs de restituer les enfants. Cependant l'agitation ne s'arrête pas là ; un gros détachement sort de Port-au-Prince, précédé de pièces de campagne, pour aller punir la *révolte* du Fonds-Parisien. Mais, prévenues de nouveau à temps, les deux familles Desmares, celle de Renaud Desruisseaux et de Poisson, abandonnèrent leurs foyers et se dirigèrent à Neyba, bourgade espagnole ; dans leur évacuation, elles eurent la douleur de voir le feu consumer leurs maisons et leurs champs. Le vandalisme alla plus loin; il porta la flamme dans toutes les habitations du Fonds-Parisien qui, appartenaient aux hommes de couleur. Tels furent les événements du 26 avril, au Fonds-Parisien. Ils eurent du retentissement jusqu'en Europe ; la renommée en avait tant agrandi les proportions, qu'ils restèrent longtemps connus sous le nom de *révolte* du Fonds-Parisien.

En présence de ces événements, l'exaspération des blancs devint difficile à décrire. L'assemblée de Saint-Marc déclara tous les mulâtres du Fonds-Parisien *traitres à la Patrie*, comme s'il y avait patrie pour ceux à qui on refuse le feu et l'eau ; *rebelles aux blancs*, comme si les blancs étaient leurs maîtres, comme si la justice n'était pas de leur côté, comme s'ils n'avaient pas obéi à la plus sainte des lois, — celle de la défense individuelle ! Leurs biens furent en outre confisqués.

XV. Le comte de Peynier, qui gouvernait la colonie dans ces temps d'anarchie, ardent royaliste, semblait se préoccuper plutôt du sort de la monarchie, alors menacée en France, que de couvrir les hommes de couleur de la protection des lois. Son attention était surtout absorbée par les menées de l'assemblée de Saint-Marc, qui visait à la proclamation de l'indépendance politique de l'île ; et de fait, les projets de cette assemblée n'étaient plus l'objet d'aucun doute : le décret du 8 mars ne donnait aux assemblées coloniales que le droit d'exprimer leurs vœux sur la législation des îles ; c'était à l'assemblée nationale à faire la loi. Mais l'assemblée de Saint-Marc, usurpant la puissance législative, donna le 28 mai à la colonie une constitution à son gré, régenta audacieusement les rapports du pays avec la métropole; et, protégée par le comité colonial, dont Barnave continuait à diriger les ressorts, elle jouit d'une complète impunité pour tous ces actes d'omnipotence.

XXI. C'est à cette époque qu'un schisme éclata entre les blancs, jusqu'alors si unis pour opprimer les hommes de couleur. En France les idées révolutionnaires marchent vite. Le trône, comme l'autel, était à la veille de s'écrouler. Les Européens qui appartenaient aux administrations se prononcèrent dans la colonie en faveur de la royauté et prirent la dénomination de volontaires aux *pompons-blancs* ; les *pobans* et les *petits-blancs* embrassèrent le parti de la révolution, sous la dénomination de volontaires aux *pompons-rouges*, suivant la couleur de l'insigne qu'ils mettaient à leurs chapeaux. Les grands planteurs furent indifféremment *pompons-blancs* ou *pompons-rouges*, en raison de leurs intérêts. Mais généralement ils méritaient le nom de *parti de l'indépendance*, parce qu'à la faveur des bouleversements de la colonie, ils travaillaient à s'affranchir du joug de la France. Dans ce conflit de rivalités qui divisaient les *pompons-blancs* et les *pompons-rouges*, les hommes de couleur, qui faisaient aussi partie de la milice, mais par compagnies exclusivement composées de noirs et de jaunes, car la loi du préjugé ne permettait pas de fusion, même sous le drapeau (1), avaient la sagesse de garder une parfaite neutralité ; éloignés de toute participation aux affaires publiques, ils attendaient patiemment des jours meilleurs. Cependant les *pompons-blancs*, soit qu'ils se sentissent moins nombreux que les *pompons-rouges* et les *indépendants*, et qu'ils cherchassent à se faire des partisans, soit qu'étrangers aux colonies, ils connussent moins les préjugés de l'épiderme, se montraient disposés à l'amélioration du sort des affranchis et cherchaient à capter leur confiance. Tel était l'état des factions, quand le colonel Duplessy de Mauduit arriva de France pour prendre le commandement du régiment du Port-au-Prince.

XXII. M. de Mauduit, jeune, ardent, avait fait la guerre d'Amérique, sous le général Lafayette ; connu

(1) Les chasseurs de couleur avaient toujours des officiers blancs ; le nègre et le mulâtre ne parvenaient qu'au grade de sergent.

pour ses sentiments royalistes, pour ses liaisons avec la cour, il devint le bras droit du gouvernement et comme le chef du parti des *pompons-blancs*. Il comprit toute l'importance de l'enrôlement de la jeunesse de couleur sous les bannières de la contre-révolution ; il s'occupa à gagner la confiance de cette jeunesse. C'est à Pétion qu'il s'adressa d'abord, parce que ce jeune indigène exerçait une grande influence sur les siens. Mauduit voulut le voir. Il lui montra le contraste de la conduite des *pompons-blancs* avec celle des *pompons-rouges* :
« Les premiers ignoraient le honteux préjugé de l'épi-
« derme ; ils n'avaient jamais manqué de donner leur
« protection aux hommes de couleur ; ils étaient dis-
« posés à leur accorder l'égalité des droits, tandis que
« les *pompons-rouges* et les *indépendants* avaient été
« de tous temps leurs ennemis ; avec les *pompons-*
« *blancs*, il y avait à espérer le rétablissement de la paix,
« de l'ordre ; avec les *pompons-rouges*, une violente
« anarchie ; avec les *indépendants*, une oppression
« plus terrible que jamais, alors que la main de la mé-
« tropole ne serait plus là pour modérer leurs écarts. »

M. de Mauduit avait dans toute sa personne quelque chose de chevaleresque ; sa parole était éloquente ; il subjugua le jeune Pétion, qui lui promit son dévoûment à la cause de la royauté : c'est ainsi que Pétion, de la position neutre qu'il avait jusque là gardée, comme tous les siens, passa au camp royaliste, en y entraînant une quarantaine d'hommes de son âge. C'était une étape dans la route révolutionnaire, à laquelle atteignaient les affranchis. M. de Mauduit fut même accusé d'avoir voulu en enrôler sous le drapeau de son régiment (1). Sa conduite le donnait du moins à penser. L'appui des nouveaux *pompons-blancs*, dont le nombre augmenta considérablement, devait merveilleusement servir au gouvernement pour menacer l'assemblée de Saint-Marc.

XXIII. Cette assemblée allait être remplacée ou confirmée par de nouvelles assemblées provinciales, aux termes des instructions du 28 mars dont j'ai déjà parlé ; à ces assemblées provinciales devaient concourir *tous les propriétaires ou contribuables âgés de vingt-cinq ans.* Mais les colons, arguant de ce que les affranchis n'étaient pas explicitement dénommés dans le décret, confirmèrent l'assemblée, sans les appeler dans les comices, disposés même à les repousser par la force. L'assemblée de Saint-Marc devint si superbe après sa confirmation, qu'elle déclara par décret du 6 juillet cette confirmation *surabondante*, et prescrivit aux troupes un nouveau serment civique, auquel était ajouté : Fidélité a la partie française de Saint-Domingue, après les mots : *à la nation, à la loi et au roi.* Elle alla plus loin : elle décréta le 17 juillet l'ouverture de tous les ports de

(1) *Biographie* d'Alexandre Pétion, par Lauriston Cérisier, *Déclaration* des citoyens de Port-au-Prince, du 22 août 1790. Archives générales de France, carton 68.

l'île au commerce étranger ; elle ordonna le 27 la réorganisation des troupes, sous le nom de *Gardes nationales soldées de la partie française de Saint-Domingue.* Mais le seul détachement du régiment du Port-au-Prince, qui tenait garnison à Saint-Marc, se laissa séduire par la haute paie qu'on offrait aux gardes nationales et se conforma à cet étrange décret. Un colon des Cayes, le marquis de Cadusch, fut fait colonel du prétendu régiment de ces gardes

XXIV. La marche de l'assemblée inquiétait plus que jamais les partisans de la France. Aussi le comte de Peynier tint le 29 juillet au Port-au-Prince un conseil de guerre: ce conseil décida de dissiper le comité provincial de l'ouest qui, de tous ceux de la colonie, suivait le plus les criminels errements de l'assemblée de Saint-Marc, et de marcher ensuite contre cette même assemblée. La nouvelle de cette détermination se répandit dans la ville; le comité, déjà protégé par deux petites pièces de canon, fit augmenter sa garde de *pompons-rouges* et appela à sa défense tous les bourgeois. Le colonel de Mauduit, chargé de l'expédition, marche dans la nuit, à la tête de cent hommes de son régiment, de vingt-deux volontaires aux *pompons-blancs*, hommes de couleur et blancs, parmi lesquels se trouvait Pétion ; il dissipe le comité après quelques coups de fusil et de canon. Il avait perdu dix à douze hommes; le comité trois. On enleva les drapeaux de la garde nationale, qui étaient déposés dans la salle des séances et on les porta en triomphe aux casernes. Petion avait reçu dans cette petite affaire ce que le soldat appelle le baptême du feu; sa contenance avait fixé l'attention du colonel de Mauduit.

XXV. L'assemblée de Saint-Marc fut atterée du triomphe qu'au Port-au-Prince venait de remporter le gouvernement; elle délibérait si elle ne devait pas porter son siège aux Cayes, où elle avait de puissants partisans, quand parut le vaisseau le *Léopard*. L'équipage de ce vaisseau s'était mutiné dans la rade du Port-au-Prince; son commandant, M. de la Galissonnière, s'était retiré; le second capitaine, M. de Santo-Domingo, blanc créole, en avait pris le commandement et était parti de Port-au-Prince dans la nuit du 31. Le vaisseau arriva à Saint-Marc au moment où l'assemblée avait le plus besoin d'assistance. On le nomma le *Sauveur-des-Français*; on l'engagea à stationner dans la rade.

XXVI. M. de Peynier, de son côté, ne s'était pas endormi; mis hors la loi par l'assemblée de Saint-Marc, il avait ordonné de marcher contre elle. M. de Vincent, commandant de la province du nord, part du Cap, dans la nuit du 2 au 3 août, sur la frégate la *Vestale*, qui doit le débarquer aux Gonaïves; il est à la tête de huit cent-quarante hommes, dont deux cents du régiment du Cap. M. de la Jarie doit partir du Port-au-Prince dans la nuit du 5 au 6 avec six cents hommes, dont deux cents du régiment de cette ville, deux cents *pompons-blancs* et deux cents hommes de couleur, comme auxiliaires. C'est par mer que les troupes doivent se diriger contre Saint-Marc, et les milices par terre (1). Pendant cette campagne, sur l'habitation *Laffitaud,* entre la Croix-des-Bouquets et l'Arcahaye, Pétion fut nommé sergent dans sa compagnie de milice (2). La marche des deux colonnes effraya l'assemblée; ses membres, au nombre de quatre-vingt-cinq, ne trouvèrent de salut que dans la magnanimité de cette même métropole qu'ils avaient tant outragée. Ils s'embarquèrent le 8 août sur le *Léopard,* d'où leur resta le nom de *Léopardins.* Avant de partir, ils firent une adresse, où ils protestaient de leur attachement à la colonie et de leur soumission aux lois de la métropole. Cette adresse leur ramena beaucoup d'esprits : « présents, les colons eux-mêmes les détestaient; absents, ils les regrettèrent (3). » Cette assemblée n'en avait pas été moins criminelle envers la France pour avoir voulu lui ravir la plus belle de ses colonies, ni moins criminelle envers l'humanité, pour avoir voulu maintenir l'avilissement de la race de couleur, *dans quelque degré qu'elle se trouvât*. L'assemblée nationale rappela aux *Léopardins* les outrages dont ils s'étaient rendus coupables envers la métropole; mais elle les leur pardonna. Et cependant, enfants ingrats, ils cherchèrent

(1) Lettre d'Hudicourt à M. Lopinot, commandant aux Cayes.
(2) Notes recueillies par le général Inginac.
(3) Tarbé, *Rapport* sur les Colonies, p. 16.

presqu'aussitôt à livrer la *Reine des Antilles*, ce beau fleuron de la couronne de France, à l'Angleterre, cette éternelle ennemie des destinés de la mère-patrie.

XXVIII. La fuite des *Léopardins* avait été un véritable triomphe pour le parti des *pompons-blancs*. Ce triomphe l'enivra. Il ne se crut plus obligé de conserver pour les affranchis ces dehors de fraternité qu'il leur avait jusque là montrés. Presqu'immédiatement après le retour de Mont-Louis, il exigea que les volontaires noirs et mulâtres missent une raie jaune à leurs pompons pour les distinguer des volontaires blancs. Et même bientôt, dans plusieurs localités, on imposa, sans que le gouvernement cherchât à s'y opposer, aux hommes de couleur l'obligation d'ajouter au serment civique la formule de *respect aux blancs*.

XXVIII. Vincent Ogé gémissait à Paris sur le sort des siens ; électrisé par la sublime DÉCLARATION DES DROITS DE L'HOMME, chacune des injustices, dont on abreuvait ses frères dans les colonies, le transportait d'une sainte indignation. Il prit le parti de se rendre à Saint-Domingue, pour réclamer même par la force des armes l'exécution littérale du décret bienfaisant du 8 mars. Sa détermination fut spontanée. Intelligent, il connaissait l'influence qu'exerce aux colonies sur la population des trois couleurs, la vue des insignes militaires ; il acheta du prince de Limbourg une investiture de son ordre de chevalerie, et se fit faire un uniforme de colonel. Il avait pris pour devise : *Il aime la liberté, comme il sait la défendre. Vivit et ardet.* Il fit graver cette devise au bas de son portrait, qu'il comptait répandre dans la colonie (1) Mais comme les princes colons avaient réussi à obtenir du ministre de la marine, M. de la Luzerne, de défendre aux hommes de couleur de sortir de France, tant ils redoutaient la propagation des principes de la révolution, Ogé ne put partir directement pour la colonie. Clair comme un blanc, — il était quarteron, — il prit le nom de Poissac et partit de Paris le 19 mars. Il resta à Londres quelque temps; dénué d'argent, Clarkson, dont il avait fait la connaissance à Paris chez le général Lafayette (2) lui en donna pour continuer son voyage. Débarqué à Charlestown, à la Nouvelle-Angleterre, le 26 juin, il chercha longtemps le moyen de gagner Saint-Domingue. Enfin il s'embarqua sur un navire américain en destination pour le Cap. Il approchait de cette terre où son arrivée avait été déjà annoncée par les colons de Paris. Il voulut se faire débarquer à Monte-Christo, sur le territoire espagnol; le capitaine du navire s'y refusa. C'est en vain qu'Ogé lui dit qu'il avait eu un duel au Cap, où il avait eu le malheur de tuer son adversaire, le capitaine persiste dans son refus. La Providence, qui veil-

---

(1) Aucune de ces gravures n'est malheureusement parvenue jusqu'à nous. Voyez l'analyse des *Débats*, page 96.

(2) Mc. Kensie, *Notes of Haïti*.

lait sur Ogé, lui réservait sans doute une mort éclatante. Le 24 octobre au matin (¹), le navire mouille au Cap. Ogé descend. Le bureau de police qui avoisinait le port n'était pas ouvert ; Ogé passe près des gardes, se rend dans un hôtel, d'où il envoie chercher ses malles (²). Il part pour la Grande-Rivière, s'arrête dans la maison de son ami Chavanne, mulâtre cultivateur du quartier, qui s'était signalé au siége de Savannack, sous le comte d'Estaing, et qui, de retour au pays, avait eu la gloire d'être impliqué dans le procès de l'immortel Lacombe, et dont l'ardent amour pour la liberté était connu. Là, viennent le joindre environ quinze des siens, noirs et mulâtres libres.—Faut-il appeler à la liberté les noirs et les mulâtres qui sont dans l'esclavage ? Faut-il, à travers le fer et le feu, proclamer sur les débris de la colonie ruinée et ensanglantée l'émancipation générale de la race Africaine ? Chavanne opine pour cette détermination. Mais Ogé a vu en France la perpective du triomphe de la liberté du genre humain. Ce triomphe est prochain ; pourquoi le souiller de sang ? — Ogé voulait donc avant tout obtenir l'égalité des droits politiques entre tous les hommes libres, sans distinction de couleur. L'abolition de l'esclavage, dont j'ai montré qu'il était

(1) M. Beaubrun Ardouin dit à tort 28 octobre dans sa *Géographie d'Haïti*. Voyez Interrogatoire d'Ogé, ARCHIVES GÉNÉRALES de France.

(2) Interrogatoire susdit.

le plus hardi partisan, devait nécessairement découler de ce premier triomphe.

La nouvelle de l'arrivée d'Ogé fut bientôt confirmée par la dénonciation d'un des siens, Noël Lefort, quarteron libre, à qui l'assemblée provinciale du Nord décerna le 28 octobre une médaille d'or, en récompense de son infamie.—On a raison de dire qu'il vaut mieux se fier à ses ennemis qu'à ses amis; l'ennemi ne peut pas trahir. Vingt-six dragons viennent pendant la nuit du 26 au 27 pour fouiller la maison de Chavanne ; mais à la vue des quinze hommes qui étaient en armes, ils se retirèrent.

Ogé le lendemain 28, ordonna à ses frères des environs de se lever et de procéder au désarmement des blancs. Lui-même, il se porta dans les hauteurs de la Grande-Rivière pour opérer ce désarmement. Chavanne revenait du Cap, où ses affaires l'avaient appelé. Il apprit en route que sa maison avait été investie la veille, et qu'Ogé avait ordonné la levée de boucliers. Il se mit soudain à la tête de tout ce qu'il rencontra d'affranchis, et commença de son côté à désarmer les colons dans les bas de la Grande-Rivière. Un seul blanc, du nom de Sicard, ne voulut pas remettre ses armes. Il s'apprêtait même à faire résistance, quand Chavanne le tua d'un coup de fusil. Ce fut l'unique meurtre commis pendant tout le mouvement. Le soir, Chavanne rencontra Ogé près de l'habitation *Poisson* ; il lui raconta avec douleur ce qu'il appelait naïvement *le malheur qui lui était arrivé.* Ogé avait alors près de trois cents hommes sous ses ordres. Chavanne fut nommé major-général de cette petite armée, chargé en même temps de la correspondance. Ogé le lendemain descendit au bourg de la Grande-Rivière ; à quatre heures du matin, il fit enfoncer la porte du *Corps-de-garde* pour en enlever les munitions ; mais on n'en trouva point. C'est dans la même journée qu'on arrêta deux dragons du Cap, chargés de paquets pour la municipalité. Ils furent désarmés et mis en prison. Le cocher du planteur Bullet, ce Jeannot que nous verrons figurer plus tard ! — servait de guides aux dragons. Ogé lui frappe sur l'épaule en lui annonçant la chute future de l'esclavage. Le nègre alla néanmoins rejoindre son maître. Chavanne fit plusieurs lettres à l'assemblée provinciale du nord, à M. de Vincent, qui commandait la province, et au comte de Peynier, qui se tenait au Port-au-Prince. Dans ces lettres, où Chavanne avait mis de son exaltation, Ogé ne demandait que l'exécution du décret du 8 mars et des instructions qui l'accompagnaient. Les lettres pour le Cap furent remises aux dragons ; celle adressée à M. Peynier fut confiée à Joseph Ogé ([1]) qui se dirigea

(1) Ogé avait quatre frères, Jean-Pierre, Joseph, Jacques dit *Jacquot* et Couthias. Ce dernier n'était à la vérité qu'un enfant abandonné, que madame Ogé avait recueilli et élevé. Ogé était le cadet de la famille. — *Interrogatoire* d'Ogé.

de suite vers le Port-au-Prince avec d'autres lettres pour les hommes de couleur de l'Ouest et du sud.

XXIX. L'assemblée provinciale du Nord, pour toute réponse, mit la tête d'Ogé à prix pour cinq cents portugaises, et celle de Chavanne à prix pour trois cents (¹). Elle fit battre la générale. M..de Vincent, à la tête de huit cents hommes, dont cent grenadiers, cent-cinquante chasseurs du régiment du Cap, deux cents grenadiers patriotes, cinquante mulâtres et cinquante nègres de la milice, cinquante dragons, cinquante gendarmes et sept hommes par chacune des autres compagnies, huit pièces de canon, sortit de la ville le soir pour aller combattre l'insurrection dont l'épouvante avait augmenté les proportions.

XXX. Ogé s'était porté sur l'habitation *Poisson*. Là, pendant tout le mouvement qui se passait au Cap, il apprend que les blancs de Dondon menacent d'enlever sa mère, qui habitait une caféyère voisine du bourg. La piété filiale le porte à aller mettre à l'abri les jours si précieux de cette mère. C'est en vain que Chavanne veut le suivre ; Ogé l'engage à rester au *camp-Poisson*, et part avec cinquante hommes. Le village de Dondon, placé à une demi-marche de la Marmelade et du Cap, limitrophe avec la partie espagnole, est situé dans une magnifique petite vallée qu'arrose la rivière des Vaseux. Cette rivière, qu'on passe à gué dans la saison des cha-

(1) La portugaise vaut quarante francs.

leurs, devient, lors des pluies, un torrent d'autant plus inabordable, qu'elle est encaissée entre des écores. Le village était en armes dès le commencement des troubles. Le commandant de la paroisse, M. Lamarans et le maire, M. Latour, avaient fait placer à l'entrée du bourg deux pierriers et avaient fait descendre pour la défense commune tous les colons des environs. Ogé pénètre au Dondon dans la nuit de cette même journée du 29 octobre. Il est accueilli par une vive fusillade et par la petite artillerie. Il tient tête; deux blancs tombent morts, quatre autres sont grièvement blessés (1); encore un peu d'audace, et le bourg est pris. Mais la bande se disperse sous la mitraille; et, prise d'une sorte de terreur panique, elle se jette dans la rivière des Vaseux, alors haute. Quelques-uns se noient; Ogé lui-même ne parvient que miraculeusement à gagner la rive opposée. Il rentra au jour chez *Poisson*, ignorant le sort de sa mère (2), et déjà inquiet de la tournure que prenaient les événements : néanmoins, comme l'armée du Cap avançait, Ogé disposa son monde pour le combat : Ivon, nègre libre, avec vingt mulâtres, a le commandement de l'avant-garde au bas de la savane de l'habitation ; le gros de la bande se tient en bataille devant la grande case. M. de Vincent,

(1) Déclaration faite au Cap le 4 novembre 1790 par Pierre Jérôme, habitant du Dondon.

(2) Couthias avait fait partir Madame Ogé de son habitation et l'avait conduite à San-Miguel de l'Attalaye.

dirigé par des esclaves, se trouva le 31 au matin au milieu du poste sous les ordres d'Ivon. Inopinément attaqué, il crut avoir affaire à des forces supérieures ; et, craignant d'être cerné, il ordonna la marche en arrière. La même terreur qui semblait s'être emparée des blancs, s'empara des hommes de couleur ; mal armés, ayant peu de munitions, ne voyant pas se lever tous les affranchis, comme ils s'y étaient attendus, ils se laissèrent aller au découragement,—chose qui, dans de pareilles occurences, est toujours plus funeste que le combat. Ils ne surent plus s'arrêter à aucun plan ; ils portaient alternativement leur camp sur les habitations *Lucas, Jourdain et Brochard*.

L'assemblée provinciale venait de retirer le commandement à M. de Vincent et l'avait remis à M. de Cambefort, colonel du régiment du Cap. Ce dernier se mit en marche. Les insurgés, loin d'essayer même de se défendre, se dispersèrent à l'approche de M. de Cambefort et cherchèrent leur salut dans la fuite. Dans cette débandade, Chavanne et Ogé se perdirent de vue ; enfin le dernier prit le parti, avec vingt-sept autres, de se rendre aux autorités Espagnoles. Le capitaine Haragon, qui commandait un poste à la frontière, le fit conduire à l'Attalaye, où il retrouva sa mère infortunée. De l'Attalaye, Ogé fut dirigé à Hinche, où son frère Joseph vint le joindre avec la réponse des affranchis de l'Ouest. Cette réponse, datée de Port-au-Prince, portait les signatures de

Pinchinat, de Beauvais, de Borno jeune, de Bataille, de Labastille, de Daguin et de Drouillard. Elle blâmait le ton hautain avec lequel Chavanne avait écrit aux autorités coloniales et invitait Ogé à une conférence au Mirebalais Fait prisonnier, malgré le droit des gens, Ogé fut conduit à la Tour de Santo-Domingo. Chavanne, arrêté à Saint-Jean, alla l'y joindre. Quoique placés dans deux cachots différents, ils réclamèrent tous deux l'hospitalière protection du gouvernement espagnol, qui leur fit défaut.

XXXI. Le comte de Peynier, fatigué du fardeau si pesant de l'administration de Saint-Domingue, avait envoyé sa démission au ministère. Le ministère, dans la prévoyance de sa retraite, avait déjà désigné M. de Blanchelande, pour lui succéder avec le titre de *lieutenant au gouvernement général*. M. de Peynier, heureux d'échapper à la responsabilité des événements qui allaient se dérouler, partit donc de la colonie le 7 novembre 1790 sur la frégate l'*Engageante*.

XXXII. M. de Blanchelande, comme le comte de Peynier, était dévoué à la monarchie, disposé à tout pour aider à la contre-révolution, que la noblesse méditait en France. Mais il n'avait pas, comme Peynier, la perspicacité de vue, la rectitude de jugement, la promptitude de détermination, le plan d'exécution des grandes entreprises, au milieu des grands événements.

Le nouveau gouverneur et l'assemblée provinciale

du nord se hâtèrent de demander l'extradition d'Ogé et de ses compagnons. Le 16 novembre, la corvette la *Favorite*, dont le capitaine s'appelait *Négrier*, nom approprié à la circonstance, partit pour cette horrible traite (1). La demande d'extradition était fondée sur le traité d'Arranguez, signé le 3 juin 1777 entre l'Espagne et la France. Ce traité, que j'ai sous les yeux, ne stipulait pas cependant de causes politiques en matière d'extradition. Il ne le pouvait pas non plus, à moins de violer tous les principes de droit public proclamés depuis la plus haute antiquité. Néanmoins don Garcia, ce capitaine-général que Toussaint-L'Ouverture devait un jour si cruellement mortifier, eut la lâcheté, malgré l'opinion contraire de l'assesseur à *l'audience royale*, M. Vicente-Faura (2), de livrer à la rage coloniale ces victimes de la plus sainte des causes. Et, en attendant sa proie, l'assemblée provinciale, présidée par un de ces hommes que leurs forfaits ont rendus célèbres dans l'histoire coloniale, mais dont il est impossible de poursuivre la biographie, Couët de Montaraud, avait convoqué toutes les paroisses du nord pour organiser le tribunal qui devait juger Ogé.

XXXIII. La séance des paroisses fut ouverte solennellement le 1er décembre 1790. Couët eut la parole. Voici le résumé de sa harangue : « Vous n'avez à choisir qu'en-
« tre trois tribunaux : une commission particulière pré-

---

(1) Lettre de Blanchelande au ministre, du 25 novembre 1790.
(2) *Géographie de l'île d'Haïti*, par Beaubrun Ardouin, p. 178.

« sente l'inconvénient de l'illégalité de la forme et de « l'arbitraire dans l'instruction et le jugement; le conseil « de guerre a l'inconvénient de traiter en hommes de « guerre des scélérats armés pour notre perte et d'ôter « à leur supplice tout ce qu'il a d'infamant ; les tribu- « naux ordinaires ? — mais est-ce au tribunal d'appel ou « au tribunal à charge d'appel, que doit se porter l'affai- « re ?— Les cours souveraines ont eu en France la con- « naissance de tous les crimes et de tout ce qui concerne « la haute police, exclusivement aux autres tribunaux. « Aussi le parlement de Paris connut-il seul des émeutes « occasionnées à Paris en 1709 par la famine; or, le « conseil peut juger (1). » Je ne releverai rien de toutes les monstruosités de la doctrine de M. Couët de Montaraud. Qu'il me suffise de dire que le sort d'Ogé et de ses compagnons se trouve dès lors aux mains du CONSEIL SUPÉRIEUR DU CAP, composé des partisans les plus violents des privilèges cutanés, sans qu'ils pussent compter sur l'appel d'aucun jugement.

XXXIV. La *Favorite* rentre au Cap le 29 décembre au matin. L'assemblée provinciale envoya une députation de deux de ses membres déclarer au capitaine Négrier *qu'il avait bien mérité de la patrie*. Celui des deux colons qui porta la parole s'appelait Grenier. « L'assemblée, dit-il, a appris avec non moins de satisfaction *tous*

(1) *Bibliothèque* de Moreau de Saint-Méry, vol. 18, *Archives* de la Marine.

les soins que vous avez fait donner aux scélérats sur votre bord pour conserver au glaive de nos lois des VICTIMES SI PRÉCIEUSES ET SI NÉCESSAIRES A LA VENGEANCE PUBLIQUE; *elle nous a chargés de venir rendre les honneurs de la patrie à celui qui a si bien mérité de la patrie.* » La députation poussa l'impudeur jusqu'à offrir des récompenses au capitaine Négrier et à son équipage. Ils refusèrent ces récompenses. Elle revint à terre au salut de neuf coups de canon et aux cris de *vive la nation* ! poussés par les pauvres marins qui ne comprenaient rien à la funeste politique dont ils étaient les instruments.

XXXV. Ogé, Chavanne et leurs compagnons, chargés de fers, furent descendus à terre, et plongés dans les cachots, au milieu des hurlements de la population blanche. Point de détail officiel sur ces graves événements; on dirait qu'on avait voulu en étouffer le souvenir. L'assemblée provinciale avait en effet « défendu *aux journa-* « *listes, imprimeurs et libraires de la province de* « *composer, vendre, distribuer et publier aucun écrit* « *sur l'insurrection des gens de couleur et les motifs* « *d'icelle* (¹).

XXXVI. La nouvelle de la tentative et de la capture d'Ogé émut la presse française. Brissot, qui connaissait la grandeur d'âme de ce jeune homme, ne revenait pas

(1) *Rapport* sur les troubles, de Saint-Domingue, par Garan de Coulon, vol., 2 page 61.

de ce qu'on avait accordé son extradition : « le gouver-
« neur espagnol, dit-il, qui a arrêté M. Ogé et ses com-
« pagnons d'infortune, n'est qu'un lâche et un scélérat
« qui a violé toutes les lois de l'hospitalité; car on ne doit
« arrêter que celui qui commet un crime nuisible aux
« intérêts du pays où il existe; et la ligne de démarcation
« des pays est celle où s'arrête la poursuite des crimes.
« Mais ici d'ailleurs, le crime reproché à M. Ogé est un
« acte de vertu, est un devoir, un saint devoir. Les vain-
« queurs de la Bastille sont des héros, et pour le même
« acte d'héroïsme, M. Ogé serait livré au supplice (¹)!.. »

XXXVII. La procédure commença. Ogé demanda des avocats à deux reprises. Le conseil supérieur les lui refusa. Nul ne sait comment ses compagnons et lui se défendirent, car rien ne ressemble plus à un tribunal d'inquisition que celui qui les condamna. Ce tribunal de sang, composé de MM. François-Etienne Ruotte, Martin Olivier Bocquet de Trévent, Couët de Montaraud, Grenier, Maillard, de Rochelande et Laborie, le premier président, le dernier procureur-général, ordonna qu'ils fussent passés à la question extraordinaire. Cette odieuse formalité, inventée dans des temps d'ignorance et de barbarie, pour arracher l'aveu des accusés, flétrie par la philosophie du XVIIIme siècle, venait cependant d'être abolie par la loi du 9 octobre 1789. Mais qu'importaient aux préjugés coloniaux les lois bienfaisantes

(1) *Patriote français*, n° 525.

de la métropole? — La question se donnait de plusieurs manières; tantôt, on couchait et liait le patient sur un tréteau et on lui versait jusqu'à six pots d'eau chaude sur le corps nu; tantôt, on l'étendait sur un chevalet; là, lié, on faisait souffrir à ses pieds et à ses mains, au moyen de cordes, une extension douloureuse; tantôt, on lui mettait aux pieds des brodequins de fer d'un récipient infiniment moindre du volume du membre; et à force de compression, les pieds finissaient par être froissés et broyés; tantôt, on attachait le patient sur une chaise en fer; on lui faisait présenter ses jambes nues au feu, en les approchant par degrés; tantôt, on comprimait les pouces jusqu'à en faire jaillir le sang; tantôt, on lui liait les bras par derrière; on lui attachait alors aux pieds d'énormes poids de fer; puis, on enlevait en l'air le corps par une corde attachée aux bras, qu'on tirait par le moyen d'une poulie; le patient demeurait suspendu, pendant que ses membres se distantaient par les poids aux pieds.

C'est à ces supplices, dont la pensée glace l'imagination d'épouvante, qu'Ogé et Chavanne furent soumis; enfin les médecins et chirurgiens du roi, qui y assistaient, déclarèrent qu'ils n'en pouvaient plus [1].

XXXVIII. Au milieu de ces cruelles tortures, Chavanne, qui était doué d'autant de force physique que de force morale, bravait ses bourreaux. Ogé, au contraire, fut pris de défaillance; sa raison s'égara; il demanda par-

[1] ARRET du Conseil Supérieur.

don et miséricorde. Dès lors il refusa toute nourriture, cherchant ainsi à dérober son cadavre à des mutilations plus horribles encore, s'il est permis de le dire. Mais l'infortuné comptait sans la férocité de ses ennemis ; les colons frémirent à la pensée de voir leur échapper prématurément la victime, dont ils se promettaient de savourer l'agonie avec le plus de délices : l'exécution fut ordonnée avant la clôture du procès ! Ainsi la mort d'Ogé et de Chavanne fut un double assassinat, — un assassinat aussi illégal qu'odieux. Le conseil supérieur décida qu'Ogé et Chavanne seraient « *conduits par le bourreau au-de-*
« *vant de la principale porte de l'église ; là, tête nue et*
« *en chemise, la corde au cou, à genoux et ayant dans*
« *leurs mains chacun une torche de cire ardente du*
« *poids de deux livres, faire amende honorable et dé-*
« *clarer à haute et intelligible voix, que c'est mé-*
« *chamment, témérairement et comme mal avisés qu'ils*
« *ont commis les crimes dont ils sont convaincus ;*
« *qu'ils s'en repentent et en demandent pardon à Dieu,*
« *au roi et à la société. Ce fait, conduits sur la place*
« *d'armes, et y avoir les bras, jambes, cuisses et reins*
« *rompus vifs sur un échafaud dressé à cet effet et*
« *mis par l'exécuteur des hautes-œuvres sur des roues,*
« *la face tournée vers le ciel, pour y rester tant qu'il*
« *plaira à Dieu leur conserver la vie, leurs têtes cou-*
« *pées et exposées sur des poteaux.* »

« Sentence, s'écrie un noble Anglais, M. Briand's

« Edwarts, dans son *Histoire de Saint-Domingue*, sen-
« tence à laquelle on ne peut penser, sans éprouver un
« mélange d'émotion, de honte, de compassion, d'indi-
« gnation et d'horreur ! »

XXXIX. Le jour de cette procession si minutieusement et si lugubrement décrite :—le 25 février 1791,—toutes les troupes étaient sur pied, la population blanche en l'air. Et, tandis que le conseil supérieur et l'assemblée provinciale présidée par Chesnau de la Mégrière (1), assistaient en corps à cette affreuse hécatombe, les noirs et les mulâtres consternés, renfermés ou consignés dans leurs demeures, dévoraient leurs larmes, leur colère et invoquaient la vengeance du ciel. Ils gémissaient surtout de ne pouvoir rien pour la délivrance des deux héros ; car ils avaient été partiellement désarmés, dès les premiers jours du mois.

Quand le funèbre cortége se fut arrêté devant le seuil de l'église, Chavanne refusa de s'agenouiller et de demander pardon à *la nation, à la loi et au roi* (2). En quoi donc avait-il outragé la nation, la loi et le roi ? Etait-ce un crime que de chercher à récupérer les droits

---

(1) Il serait plus que difficile de faire la biographie de cette multitude de noms qui surgissent dans mon travail; seulement le sang, dont le front de ces hommes est couvert, les désignera éternellement aux flétrissures de l'histoire.

(2) Lettre sans signature, datée du Cap, 28 février 1791. *Bibliothèque* de Moreau de Saint-Méry, vol. de septembre 1790 à juillet 1791.

imprescriptibles que tous les hommes tiennent de la nature ? Bien que ses membres fussent déjà brisés par les tortures de la question, il monta avec fermeté sur l'échafaud ; et, quand le bourreau lui rompait à coups de massue les bras et les jambes, aucune plainte n'échappa de cette âme énergique, aucun cri de cette mâle poitrine ; il proférait seulement des malédictions contre ses assassins et adressait contre eux des invocations aux furies vengeresses. Moins fortement organisé, Ogé versait des larmes, en se dirigeant au lieu de l'exécution : si jeune sortir de la vie sans avoir pu réaliser les projets philantropiques qu'il avait dans le cœur ! brisé surtout par d'affreuses épreuves, au dessus de ses forces physiques, il avait perdu tout courage, toute résignation. La mort de l'un et de l'autre prouve une fois de plus qu'il n'y a pas plus de progrès sans martyr, qu'il n'y a d'enfantement sans douleur.

XXXX. Ce ne fut que le 5 mars, onze jours après ces affreux assassinats, que le conseil supérieur rendit l'infâme sentence qu'il avait fait exécuter par anticipation. Alors vingt-un prisonnier, des compagnons d'Ogé furent condamnés à être pendus (1) ; neuf autres le furent en effi-

(1) Jacques Ogé, Hyacinthe Chavanne, Jean-Charles Grégoire, Jean-François Miot, Jean-François Tessier, Pierre Joubert aîné, Jean-Baptiste Joubert, dit Larivière, tous quarterons libres ; Jean-Baptiste Grenier, dit Philippot, Alexis Barbaut, Joseph Parmentier fils, Jean Picard, Jean-Baptiste Saubat, Moïse Angoumard, Pierre Arceau, Georges Fortier, tous mulâtres libres ; François Godard,

gie (¹) et treize envoyés aux galères à perpétuité (²).

Une délégation chargea le conseil supérieur du Port-au-Prince d'informer contre Pinchinat, Beauvais, Daguin, Borno, Bataille jeune, Drouillard et Labastille fils ; quelques-uns furent arrêtés ; les autres, notamment Beauvais et Pinchinat furent s'abriter dans le Mirebalais.

XXXXI. L'arrivée d'Ogé dans la colonie avait causé une grande fermentation dans l'esprit de la population affranchie ; dans l'Artibonite et dans le Sud, elle prit les armes. Blanchelande envoya à St. Marc le colonel de Mauduit avec cent quatre-vingts hommes, deux pièces de canon et dix-sept artilleurs ; Mauduit part du Port-au-Prince dans la nuit du 9 au 10 novembre (³) et dissipe facilement l'attroupement qui s'était formé dans

dit Pognon, Jean Longue, nègres libres ; François Pascal, blanc ; Hyacinthe et Toussaint, mulâtres esclaves.

(1) Marc Chavanne, Pierre Maury, Valet, mulâtres libres ; Georges Dumas, Michel dit Mame Déclain, François Déclain, Pierre Godard, Yvon, nègres libres ; Noël Dumortier, dit Débo, griffe libre.

(2) Alexandre Couthias, Jean-Louis Guizot, Jérôme Angoumard, Bernard Briant, Etienne Froger, dit *Trois-calins*, Charles Laroque, Jean-Louis Angoumard, Jean-Baptiste Fortier, François Parmentier, mulâtres libres ; Antoine Dumas, Charles Lafleur, dit Achille, nègres libres ; Joseph Rivière, quarteron libre, et Jean-Baptiste Lapeyre, dit Azor, griffe libre.

(3) Lettre de Blanchelande au ministre.

les *Hauts*, à l'instigation de Beauvais, Pinchinat et Daguin.

Le mouvement du Sud fut mieux combiné ; les hommes de couleur s'étaient réunis le 7 novembre 1790 sur l'habitation d'un des leurs, le jeune Léon Prou, au quartier de la *Ravine-Sèche*, à une dizaine de lieues de la ville des Cayes, sous la conduite d'André Rigaud, des frères Bleck, de Boury, de Rémarais, de Braquehais et de Faubert. André Rigaud, plus ardent que les autres, était l'âme de cette prise d'armes ; jeune, élevé en France, où il avait appris le métier d'orfèvre ; ayant servi sous le comte d'Estaing, il connaissait l'art de la guerre ; deux blessures reçues au siège de Savannach ajoutaient à son importance légitime [1].

L'assemblée provinciale du Sud fit marcher contre le *camp-Prou* le capitaine Duplessy, qui le 13 novembre perdit même ses canons et fut battu. C'était le premier succès que les affranchis remportaient sur les blancs ;

---

[1] Rigaud (André), fils légitime de M. Rigaud, blanc originaire de la Provence, huissier à la sénéchaussée de Saint-Louis, et de la dame Rose Bossy, négresse Arada, naquit aux Cayes, le 17 janvier 1761. Il mourut dans la même ville le 18 septembre 1811, à l'âge de cinquante ans, huit mois, un jour. Il était d'une taille moyenne ; sa figure était des plus gracieuses. M. Madiou, tome 1, page 318 de son *Histoire d'Haïti*, semble croire que Rigaud dissimulait à dessein sa chevelure crépue. M. Madiou oublie sans doute que la perruque était de mode et que Toussaint s'en affublait aussi.

malheureusement il n'en était pas de même dans le Nord et dans l'Artibonite. M. de Blanchelande, à cette nouvelle, ordonna au colonel Mauduit de s'embarquer à Saint-Marc et d'aller pacifier les Cayes. Ce colonel, redoutant de pousser les affranchis au désespoir, se rendit le 30 novembre, sans aucun appareil militaire, au camp des insurgés. Précédé de la réputation de philantropie, dont les *pompons-blancs* se paraient, il fut reçu avec le respect dû au représentant du roi; son discours néanmoins fut très arrogant.

« Gens de couleur, dit-il, je vous parle au nom de la
« nation, de la loi et du roi ; vous êtes égarés par de fol-
« les prétentions ; vous ne devez jamais franchir la li-
« gne de démarcation qui vous sépare des blancs, *vos*
« *pères et vos bienfaiteurs ;* rentrez dans le devoir,
« car je déclare que, si vous ne vous soumettez pas aux
« conditions favorables que j'ai obtenues de l'assemblée
« provinciale du sud et des municipalités, que vous avez
« offensées ; je déclare, dis-je, que je vous porte d'une
« main la paix et de l'autre, la guerre ; que je marche-
« rai contre vous ; j'arriverai et vous ferai rentrer dans
« le devoir([1]) ». Ce discours causa une morne consternation ; et, telle était la soumission des affranchis à la *loi*, que ceux qui n'avaient pris les armes que contre les colons, les déposèrent, aussitôt qu'ils eurent entendu la voix d'un agent de la métropole. Cette réconciliation fut de

(1) Procès-verbal. *Affiches américaines*, 16 décembre 1790.

courte durée ; les hommes de couleur les plus marquants furent arrêtés dans la nuit du 25 décembre, conduits au Port-au-Prince et jetés dans les cachots. Un comité révolutionnaire commença leur procès.

Ainsi, presqu'en même temps qu'on arrêtait Ogé et Chavanne sur le territoire espagnol, on arrêtait aussi dans le Sud ceux qui avaient tenté de seconder leurs généreux efforts. Le peu de succès des uns et des autres démontre que le moment n'était pas encore arrivé de briser la verge de fer qui pesait sur nous. D'ailleurs mal armés, dénués de munitions, nos pères n'avaient pas non plus d'assez longue main combiné leurs mouvements. Ils se trouvèrent partout réduits au silence le plus désespérant.

LIVRE DEUXIEME.

Décret du 15 mai 1791. — Assemblée coloniale.— Campement des affranchis sur l'habitation Diègue. — Insurrection des esclaves. —Combats de Nérette et de Pernier.— Paix de Damiens.—Affaire des Suisses.—Incendie du Port-au-Prince.—Première commission civile.—Dissolution de la confédération.—Loi du 4 avril.—Conseil de paix et d'union.—Rentrée des affranchis au Port-au-Prince.

I. Pétion avait suivi la marche des événements, avec ce calme d'intelligence qui ne l'abandonnait jamais. Il prévoyait le sort qui était réservé à Ogé et à Chavanne. Il en gémissait, quand il vit conduire au Port-au-Prince Rigaud et ses compagnons. L'incarcération de ces hommes, malgré leur foi dans les promesses de ce même Mauduit, qui lui avait si souvent vanté les bonnes dispositions du parti gouvernemental en faveur de sa race, fût pour lui comme un trait de lumière. Il demeura convaincu qu'il ne restait que la voie des armes pour parvenir à l'égalité politique. Il communiqua à ses amis ses idées sur la situation; et dès lors, chacun s'isola du colonel Mauduit, c'est à-dire du parti royaliste.

II. Ainsi, tandis que les *pompons-rouges* croissaient en audace, les *pompons-blancs* perdaient l'appui des affranchis. Les pompons-rouges devinrent bientôt si puissants, qu'ils firent trembler l'autorité métropolitaine, contre laquelle ils n'attendaient que l'occasion de se venger de la dispersion du comité et de l'enlèvement des drapeaux de la garde nationale. Cette occasion se présenta à leurs souhaits. Une station, longtemps attendue de France, jette l'ancre au Port-au-Prince le 2 mars : elle portait un bataillon du régiment de *Normandie*, un autre du régiment d'*Artois* et un détachement du corps-royal d'artillerie. M. de Blanchelande, craignant avec raison l'influence du parti révolutionnaire sur les bataillons, ordonne à la station de se diriger au Môle. Mais déjà des émissaires s'étaient glissés à bord et avaient dit à ces militaires, qui arrivaient avec toute l'ardeur fiévreuse de la métropole, que si dans cette métropole, le peuple était libre, dans la colonie il était opprimé ; que le gouvernement persécutait les patriotes. Il n'en fallait pas davantage pour allumer l'incendie. Malgré leurs officiers, quelques soldats descendent à terre. On les couvre de caresses, on les gorge de liqueurs. Leur imagination se monte contre le gouverneur et M. de Mauduit. Ils retournent à bord, promettant de redescendre le lendemain. En effet, le 3 mars, les bataillons se jettent dans les chaloupes et prennent terre. Quelques soldats du régiment du *Port-au-Prince* veulent fraterniser ; ils sont repoussés, parcequ'ils ont *fait couler le sang des patriotes*. Ces soldats, égarés par les propos les plus séditieux, se prononcent contre le gouvernement : tout le régiment, à l'exception des officiers, est en pleine révolte ; et le colonel est gardé à vue.

III. Pétion, dès le commencement de l'émeute, avait réuni les miliciens anciens *pompons-blancs*, comme lui ; sensible encore aux marques d'estime que lui avait données M. de Mauduit, il leur proposa d'aller l'arracher aux mains de la soldatesque effrénée. Mais telle fut la conséquence des injustices du parti royaliste à l'égard des affranchis, que le lendemain au moment d'agir, Pétion ne vit à ses côtés qu'un seul de ses camarades. Néanmoins il se rendit sous la galerie du comité. Là, se passait une scène affreuse : une multitude, ivre de liqueurs que distribuait madame Martin, femme blanche, cabaretière, prodiguait l'insulte et l'outrage au jeune chevalier qui, l'air calme, le sourire du mépris sur les lèvres, semblait braver la mort ; les soldats, aussi ivres, demandaient que Mauduit se mît à genoux et fît amende honorable au comité ; sur le refus du colonel, les sabres se brandissent ; soudain on entendit : *Grâce ! Grâce !* C'étaient Pétion et son ami (1). Mauduit tomba percé de coups ; son cadavre fut mutilé. Madame Martin, le pistolet à la ceinture, les yeux rouges de vin, se jeta sur le cadavre encore palpitant et le coutelas à la main, elle le dévirilisa (2). On rapporte qu'un nègre, domestique de

(1) *Biographie d'Alexandre* Pétion, par Lauriston Cérisier.
(2) Le général Pamphile de Lacroix dit à tort, dans ses *Mémoires*, que Madame Martin était mulâtresse.

l'infortuné colonel, rassembla religieusement les lambeaux épars du corps, leur donna la sépulture, et qu'inconsolable de la mort de son maître, il se brûla la cervelle sur sa fosse.

M. de Blanchelande sortit de cette ville que l'anarchie bouleversait ; il se rendit, dans le quartier de la *Coupe*. Rigaud et les autres mulâtres, qui dans les cachots attendaient un sort pareil à celui d'Ogé et de ses compagnons, profitèrent de la confusion générale et s'enfuirent au Mirebalais, où Pinchinat et Beauvais attendaient dans la solitude de meilleurs jours pour leur race (1).

IV. La série d'atrocités dont la colonie était le théâtre causa en France une douloureuse sensation ; les horibles exécutions du Cap, surtout, émurent l'assemblée nationale. Les membres les plus éminents de ce corps illustre, Lafayette, Grégoire, Pétion, Lanjuinais, Syeyes, Regnault (*de Saint-Jean d'Angely*), Rœderer, montèrent tour à tour à la tribune dans la séance du 12 mai pour proclamer les éternels principes du droit naturel, en demandant l'assimilation complète des affranchis aux colons. Barnave, toujours président du comité colonial, avait proposé d'établir à Saint-Martin,

---

(1) Quelques-uns prétendent que Pinchinat était dans les prisons avec Rigaud, pour sa correspondance avec Ogé, et que c'est dans ces troubles qu'il s'évada comme les autres. Il me semble qu'on a pris pour vrai ce qui est vraisemblable.

petite île d'Amérique, indivise entre la Hollande et la France, une espèce de congrès de vingt-neuf membres, pris dans les diverses assemblées coloniales, pour prononcer définitivement sur le sort des affranchis. « Qui composera, s'écria Grégoire, ce congrès proposé par le comité ? Ceux qui sont juges et parties ? vous voulez donc perpétuer l'oppression ! » Ces paroles furent couvertes d'applaudissements. On vit alors monter à la tribune un colon que toutes les probabilités font descendre d'une origine africaine, homme de talents, qui ne fut pas toujours impartial dans la question coloniale, Moreau de Saint-Méry. Il demanda l'ajournement à six mois, afin d'avoir le vœu des colons. Regnault (*de Saint-Jean-d'Angely*), s'oppose à cet échapatoire ; il demande que la question soit tranchée par l'assemblée elle-même. « On n'a pas dit, continue-t-il, qu'il y a dix-neuf mille hommes de couleur... » — Une voix : « et « quarante mille blancs — alors, s'écria Rœdérer, sur « les quarante mille blancs il y en a vingt mille qui « seraient noirs en France. » Regnault continuant : « « ces dix-neuf mille hommes de couleur seraient réduits « au désespoir; ce qu'on ne vous a pas dit, c'est que l'op- « pression double la force des opprimés. Si, par une fu- « neste circonstance, vous êtes réduits à mécontenter « un parti, il faut que votre décision soit fondée sur l'é- » quité. » Robespierre prononça dans la même séance « ces paroles qui lui furent tant imputées à crime :

« Périssent les colonies, s'il doit vous en coûter votre bonheur, votre gloire, votre liberté ! »

L'assemblée se souvenait du mal que l'ambiguité des instructions du mois de mars avait fait à Saint-Domingue ; c'est à cette ambiguité que ce pays avait dû la boucherie du Cap. Elle rejeta la proposition du congrès de Saint-Martin. Le *club-Massiac*, *les Léopardins*, les députés des colonies qui siégeaient à l'assemblée, furent mécontents de ce que le sort des affranchis n'allait plus dépendre de leurs iniquités ; ils annoncèrent avec tant de certitude les funestes effets de cette décision, que l'assemblée, dans le décret qu'elle rendit le 15 mai, divisa les affranchis en catégories ; elle ne donna les droits de citoyen actif qu'à ceux qui *étaient nés de pères et mères libres,* laissant le sort des autres au vœu libre et spontané des colonies. Elle eut tant de mansuétude pour les préjugés coloniaux, qu'elle confirma l'existence des assemblées coloniales, auxquelles cependant aucun homme de couleur n'avait concouru, et réserva pour l'avenir l'exercice des droits qu'elle venait d'accorder à une portion de cette classe.

V. Néanmoins les colons furent insensibles à tant de modération. *Le club-Massiac, les quatre-vingt-cinq,* les colons en général, qui se trouvaient à Paris, laissèrent éclater leur colère; la seule pensée de s'attendre à voir un jour un nègre ou mulâtre siéger à leurs côtés dans une assemblée coloniale leur donna le vertige; les uns furent à Londres implorer la protection du cabinet britannique; d'autres partirent pour les îles et laissèrent échapper dans les ports d'embarquement, un emportement qui décelait de sinistres projets; les députés des colonies à l'assemblée nationale s'abstinrent de siéger; le comité colonial déclara qu'il suspendait ses fonctions, mais il conserva sa dangereuse influence sur le ministère pour le paralyser. Quoique le *club-Massiac* eût pris adroitement ses mesures pour empêcher le nouveau décret de parvenir à Saint-Domingue, l'effervescence de l'orgueil colonial n'y fut pas moins à son comble. Au Cap, à la seule nouvelle du décret, beaucoup de blancs arborèrent la cocarde blanche, comme une protestation contre les trois couleurs que la France avait adoptées; d'autres arborèrent la cocarde noire, comme un signe visible du deuil de leurs cœurs; tous rejetèrent la cocarde nationale. La paroisse du Gros-Morne éclata, et déclara le décret *un parjure national et un crime ajouté à tant d'autres*. Dans l'ouest et le sud, la colère des blancs fut encore plus grande : au Port-au-Prince, on parla de repousser par la force, le navire qui apporterait le fatal décret, *dût-il coûter aux habitans de cette ville le plus grand et le moins pénible peut-être de tous les sacrifices, la mort*. Ce fut sous les auspices de cette fermentation générale des esprits, que la seconde assemblée coloniale, formée, comme la précédente, sans la participation des affranchis, ouvrit le 2 août ses séances à Léogane.

VI. Le volcan allait faire explosion. Décidément l'autorité nationale était méconnue, les persécutions contre les noirs et les mulâtres allaient être plus que jamais ardentes. Il fallait, puisque la voix de la métropole était impuissante, en appeler aux armes et se rendre justice à soi-même. Pierre Pinchinat (¹) sortit de la retraite où son implication dans l'affaire d'Ogé l'avait forcé de se réfugier, et réunit le 7 août les affranchis des quartiers des Verrettes, des Arcahayes et du Mirebalais, dans le bourg de ce dernier nom. M. de Sorel, *pompon-blanc*, qui commandait pour le roi au Mirebalais, sembla encourager cette réunion, ou du moins, il n'y fit aucune objection. Les hommes de couleur ne pouvaient choisir une meilleure position pour formuler leur griefs, car le Mirebalais est protégé par le fleuve de l'Artibonite, par les montagnes du territoire Espagnol et celles du Cul-de-sac ; il est de plus couvert de monticules dont la forme en cônes tronqués simule et peut servir de véritables fortifications. Il n'y avait donc

(1) Pinchinat (Pierre) naquit à Saint-Marc le 12 juillet 1746, de légitime mariage de Jacques Pinchinat, européen, et de Marguerite Dupin, mulâtresse. Il fut élevé à Toulouse, ville chère aux belles-lettres. Il mourut à Paris, à l'*infirmerie de la Force*, le 10 pluviôse an X (30 janvier 1804), emprisonné sur les rapports calomnieux de Rochambeau. Il avait à sa mort cinquante-huit ans, six mois, dix-huit jours. Il fut enterré dans la *fosse commune* au Père-Lachaise,

à redouter dans cette position aucune surprise de la part du gouvernement, ni des factions coloniales. C'était là un avantage important pour les affranchis; mais un plus grand avantage, c'était d'avoir à leur tête Pinchinat. A une instruction solide, à un style facile, clair, rapide, à une logique irrésistible, à une éloquence pleine de sérénité qui ne manquait jamais son effet, à une longue expérience des affaires, à une profonde connaissance de l'histoire et du droit public, Pinchinat joignait le calme du cœur, la pureté des intentions, un véritable désintéressement personnel, un ardent amour de l'humanité, un héroïque dévoûment aux intérêts de sa race, un courage qui ne devait jamais se démentir. Aussi fut-il d'une commune voix proclamé président de la réunion, qui se tint dans l'enceinte même de l'église. On forma, sous le nom de REPRÉSENTANTS DE LA COMMUNE, un conseil de quarante-cinq membres ([1]), au-

([1]) Pierre Pinchinat, Jean-Baptiste Nivard, Jacques Boury, Pierre Favrelle, Jean Denisart, Jean Bellevue, André Michaud, Jacques Bouru, Juste Borno, Alexandre Petit-Bois, Pierre Rebel, Jean-Jacques Lacroix, Victor Montas fils, Pierre Gapy, Gérôme Dubuisson, François Coiscaud, Etienne Saljuzan, Victor Saint-Germain, Vincent Bellanton, Jean-Pierre Arnaud, Mathurin Greffin, Jean Ibar, Jean Jacques, Laroche, René Duvivier fils, Charles Boromé, Poisson, Michel Guion, Jean-Baptiste Lapointe, Louis-Mathieu Daguin, Pierre Brise-Tout, André Eloi, Jean-François Brise-Tout, Lebon, Paul Fleuriau, François Bellevue, Baron Pierret, Joseph Caya, Toussaint Denisart, André-Joseph Desmares, Laurent Namut, Jean Cazeneuve, Joseph Lebattut père, Pierre Blanchard, Guillaume Laracointe et Etienne Bachan.

quel on donna *la mission de procurer à tous les affranchis de la colonie la jouissance pleine des droits civils et politiques.* Puis, « pour ne laisser aucun doute
« sur la pureté des sentiments qui les animaient, les
« noirs et les mulâtres libres jurèrent en présence et
« sous les auspices de l'Être suprême, qui voit tout et
« entend tout, sur l'autel de la patrie et de la liberté,
« de demeurer inviolablement fidèles à la nation, à la
« loi et au roi, de soutenir de toutes leurs forces la nou-
« velle constitution décrétée pour le royaume, et de ver-
« ser la dernière goutte de leur sang pour l'exécution
« des décrets de l'assemblée nationale sanctionnés par
« le roi ([1]). »

Ce manifeste fut expédié au général de Blanchelande, qui seul représentait aux yeux des affranchis l'autorité métropolitaine. Ils ne l'envoyèrent pas à la nouvelle assemblée coloniale, ni aux assemblées provinciales, qu'ils considéraient, avec raison, comme illégales et inconstitutionnelles.

VII. Pendant que les affranchis organisaient au Mirebalais le *Conseil des représentants de la commune,* au Port-au-Prince les *pompons-rouges* tentaient de rallier les plus influents de cette caste, sous leurs bannières. Les astucieux ! ils se proclamaient comme les libérateurs de Rigaud, de Bleck, de Boury, tandis que ce n'é-

(1) *Procès-verbal* de l'Assemblée des citoyens de couleur, du dimanche 7 du mois d'août 1791.

tait qu'à la confusion qui avait suivi la mort de Mauduit que ces mêmes hommes avaient dû leur salut. Pétion ne négligeait rien pour empêcher ses compagnons de se laisser circonvenir par cette intrigue. Il leur rappelait : « tous les événements survenus depuis 1789,
« l'affaire du Fonds-Parisien, les événements du Sud,
« l'arrestation de Rigaud et de ses lieutenants, le sup-
« plice d'Ogé et de Chavanne. Tous les partis ne nous
« avaient-ils pas trompés et sacrifiés, ou cherché à le
« faire ? »

On convint donc de se réunir au dehors de la ville. On choisit la maison de mademoiselle Louise Rasteau, située derrière celle du gouvernement, maison que l'héroïsme des sentiments de sa propriétaire, femme de couleur, recommandait à la confiance de ses frères. Cette réunion eut lieu le 21 août dans la nuit; les conjurés firent le serment de s'ensevelir sous les ruines de la colonie, plutôt que de supporter plus longtemps le joug odieux du préjugé des blancs. Pétion, jusqu'alors si réservé, poussé par une martiale impatience, voulut qu'on procédât immédiatement à l'organisation d'un plan de conduite. Beauvais (1), homme de couleur, et

(1) Beauvais (Louis-Jacques) naquit au Port-au-Prince vers 1756. Son père, M. Beauvais, était blanc ; sa mère, la dame Agathe, mulâtresse. Il fut élevé en France au collège de la Flèche. C'est à tort que dans ma *vie de Toussaint-L'Ouverture* j'ai dit qu'il était né à la Croix-des-Bouquets. Il périt dans la submersion d'un navire qui le

Lambert (¹), homme noir, furent proclamés généraux. Ces deux grands citoyens, que l'âge et l'expérience avaient formés et familiarisés avec le métier des armes, méritaient, sous tous les rapports, la confiance qu'on leur témoignait; tous deux avaient fait la campagne de Savannach; de retour dans leur pays, Beauvais s'était livré à l'enseignement public; Lambert avait repris son métier de charpentier; tous deux jouissaient de l'estime universelle. Il est bon de faire ici remarquer que dès le début, les mulâtres associèrent les noirs à leurs opérations; l'autorité partagée entre Beauvais et Lambert prouve que les uns n'entendaient point isoler leurs intérêts de ceux des autres, comme on ne l'a que trop souvent insinué et même publié, pour diviser deux classes nées pour vivre et mourir ensemble. La réunion ne pouvait pas et ne devait pas toucher à la question de l'esclavage, qui, à cette époque, était trop neuve pour occuper l'attention soit des mulâtres, soit des noirs libres. Lambert accepta sa nomination. Il députa Pétion, Ferdinand Deslandes et Caneaux vers Beauvais au Mire-

---

conduisait en Angleterre comme prisonnier de guerre le 7 brumaire an IX (19 octobre 1800) à l'âge de quarante-quatre ans.

(1) Lambert (Jean-Pierre) naquit à la Martinique vers 1738. Il vint jeune à Saint-Domingue. Sans avoir de l'instruction, il avait une certaine élévation d'idées et de sentiments, qui commandait le respect même des blancs. Il mourut au Port-au-Prince vers 1806, à l'âge de soixante-dix ans environ.

balais. Avant de se séparer, on arrêta d'aller prendre campement sur l'habitation *Diègue* à la *Charbonnière*, dans les mornes qui environnent le Port-au-Prince. Pétion partit par le Mirebalais ; Beauvais accepta avec empressement la place à laquelle il venait d'être élevé ; il prit congé de Pinchinat, descendit avec les députés jusqu'à la Croix-des-Bouquets, où demeurait sa femme (¹), s'y arrêta et promit de se trouver le 23 sur l'habitation *Diègue.*

VIII. Le sort en était jeté. Ce que n'avaient pu obtenir la patience des opprimés, les droits de l'humanité, la voix de la religion, les liens du sang, les efforts de la philantropie, la volonté de l'Assemblée nationale, les armes allaient le décider. La jeunesse colorée du Port-au-Prince et des environs allait donc renoncer tout-à-coup aux douces affections de la famille, à la vie paisible de la cité. Mais une sorte d'intuition de la destinée humaine, les tressaillements soudains de la liberté, élevaient l'âme de cette jeunesse au-dessus de toute considération personnelle ; elle ne songea qu'à briser le cercle dégradant et affreux, au milieu duquel le préjugé la faisait tourner. Cependant le secret de l'entreprise fut dévoilé par l'arrestation de quelques cabrouets, chargés de matelas, dans lesquels se trouvaient des armes et des cartouches qu'on dirigeait à

(1) Beauvais se maria en 1784 avec Mad[lle] Madgeleine Fortin.

Diègue. La municipalité redoubla de surveillance. Les conjurés néanmoins purent s'esquiver de la ville et se rendre au lieu de la réunion.

Pétion, avant de rejoindre ses compagnons, alla le 22 août au soir déposer ses derniers adieux dans le sein de sa mère. Aucune exhortation de la bonne Ursule ne put ébranler sa résolution. Voyant cela, cette bonne mère ne pensa plus qu'à lui donner du linge et quelques médicaments. Couvert de tendres bénédictions, le jeune Pétion rejoignit ses camarades et sortit de la ville le 23 avant le jour.

IX. Rigaud, Boury, Bleck et Lambert étaient déjà rendus sur l'habitation *Diègue*. Pétion parut à neuf heures du matin. C'était son arrivée qu'on attendait pour procéder à la distribution des autres grades. Pétion qui, ainsi que nous l'avons vu, aimait dès son enfance l'arme de l'artillerie, demande à y être employé ; on le nomme capitaine des canonniers. Rigaud fut proclamé colonel, Bleck, major ; Coustard, Roubiou, Aubran, Moriette, Baptiste Boyer, Doyon aîné, Lafontant, Ulysse, Larose, Tessier, Cambre, Valmé Cortades, capitaines d'infanterie ; Marc Borno et Borno Déléar, capitaines de cavalerie ; Borgella, lieutenant à la même arme.

Quand toutes les promotions furent faites, Beauvais déploya un drapeau aux couleurs nationales, et le brandissant, il dit à la foule attentive : « Nous prenons les
« armes pour réclamer nos droits si longtemps promis,

» si souvent méconnus. Jurons de les obtenir au péril
» de notre vie ; sur toute chose, que la justice soit cons-
» tamment notre guide. » Chacun prêta ce serment.
Le drapeau fut confié à la bravoure du capitaine Baptiste Boyer.

C'est ainsi que fut organisée cette mémorable insurrection, qui bientôt prit le nom de *Confédération*. Chaque capitaine fut chargé de former sa compagnie. Cette formation n'était pas difficile ; car le plus grand nombre des confédérés, soldats dans les milices, avaient leurs uniformes et connaissaient déjà le maniement des armes.

X. Le bruit de la réunion de *Diègue* avait jeté l'alarme au Port-au-Prince ; à cette alarme avait bientôt succédé l'ardeur de combattre. Ainsi, au lieu de satisfaire aux justes réclamations des affranchis, l'orgueil colonial qui marchait à sa ruine, déploya l'appareil de la force. Dans la ville, comme dans la campagne, tous les blancs étaient à la guerre et pensaient étouffer ce mouvement aussi facilement que dans le Nord, dans l'Artibonite et dans le Sud. Plusieurs colons réunirent leurs voisins ; ils armèrent même des esclaves mulâtres et noirs, qu'ils savaient les plus dévoués à leurs personnes. Un de ces colons, nommé Lespinasse, habitant au *Grand-Fonds*, se montrait surtout le plus belliqueux. Il se dirigeait vers le Port-au-Prince, à la tête de son *armée*, composée de plus d'esclaves que de blancs, quand il rencontra le 31 août, Beauvais et Lambert sur l'habitation *Nérette*. Ces généraux ordonnèrent au capitaine Doyon de marcher contre cette horde désordonnée. A peine Doyon, au bas du Morne de Nérette, eut-il ordonné le feu, que Lespinasse prit la fuite, abandonnant les siens à la colère des confédérés. Pétion, de l'habitation *Diègue*, entendit la fusillade ; impatient, il appelle le capitaine Roubiou; et tous deux, volent au théâtre du danger ; ils n'y rencontrent plus que des vainqueurs et des fuyards.

Les blancs avaient donné l'exemple de la levée des esclaves. Beauvais et Lambert chargèrent Pétion et Roubiou de rallier ceux qui avaient combattu à *Nérette*, et qui, comme leurs maîtres, étaient cachés dans les bois. Pétion et Roubiou parcoururent donc les habitations voisines; ils réunirent un grand nombre d'esclaves; par la suite, ce nombre monta à environ trois cents, qu'on enrôla sous la dénomination de *Suisses* (1).

X. L'échec de *Nérette* avait augmenté l'exaspération qui régnait au Port-au-Prince ; on y faisait de grands préparatifs de guerre.

Beauvais résolut d'abandonner le camp de *Diègue*,

(1) M. Madiou, page 77, 1 vol. de son *Histoire d'Haïti*, se trompe en faisant remonter la formation des *Suisses* à l'établissement de la confédération. Il se trompe encore, quand il dit à la page 80 que le nom de *suisses fut donné aux esclaves, par allusion aux Helvétiens qui savaient toujours faire respecter leur indépendance*. Le mot *Suisses*, dans l'esprit des confédérés, signifiait *auxiliaires*.

car déjà les vivres y manquaient ; il se porta au *Trou-Caïman*, au pied des *Grands-Bois*, à proximité du Mirebalais. Trois avantages devaient résulter de ce mouvement : le premier,—de trouver dans ces quartiers d'abondantes provisions de bouche ; le second,—le plus puissant, de trouver en cas de revers, l'appui du *Conseil des Représentants de la commune* ; enfin, le troisième, — de pouvoir plus facilement diriger les mouvements de la plaine du *Cul-de-Sac*. L'armée se porta sur l'habitation *Métivier*. De là, le 2 septembre elle se dirigeait sur la Croix-des-Bouquets pour reprendre la grande route ; elle longeait l'habitation *Pernier* ; déjà l'avant-garde, commandée par le capitaine Pétion, était loin, quand on apprit qu'il y avait un camp ennemi sur cette habitation. En effet, là se trouvaient sous le commandement du capitaine d'Anchon, du 9e régiment de Normandie, cinq cents gardes nationaux, des détachements d'Artois et de Normandie, et deux cents marins de la station royale et de la marine marchande. Le capitaine Aubran, qui commandait l'arrière-garde, fit arrêter ce mouvement ; sans attendre l'ordre des généraux (1), il franchit la barrière et ordonna de marcher au pas de charge. Le capitaine Pétion ordonna à sa compagnie de rebrousser chemin. Un feu terrible l'accueillit ; à la tête de ses soldats, il donne l'exemple du plus grand sang-froid et de la plus rare intrépidité.

(1) Note du général Borgella.

Nos jeunes héros, qui faisaient pour la première fois l'essai de leurs armes, se battent comme des soldats long-temps faits à la guerre. L'ennemi est obligé d'abandonner la savanne et de se jeter dans les champs de cannes. On cerne ces champs ; on y met le feu pour contraindre les fugitifs à abandonner leurs retraites. Le feu se développe soudain avec intensité ; les malheureux colons, recherchant la lisière des champs, viennent expirer sous les coups des vainqueurs. Le capitaine d'Anchon, qui, après avoir déployé un noble courage, s'était aussi réfugié dans les pièces de cannes, étreint par la flamme, vient se constituer le prisonnier de Pétion. Frémissant, éperdu, il avait lu sur le front du capitaine indigène la sévérité jointe à la générosité du guerrier (1). Pétion le rassurait sur son sort, quand un soldat du nom de Momain Dupouille, qui venait de voir tomber à ses côtés un de ses parents, lance au malheureux capitaine un coup de feu qui lui fracasse le bras. — Pétion, indigné : « Vous voulez tuer, dit-il, ce malheureux, et « quel fruit attendez-vous de votre honteuse action ? « La honte de n'avoir pas su respecter un homme sans « défense ? Je déclare que même au péril de mes jours, « de pareils excès ne se commettront jamais en ma présence. Je prends ce capitaine sous ma protection. »

(1) *Biographie* d'Alexandre Pétion, par Lauriston Cérisier. C'est à tort qu'on y lit Danchoux; voyez les différens mémoires du 9ᵉ régiment, Archives générales de France.

Et voyant deux autres officiers européens, il ajouta : « Et ceux-ci (1). » Ce seul trait suffirait pour immortaliser un homme. On aime à raconter de pareils actes de magnanimité; car ils font honneur à l'humanité; aussi celui-ci doit élever l'esprit et appeler des imitateurs.

Pétion s'était emparé dans ce combat de deux pièces de campagne, montées sur des cabrouets (2). La victoire avait été complète; l'armée du Port-au-Prince perdit trente-trois hommes des troupes patriotiques, vingt-quatre soldats de la ligne et beaucoup de marins (3); car on n'avait voulu faire aucun quartier à ces derniers, à qui la municipalité avait promis quatre-vingts gourdes par têtes de mulâtres et de noirs, et qui étaient encore munis du sac fatal où ils devaient mettre leurs sanglants trophées.

Les princes de l'épiderme ne s'étaient pas attendus à un revers aussi subit et aussi désastreux; les uns tremblaient de peur ; les autres frémissaient de rage ; la crainte de voir les affranchis parvenir à l'égalité des droits politiques, leur suggéra la criminelle pensée de livrer la colonie aux Anglais ; du Port-au-Prince, ils députèrent à la Jamaïque.

(1) *Biographie* précitée.
(2) Voitures de charge, tirées dans les îles par des bœufs ou des mulets.
(3) *Archives générales*, carton 48.

Beauvais, après le combat, se dirigea au *Trou-Caïman,* qui, ainsi que je l'ai déjà dit, était le point de destination de l'armée.

XI. Cependant l'Assemblée coloniale, siégeant à Léogane, après *trois jours* de délibération, décréta le 8 août, que *Saint-Domingue était partie intégrante de l'empire français.* Ce décret n'avait au fond pour but que de la mettre à l'abri de tout soupçon de projet d'indépendance. Elle déclara qu'à *elle seule appartenait le droit de régler les rapports politiques et commerciaux de la colonie;* c'était rentrer tortueusement dans les principes scissionnaires de l'assemblée de Saint-Marc ; c'était surtout dénier à l'assemblée nationale le droit de prononcer sur le sort des affranchis. Enfin elle décréta le 11, qu'elle ajournait au 25, la réouverture de ses séances dans la ville du Cap. Mais en même temps que les affranchis refusaient de s'abandonner à la merci de cette assemblée, les esclaves du Nord levaient l'étendart de la révolte ; et par une étrange coïncidence, cette révolte commença le même jour, dans la même nuit que les affranchis, réunis chez la demoiselle Rasteau, arrêtaient leur prise d'armes.

XII. Les esclaves commencèrent leurs mouvements par le pillage et l'incendie. A la tête de cette population presque sauvage, dont l'infortuné Ogé craignait tant le débordement, et qu'il voulait graduellement amener à la liberté, nous voyons d'abord apparaître Bouckman, africain primitivement importé à la Jamaïque, d'où il fut conduit à Saint-Domingue. Il commença par assassiner son maître, M. Clément, habitant au Limbé, dont il était le cocher ; et à la tête de l'atelier qu'il avait soulevé, il mit le feu à l'habitation. Ses principaux lieutenants étaient Jean-François et Georges Biassou, le premier cocher de M. Bullet, et le second raffineur de sucre sur l'habitation Biassou. Les insurgés n'épargnaient ni le sexe, ni l'enfance. Les uns, munis des armes de leurs maîtres qu'ils avaient tués; le plus grand nombre, de houes, de lances, de serpes, marchant tous au son lugubre du lambis, au tintement funèbre des cloches des habitations, ils firent en moins de dix-sept jours, de la riche plaine du Nord, un monceau de ruines, couvert de cadavres.

XIII. Au milieu de ces scènes de carnage et de désolation, le cœur, effrayé, aime à admirer la conduite d'un des esclaves de l'habitation du comte de Bréda, située au Haut-du-Cap. Ce noir, dévoué à ses maîtres, surtout à M. Bayon de Libertas, procureur de l'habitation, se donnait tous les soins pour contenir dans le devoir ses camarades, et pour empêcher l'incendie de gagner cette habitation. Ce noir, dont la conduite contrastait si grandement avec celles des siens, avait nom François-Dominique-Toussaint, sobriquet *Fatras-Bâton*[1], à cause

---

[1] Ces mots en créole signifient un bâton si faible qu'on ne puisse pas s'y appuyer, *fatras* étant synonyme de *fétu*.

de l'exiguité et de la faiblesse apparente de sa structure. On le connut plus tard sous le nom de l'*Ouverture,* à cause de sa hardiesse et des succès qui couronnèrent toujours ses démarches (1).

XIV. C'est le 25, à la lueur de l'embrâsement universel, que l'assemblée coloniale réouvrit ses séances au Cap, sous la présidence du marquis de Cadusch, le même que nous avons vu figurer à l'assemblée de Saint-Marc. Deux jours auparavant, les blancs avaient fait périr dans cette ville dix-sept mulâtres et noirs libres, sous l'accusation sans fondement que ces malheureux étaient les auteurs de l'insurrection et sans même recourir à aucun simulacre de procédure.

Le premier acte de l'assemblée fut de créer le 25 août une COMMISSION PRÉVOTALE pour juger les prisonniers faits sur les révoltés. Cette cour prévotale, dont je regrette de n'avoir pas trouvé la composition, couvrit de potences la Place-de-la-Fossette. On n'y rédigeait aucun jugement. Innocent ou coupable, tout nègre ou mulâtre, soit libre, soit esclave, qui attirait ses soupçons, était pendu, sans autre forme de procès qu'un simulacre d'interrogatoire. On n'épargnait pas dans cette proscription

(1) Toussaint-L'Ouverture (François Dominique), fils de *Gaou-Guinou*, nègre arada, qu'on prétend avoir été de sang royal, naquit sur l'habitation Bréda, près du Haut-du-Cap, le 20 mai 1743. Il mourut dans les cachots du château de Joux, près Besançon, le 7 floréal an XI (27 avril 1803), à l'âge de soixante-un ans, moins un mois et sept jours.

les domestiques même les plus fidèles. M. de Blanchelande, de son côté, établit sous les ordres de M. de Fontanges, maréchal de camp, commandant aux Cayes, alors en congé sur ses terres, près des Gonaïves, un cordon de troupes, depuis l'embarcadère du Limbé jusqu'aux environs du Dondon, pour empêcher le soulèvement de se propager dans l'Ouest.

XV. Pendant que l'insurrection déchaînait ses cruelles vengeances dans le Nord, on vit se développer dans l'Ouest un mouvement basé sur des principes plus sages, à l'égard des affranchis victorieux. Le combat de Pernier, qui les avait honorablement placés sur le théâtre du monde politique, fut le signal de la décadence du système colonial. Les blancs de la Croix-des-Bouquets se hâtèrent de reconnaître la légitimité des droits des confédérés et de leur ouvrir les portes de leur bourg. La sagesse du capitaine Hanus de Jumécourt ([1]), commandant général des milices du quartier inspira cette heureuse détermination. Beauvais descendit donc le 7 septembre des *Grands-Bois*, à la tête de la confédé-

---

([1]) Hanus de Jumécourt, ancien capitaine au régiment d'Auxonne, donna sa démission au commencement de 1790 et partit pour Saint-Domingue, où il avait des terres. Il fut député à l'assemblée de Saint-Marc. Il se retira de cette assemblée, quand il vit qu'elle marchait à l'indépendance. *Pompon-blanc*, comme toute la noblesse, il était honoré des colons de sa paroisse, comme de la masse des hommes de couleur. — *Interrogatoire* de Jumécourt. Archives générales.

ration dont la force s'élevait à environ cinq cents hommes (¹). Le bourg de la Croix-des-Bouquets nomma *Commissaires de paix*, MM. d'Espinasse, de Lépine, Drouillard jeune, de Jumécourt, Rigogne, Prognand, Turbé Lamarre et d'Emmanneville. Les confédérés nommèrent, de leur côté, Beauvais, Rigaud, Daguin fils, Barthelemy Médor, Joseph Labastille, Pierre Café, autrement dit Coustard, Pierre Pellerin et Desmares, qui, refugié sur le territoire espagnol depuis l'affaire du Fonds-Parisien, était enfin venu se joindre à la confédération. Les commissaires des hommes de couleur rédigèrent immédiatement une capitulation, qu'on intitula *concordat* pour ménager les amours-propres ; dans ce concordat, les colons s'engagèrent à exécuter le décrêt du mois de mars et celui du 15 mai. L'article XI et dernier portait : *autrement la guerre civile !* les commisaires blancs se hâtèrent d'écrire en regard : *la paix*.

XVI. Pinchinat, dont les réclamations avaient été sans succès auprès de M. de Blanchelande, apprit avec un juste orgueil les deux victoires de *Nérette et de Pernier*. Jugeant sa présence plus nécessaire ailleurs, il ferma les séances du *Conseil des représentants de la commune*, et arriva avec la plupart des membres à la la Croix-des-Bouquets. On lui confia la haute direction des opérations, sans qu'il voulût (chose rare chez les

(1) *Interrogatoire* susdit.

mulâtres et les noirs, accepter aucun grade militaire. Alors le Port-au-Prince songea à imiter l'exemple donné par la paroisse de la Croix-des-Bouquets ; le parti modéré prit le dessus et nomma, sous le titre de *Commissaires de la garde nationale du Port-au-Prince,* des délégués, qui se rendirent à la Croix-des-Bouquets. Le 11 septembre, un nouveau concordat fut signé entre ces commissaires et ceux des affranchis. Il fut rédigé par Pinchinat sur les mêmes bases que celui de la Croix-des-Bouquets. Il stipulait « l'assimilation politique des » hommes mulâtres et des hommes noirs libres aux « hommes blancs, le renouvellement des assemblées pro- « vinciales et de l'assemblée coloniale ; enfin la rentrée « prochaine des affranchis au sein du Port-au-Prince, « d'où les persécutions les avaient contraints de sortir. » Ce premier traité, fait avec la ville du Port-au-Prince et adopté par plusieurs paroisses du Sud et de l'Artibonite, fut envoyé à la sanction du gouverneur. Son exécution rencontra de nombreuses difficultés, car deux vaisseaux anglais venaient de mouiller au Port-au-Prince et l'orgueil colonial avait relevé la tête.

XVII. Pétion, pendant ces négociations, avait fait monter ses canons sur des affûts de campagne. Quand il n'était pas aux délibérations, il exerçait ses compagnons à la manœuvre. Il renoua ses relations avec M. de Jumécourt, qu'il avait connu sous le colonel de Mauduit. Ce capitaine, ancien artilleur lui-même, venait souvent sur la *Place-d'armes,* où Pétion enseignait à ses soldats le service ; il suivait les progrès de nos jeunes canonniers et rectifiait leurs mouvements.

Pétion eut aussi l'occasion de se lier avec Rigaud, dont il aimait l'ardeur martiale, sans s'en étonner, sans en être ébloui et sans chercher à l'imiter. Il s'attacha plus particulièrement, malgré la différence des âges, à Pierre Pinchinat, dont l'éducation faisait un Dieu parmi les affranchis, et dont le caractère avait plus d'un rapport avec le sien.

XVIII. Cependant les intrigues du *club-Massiac,* qui avaient empêché l'envoi officiel du décret du 15 mai, finirent par obtenir mieux que cela, en semant la terreur par des écrits perfides qui ne préjugeaient rien de moins que le trouble et la confusion par delà l'Atlantique, la ruine et l'anéantissement du commerce de la métropole ; les chambres du commerce surtout s'étaient émues, agitées par des sentiments divers, car tandis que celle du Hâvre manifestait le désir de voir ce décret rapporté, celle de Bordeaux en demandait le maintien (¹). L'assemblée législative, au milieu de ces tiraillements, rendit le 24 septembre sur la motion de Barnave, un nouveau décret qui, en abrogeant non seulement celui du 15 mai, mais encore celui du 8 mars,

---

(1) La ville de Bordeaux, entre tous les ports de France, se montra toujours bien disposée en faveur des affranchis. Nous aimons à en témoigner notre reconnaissance à cette belle cité.

remettait par le fait à la merci des assemblées coloniales le sort des malheureux affranchis. La terreur avait été si habilement répandue dans l'assemblée que les voix de Pétion, de Grégoire et de Robespierre restèrent impuissantes. Et c'est au moment même où l'assemblée sacrifiait la justice aux préjugés, rendait arbitres dans la question coloniale ceux qui ne devaient être considérés que comme parties, que les vainqueurs de *Pernier* concluaient avec les quatorze paroisses de l'ouest un traité de paix, destiné à rendre enfin à la colonie son ancienne splendeur !

De part et d'autre, on s'occupa de nommer des députés; les blancs élurent au Port-au-Prince MM. Caradeux aîné, Vincendon Dutour, Catherinot, Cambfranc, Lerembourg père, Boyer, Dufour et Guieu; à Léogane Tiby et Lagroix; au Grand-Goâve, d'Arnaud et Dufau; au Petit-Goâve, Dupalis aîné et Funeyrol; à Jacmel, Tavet et Ragon; au Mirebalais, Leydier et Bardoulx; à la Petite-Rivière, Pivert et Avril; aux Gonaïves, Raboteau et Pongaudin; à Saint-Marc, Grasset et Drouin; à l'Arcahaye, Allenet et d'Oleyres ; à la Croix-des-Bouquets, Lathoison, des Vareux et Hamon de Vaux-Joyeux; toutes ces nominations furent faites au siège des municipalités. Quant aux affranchis, éloignés de la plupart des villes, ils firent leurs élections à la Croix-des-Bouquets même pour toutes les communes, à l'exception de Saint-Marc, la Petite-Rivière et les Verrettes, où ils étaient tout puissants. Leur choix porta, pour le Port-au-Prince et la Croix-des-Bouquets, sur MM. Beauvais, Rigaud, Lambert, Doyon aîné, Dégant, Pétion, Lillavois, Barthelemy Médor, Marc-Borno, Charles Olivier, Poisson aîné et Pellerin ; pour le Mirebalais, sur Borno aîné, Etienne Saljuzean, Alexandre Petit-Bois et Jean-Baptiste Nivard; pour la Petite-Rivière, sur Ferdinand Deslandes et Lazare Perrodin; pour l'Arcahaye, sur Lapointe, Chanlatte fils, Barbancourt, Hugueville, Juste Drouillard, Sterlein Créplanie et Leblanc; pour les Verrettes, sur Jean-Baptiste Jean-Paul, Jean-Jolly, Cyprien Jolly et Charles Lépinard; pour Saint-Marc, sur Jean Savary, Jean-Baptiste Dubourg, Augustin Ducla, Jean-Baptiste Pinson et François Périsse ; pour les Gonaïves, sur Laquinte de Clavin, Louis de Clavin et Pierre Coquille. Le 11 octobre, le congrès s'ouvrit sur l'habitation Goureau, près du bourg de la Croix-des-Bouquets. Les colons avaient pour président le fameux Caradeux aîné ; pour secrétaire, M. Dufour ; les affranchis, pour président, Pinchinat, et pour secrétaire, M. Dubourg. Le traité fut complété sur l'habitation *Damiens* le 23 du même mois ; la rédaction en fait le plus grand honneur à Pinchinat. Cet acte mémorable, dont Locke et Montesquieu se fussent enorgueillis, suivant la parole de Brissot [1]; qui respire à chaque ligne l'amour de la liberté et de l'ordre, proclamait les droits politiques des noirs et des mulâtres libres. Il portait que « *les blancs*

---

[1] *Discours*, séance du 28 mai 1792.

« *feraient cause commune avec les affranchis, et con-*
« *tribueraient de toutes leurs forces à l'exécution lit-*
« *térale du décret du 8 mars et des instructions du*
« *roi, sans restriction et sans interprétation..* Il pro-
« mettait *l'exécution du décret du 15 mai, quand il*
« *serait officiellement connu.* Il promettait encore
« que les blancs s'engageraient à *protester contre tou-*
« *tes protestations et réclamations contraires à ce dé-*
« *cret.* Il stipulait la *convocation prochaine et l'ouver-*
« *ture des assemblées primaires et coloniales pour*
« *tous les citoyens actifs sans distinction de couleur;*
« *la nomination de députés noirs et jaunes près de*
« *l'assemblée coloniale, avec voix consultative et déli-*
« *bérative, en attendant la nouvelle assemblée; la dis-*
« *solution des municipalités et des assemblées provin-*
« *ciales et coloniales, parcequ'elles n'avaient été for-*
« *mées que par des blancs; l'inviolabilité du secret*
« *des lettres* ([1])»; car, chose monstrueuse et infâme! aucun homme noir ou mulâtre ne pouvait mettre à la poste le moindre épanchement de l'amitié, le moindre détail d'affaires domestiques, que MM. les blancs de la colonie ne se crussent le droit d'en prendre connaissance. Le traité portait en outre la *liberté de la presse,* le *maintien en armes de la confédération, jusqu'à l'exécution des décrets de l'assemblée nationale;* les

(1) *Lettre de l'Assemblée* provisoirement administrative de l'Ouest à l'assemblée coloniale, du 7 octobre 1791.

colons *s'engageaient à approvisionner en partie cette armée*; les affranchis se réservaient le pouvoir *d'aider et de soutenir tous leurs frères de l'île dans la revendication de leurs droits.* Enfin on devait indemniser les familles de Desmarres, de Desruisseaux et de Poisson des pertes que l'affaire du Fonds-Parisien leur avait causées ; et on vouait à l'infamie les bourreaux d'Ogé et de Chavanne. Ce glorieux traité fut porté au Cap à la sanction du gouverneur.

XIX. L'armée des confédérés, composée de quinze cents hommes, parmi lesquels se trouvaient les *Suisses*, entra solennellement au Port-au-Prince le samedi 24. Elle fut reçue par la municipalité au portail Saint-Joseph. Cavalerie en tête, artillerie au centre, drapeaux déployés et tambours battant, cette armée traversa la ville et vint se mettre en bataille sur la *Place de l'Intendance*, où déjà se trouvaient la garde nationale et toutes les troupes de la garnison (1). Un *Te Deum* devait être chanté pour sanctifier cette réconciliation : tout le monde déposa les armes en faisceaux ; on se prépara à gravir les marches de l'église, située non loin de là. Caradeux, qui commandait la garde nationale, vint prendre le bras à Beauvais et à Lambert pour ouvrir le cortége ; les officiers et les soldats des deux armées suivirent cet exemple. Praloto, qui commandait l'artil-

(1) Lettre précitée.

lerie nationale (¹), marchait sous le bras de Pétion qui commandait celle des confédérés (²). Après le *te Deum*, Caradeux, qui avait fait préparer un repas aux casernes, s'y dirigea avec la garde nationale blanche, en même temps que la confédération; dans l'enthousiasme universel, Caradeux fut proclamé commandant-général des gardes nationales de l'Ouest, et Beauvais, commandant en second. La fête terminée, Beauvais et Lambert, à la tête des confédérés, se rendirent au palais du gouvernement, qui était inhabité depuis la fuite de Blanchelande au Cap. Ils y établirent leur quartier-général avec trois cents hommes de garnison. Ces généraux, loin de partager avec les blancs la garde de tous les postes et forts de la ville, comme il avait été convenu au traité de *Damiens*, se contentèrent d'envoyer Doyon avec deux cents hommes occuper la position de *Robin*, que, dès le commencement des troubles, les colons avaient fortifiée et dont le canon bat la ville et la plaine (³).

(1) Praloto était gènois, matelot à bord de la frégate l'*Uranie*. Il fut débarqué au Port-au-Prince, où l'exaltation de ses sentimens révolutionnaires le fit bien venir des *pompons-rouges*. Les colons s'en firent un affidé contre les affranchis et contre le gouvernement, en lui donnant le commandement de l'artillerie de la garde nationale. Le peuple l'appelait *mal-peigné*, tant il était cynique.

(2) *Mémoire historique* des commissaires des hommes de couleur à l'assemblée nationale, p. 29.

(3) Le fort *Robin*, aujourd'hui fort *Bazelais*, situé au *Bel-Air*, près du portail Saint-Joseph, fut établi en août 1791, par ordre de l'assemblée provinciale de l'Ouest, pour garantir la ville du Port-

XX. Chacun semblait oublier le passé et croire à un avenir meilleur. « Alors, dit André Rigaud, les hommes « de couleur, bons, confiants, généreux, n'ayant aucun « soupçon de perfidie, ni d'imposture, se laissaient aller « à cette sincérité qui est l'apanage des grands cœurs « (¹). » Plusieurs jours s'écoulèrent dans les réjouissances; beaucoup de confédérés obtinrent même de se rendre dans leurs foyers, au lieu de rester groupés jusqu'à l'exécution complète du concordat. On devait, aux termes de ce concordat, procéder à la formation d'une nouvelle assemblée coloniale : mais la municipalité, que dirigeait M. Borgella, ennemi alors des droits de l'homme, devenu, par un retour honteux, le courtisan le plus vil des hommes noirs, mettait beaucoup de lenteur dans ses opérations.

Le capitaine Pétion, campé avec sa compagnie au *Fort du gouvernement*, aujourd'hui *fort-Per*, parcequ'un général du même nom y fut enterré, ne voyait pas sans une certaine défiance le peu de zèle qu'on mettait à l'exécution des conventions. Il demanda à Beauvais à plusieurs reprises, mais vainement, d'approvisionner son poste d'artillerie et de munitions (²).

au-Prince des attaques probables des hommes de couleur, qui venaient de camper à *Diègue*. Cette position dépendait d'une petite habitation appartenant à un sieur Robin.

(1) *Mémoire* d'André Rigaud, brochure in-folio, imprimée aux Cayes en l'an V, (1797.)

(2) *Biographie* d'Alexandre Pétion, par Lauriston Cérisier.

Pétion semblait tout prévoir et tout redouter en même temps de la part des colons. Il avait raison, car l'assemblée coloniale, à la nouvelle du concordat, députa tout d'abord à la Jamaïque pour livrer la colonie au gouvernement Anglais; et quand cette assemblée apprit que l'assemblée législative avait émis le malencontreux décret du 26 septembre, elle se hâta, de concert avec M. de Blanchelande, de prononcer l'annulation du traité de *Damiens*. C'était déchaîner de nouveaux orages. C'est alors que les colons songèrent à prononcer définitivement sur le sort des *Suisses*. Ils convoquèrent un conseil le 2 octobre au soir (1) dans un des pavillons de *l'hôtel de la poste* ; d'un côté, se trouvaient Caradeux l'aîné, Caradeux Lacaille, Breton de la Villandry, de Vincendon Dutour, Dumas, Dufour et de Lerembourg, maire de la ville; de l'autre, Pinchinat, Beauvais et Lambert, Vissière, Rigaud, Boury, Daguin et Pétion. Lerembourg exposa que la présence des *Suisses* parmi les autres esclaves ne pouvait être que d'une dangereuse influence, surtout dans un moment où les ateliers du Nord étaient en pleine insurrection. Il proposa la déportation de ces malheureux à la baie de *Mosquitos*, sur la côte de Honduras, dans le Guatimala, en leur donnant des outils aratoires, des grains, du

---

(1) *Journal intéressant sur les affaires de la guerre de couleur.* Archives de France.

linge et des provisions de bouche (1). Cette proposition révolta surtout Rigaud, Boury, Vissière, Daguin et Pétion. Ils en exprimèrent hautement leur indignation. Pétion et Daguin déclarèrent même qu'au besoin, ils sauraient s'opposer à cet embarquement par la force des armes ; à leurs yeux, les *Suisses* n'avaient-ils pas combattu pour leur liberté et ne l'avaient-ils pas conquise ? Rigaud et Pétion se retirèrent de l'assemblée, laissant aux autres la responsabilité de leur décision. Lerembourg ne fut pas ébranlé par les menaces de Pétion et de Daguin. Il exposa combien il avait été difficile de parvenir à la paix ; que cette paix obtenue, il s'agissait de la cimenter ; que la déportation des *Suisses* était un acte de saine politique; et que, du reste, en les pourvoyant de toutes les nécessités de la vie, ils allaient jouir d'une liberté certaine et d'une complète indépendance. Ce langage séduisit Pinchinat, Beauvais et Lambert. La déportation fut arrêtée par assis et levée. Rigaud repartit pour le Sud où sa présence était réclamée par les siens. Daguin et Pétion exhalèrent sans

(1) Déjà au concordat de la Croix-des-Bouquets du 11 septembre, les colons avaient tenté de faire rentrer les *Suisses* sur les habitations de leurs maîtres; les confédérés s'y étaient refusés ; et sur les instances que les colons mettaient à cette clause, Daguin, en dégaînant son épée, avait ordonné de battre la générale. Cette démonstration avait forcé les colons à renoncer à leurs prétentions. *Géographie de l'île d'Haïti*, par Beaubrun Ardouin. Port-au-Prince, 1832.

ménagement l'horreur que leur inspirait la détermination qui venait d'être prise. Ils se rendirent parmi les confédérés ; leurs paroles exaltent les têtes ; « Il faut, disait Daguin, des flots de sang ! (1). » On se porte au gouvernement. Beauvais et Lambert entendent les reproches les plus violents ; ils sont consignés et gardés à vue (2). L'effervescence est au comble ; les blancs prennent les armes ; les canons sont préparés pour foudroyer les mutins (3). Ces démonstrations finirent par intimider les uns ; quelques vieux affranchis noirs et jaunes, quelques vieillards blancs, vinrent se mêler aux groupes formés sur la *place du Gouvernement* ; leur voix acheva d'apaiser les passions.

Les *Suisses* furent réunis partiellement dans les prisons. On les embarqua le 28 dans la nuit sur le navire nantais, l'*Emmanuel*, capitaine Colmin. Ce navire fut convoyé par la brigantine de guerre la *Philippine*, à bord de laquelle Beauvais et Lambert avaient fait monter comme commissaires Cadet Chanlatte, Charles Harang, Louis Bonneau et Barthelemy Richiez.

Les deux navires se perdirent de vue le 4 novembre au matin. Le capitaine Colmin jeta l'ancre le 10 au soir au vent de la baie de *Mosquitos*. Le capitaine d'un bateau anglais et négrier, mouillé non loin de l'*Emmanuel*,

(1) Journal précité.
(2) Idem.
(3) Idem.

vint à son bord. Il engagea Colmin à ne pas opérer la descente des *Suisses,* parce que le gouvernement espagnol ne le souffrirait pas; il lui ajouta que ses jours même pouvaient en dépendre. Colmin leva l'ancre le lendemain; comme la charte-partie portait qu'en cas de quelques difficultés pour le débarquement, il allât à n'importe quelle côte l'opérer, pourvu qu'il ne ramenât pas les *Suisses* à Saint-Domingue, il jeta le 14 ces infortunés à Englessy, petit îlot désert, appartenant à l'Angleterre, avec leurs provisions et rentra au Port-au-Prince aux premiers jours de décembre (1).

Le gouverneur de la Jamaïque, lord Effingham, fit recueillir ces *Suisses,* qui sans doute avaient mérité un sort meilleur, et les expédia au Cap. L'Assemblée coloniale les fit transférer au Môle sur un ponton. Là, beaucoup moururent de la petite vérole; plusieurs furent sacrifiés par les colons. On n'en conserva qu'une vingtaine, dont on fit plus tard des marins, pour promener le récit de leurs souffrances, afin d'exciter l'indignation des esclaves contre les affranchis.

J'ai cru devoir m'étendre sur la déportation des *Suisses,* parce que dans la suite nous verrons Sonthonax, Toussaint-L'Ouverture et une foule d'écrivains sans foi, sans loi, se saisir avidement de cet événement, déjà assez odieux par lui-même, pour en rejeter toute la responsabilité sur les mulâtres, et semer ainsi la divi-

(1) *Rapport justificatif* du capitaine Colmin. Ancn. de France.

sion entre les enfants d'Haïti, sans vouloir tenir compte que cette déportation fut aussi bien l'œuvre des nègres que des mulâtres libres, et qu'elle avait embrassé des mulâtres comme des noirs esclaves. Quoi qu'il en soit, le but des colons était atteint : ils discréditaient les confédérés dans l'esprit de la masse, qui pouvait les rendre si redoutables.

XXI. Cependant, obéissant au traité conclu sur l'habitation *Damiens*, la municipalité avait convoqué les districts du Port-au-Prince, pour la formation de nouvelles assemblées primaires. Ces opérations marchaient lentement ; les esprits étaient à l'inquiétude ; et de fait, le 21 novembre, la guerre recommença avec plus de violence que jamais. Scarpin, tambour noir dans la confédération, provoqué par un blanc de la garde nationale, nommé Duclos, qui se moquait de lui, finit par prendre ce blanc au corps et par le désarmer. Quatre cavaliers de la maréchaussée, qui passaient, se saisirent du tambour et le conduisirent à la municipalité. C'était, comme on voit, beaucoup d'insolence de la part d'un nègre, que de repousser les insultes d'un blanc ! Scarpin n'en fut pas moins livré à une cour prévôtale et condamné à être pendu. Beauvais envoya de suite prier la municipalité de ne pas presser le jugement. Mais on vint bientôt lui rapporter que le malheureux Scarpin venait d'être pendu à une lanterne. L'indignation fut au comble ; les affranchis réunis par groupes agitaient les motions les plus violentes, quand passa à cheval sur la place voisine un canonier blanc, du nom de Cadot, qui appartenait à l'artillerie de Praloto. Valmé Cortades, transporté et hors de lui-même à la vue de ce canonnier, l'abattit d'un coup de fusil. Cette nouvelle se répandit; la générale fit entendre son lugubre son; les troupes de ligne rentrèrent dans leurs casernes et prirent les armes; les confédérés se portèrent à leurs postes respectifs. Le commandant de la place, M. Dusaulnois, accompagné de quelques officiers des régiments d'*Artois*, de *Normandie* et de l'artillerie royale, vint au gouvernement porter des paroles de paix. Beauvais répondit « que la violence commise sur « Cadot (¹) avait été provoquée par le terrible et prompt « jugement de Scarpin; que, du reste, l'armée qui sem- « blait être menacée de tous côtés, se contenterait de « se tenir dans un état de défensive (²). » Cette députation n'était pas encore de retour à la municipalité, qu'on vit avancer Praloto, conduisant l'équipage de son artillerie. Cette artillerie est montée sous la galerie d'une des maisons, qui bordent au nord la place du gouvernement. Pétion, qui se trouvait à son poste derrière le gouvernement, en laisse le commandement à

(1) Cadot ne fut que blessé. Beauvais avait ordonné qu'on le transportât dans une des pièces du Palais, où tous les soins lui furent prodigués.

(2) *Récit de la conspiration du Port-au-Prince*, par l'abbé Ouvière, ARCHIVES GÉNÉRALES.

Lys, son lieutenant, et court au palais demander des ordres. Déjà, Caradeux aîné, à la tête de la garde nationale, et l'artillerie royale avec deux pièces de canon, s'avançaient de leurs côtés. Beauvais confie la défense du gouvernement à Pétion, qui se hâte de faire avancer sa compagnie, en place la majeure partie sur les ailes droite et gauche : le mur de clôture sert de rempart à ces braves jeunes gens. Lui-même, il prend son poste au plus fort du danger ; déjà sa pièce, que ses soldats avaient surnommée la *gourmande,* est placée au seuil du portail.

Beauvais et Lambert, stupéfaits, n'étaient pas encore revenus de la léthargie où les avait plongés leur trop grande confiance dans les promesses des colons, que Praloto salua le portail de plusieurs coups de canon à boulets et à mitrailles. Pétion pointe lui-même et riposte. Six pièces de canon arrivent successivement sur le champ de bataille. Le combat prend un caractère d'acharnement difficile à décrire. La pièce de canon de Pétion était brûlante ; les sceaux étaient épuisés. Un brave ! s'écrie Pétion. Pons se présente, se dirige hardiment vers la fontaine, qui se trouve vis-à-vis du gouvernement, et autour de laquelle les balles sifflaient ; il remplit ses sceaux et revient à son poste [1]. Le combat du-

---

[1] Pons (Charles), né au Port-au-Prince, n'avait alors que 18 ans. Il fut à l'organisation de la *Légion* nommé sergent et parvint plus tard au grade de sous-lieutenant.

rait depuis deux heures. Caradeux l'aîné, à la tête de la garde nationale, de l'artillerie royale, de la troupe soldée et de la cavalerie, avait sa ligne de bataille parallèlement à l'étendue du front du gouvernement. Les régiments d'*Artois* et de *Normandie* se montraient en armes au-dessus des murailles de leurs casernes. Tout donnait à penser au capitaine Pétion, qu'il ne tarderait pas à être attaqué en flanc par ces deux corps. Aussi, pendant que les artilleurs et quelques soldats d'infanterie arrêtent et contiennent les assaillants, il tourne rapidement son canon contre les casernes et force les régiments à abandonner la position et à descendre sur la place. L'intrépide Pétion fait rouler sa pièce hors du portail, se pose en face de cette masse compacte qui cherche à avancer. C'est alors que les boulets et la mitraille viennent à lui manquer. N'importe ; Pétion fait nourrir son feu avec des pierres et des cailloux. Beauvais et Lambert voient qu'il n'y a plus moyen de continuer le combat ; ils ordonnent la retraite sur la Croix-des-Bouquets, par les jardins du gouvernement et le quartier de la *Coupe*. Cette retraite s'effectua dans le plus grand ordre. Beauvais se tenait à l'arrière-garde. La confédération ne laissa dans l'enceinte du gouvernement que vingt morts ; elle emporta les blessés. Les blancs avaient perdu plus de cent hommes [1].

(1) *Mémoire historique des dernières révolutions de l'Ouest et du Sud, par les commissaires des citoyens de couleur de l'Ouest et du Sud.* Paris 1792, page 54.

Doyon, qui commandait au *Bel-Air*, près duquel Praloto passa pour se porter contre le gouvernement, l'avait de son côté suivi, l'avait harcelé et lui avait même pris un canon. Malheureusement, Taillefer, avec une compagnie de garde nationale, était venu protéger la marche de Praloto; mais il paya de sa vie ce mouvement; il fut tué près de l'église. Doyon se maintint au *Bel-Air* toute la nuit et poussa ses patrouilles fort avant dans la ville. Il ne désempara, pour aller à la Croix-des-Bouquets, que le lendemain matin, à cause des progrès de l'incendie.

XXII. L'incendie commença simultanément au *Morne-à-Tuf* et au *Bel-Air*. Allumé par les aventuriers européens qui se trouvaient dans la ville, il se développa avec rapidité. Les blancs, loin de chercher tout d'abord à l'éteindre, s'occupèrent à traquer les affranchis et leurs amis, que diverses circonstances avaient empêchés de se rendre à la Croix-des-Bouquets ou sur les navires de la rade. Le chevalier Duplan, mulâtre, Pierre Pellerin, nègre, tous deux libres, furent assassinés; Kercado, juge-sénéchal, qui venait de se marier et qui devait partir le lendemain pour la Nouvelle-Angleterre, connu pour son attachement aux affranchis, ne put obtenir la commisération des bourreaux; il tomba percé de coups dans sa propre maison, presque dans les bras de sa jeune épouse. Les tigres ne respectèrent pas même le sexe; une femme, Marie-Rose, noire libre, dont on connaissait les principes libéraux, fut impitoyablement massacrée, malgré ses supplications, qui eussent dû attendrir ces cœurs sauvages. Je n'ai pas la force de raconter la mort de Mme Beaulieu, mulâtresse pleine de jeunesse, de beauté, et enceinte. Ma main tremble, mon cœur se brise. Oh! l'abbé Ouvière eut raison de comparer ces massacres à ceux de la *Saint-Barthelemy*, en leur donnant le nom de la *Sainte-Cécile*, car c'est le jour de cette dernière fête que le Port-au-Prince fut souillé de tant de violence et inondé de tant de sang.

Dans ce désordre affreux, les femmes, les enfants cherchaient, éperdus, leur salut dans la fuite. La dame Françoise Papillot se dirigeait avec sa fille nouvellement mariée, et à la veille elle-même d'être mère, vers le portail Saint-Joseph; elles sont rencontrées par deux gardes nationaux, Larousse et Lamothe, qui, soudain, se précipitent sur elles. Aucune larme ne désarme les scélérats; aucune prière n'arrête leurs bras. La dame Papillot, déjà évanouie, couvre néanmoins de son corps comme d'un rempart, sa jeune et belle enfant, contre laquelle la rage des bourreaux semble plus particulièrement dirigée; le coup part, la balle traverse la main de la mère, pénètre dans le sein de Mme Beaulieu, qui tombe morte; et avec elle tressaillit et frémit pour la dernière fois le premier gage de bonheur que le ciel avait donné à ses chastes amours!

XXIII. L'épouvante allait croissant; plus de deux

mille affranchis de tout âge et de tout sexe se portent en foule vers le rivage pour gagner les embarcations ; beaucoup se précipitent dans l'eau ; ils sont impitoyablement fusillés, tandis qu'on pille leurs maisons ; car dans ces instants d'horreur, les petits blancs se nippèrent et se meublèrent aux dépens de leurs victimes.

Praloto, surtout, déployait sa rage contre tout ce qui portait la peau noire ou jaune. Du fort *Saint-Joseph*, où il était campé, et d'où il dirigeait le poignard dans le sein de la ville, l'affreux génois aperçoit un groupe d'environ quatre-vingts femmes et enfants qui cherchaient à gagner la Croix-des-Bouquets. Il fait aussitôt tourner son artillerie contre ces innocentes créatures ; il allait les faire mitrailler, quand un européen se dirigea rapidement vers les infortunés et leur fit prendre un sentier détourné (1). L'incendie alors prenait de terribles proportions ; quatre pompes, entourées par les flammes, furent successivement abandonnées à la fureur du feu ; dans l'espace de vingt-quatre heures, sept îlets, c'est-à-dire plus des deux tiers de la ville furent anéantis. La municipalité, sous prétexte de protéger les jours des femmes et des enfants, qui n'avaient pu sortir de la ville, les fit rechercher et déposer dans les prisons royales. Le jeune Lamarre (André-Juste-Borno), qui devint plus tard un si grand général, n'écoutant que la

(1) *Récit de la conspiration du Port-au-Prince*, par l'abbé Ouvière.

générosité de son âme, avait volé au secours de plusieurs familles éplorées. Pour récompense de son dévoûment, il fut aussi incarcéré. Un esclave noir, dont je regrette de ne pas avoir le nom, avait rencontré, de son côté, un groupe de soixante enfants de couleur, séparés de leurs parents et courant en poussant des cris lamentables vers la porte de Léogane ; touché de compasion, il les avait conduits sur l'habitation de Mme Volant, blanche, qui longtemps leur prodigua tous ses soins ([1]).

Détournons nos regards de ces scènes de dévastation et de carnage qui, dans les fastes de l'Amérique, perpétueront le souvenir de la *Sainte-Cécile,* et franchissons les trois lieues qui séparent le Port-au-Prince de la Croix-des-Bouquets.

XXIV. La confédération avait fait son entrée à la Croix-des-Bouquets le 22 à midi. Autant les esprits avaient été modérés après la victoire de *Pernier,* autant la trahison du Port-au-Prince les exaspéra ; les motions les plus diverses, les plus violentes, s'agitaient. Pétion s'appuyant sur le concours des nombreux renforts d'affranchis, et même de blancs, qui étaient venus augmenter les rangs de la confédération, « opinait pour que l'on » tombât comme la foudre sur le Port-au-Prince. » Mais la crainte du sort affreux que les colons eussent

---

[1] *Mémoire historique des dernières révolutions de l'Ouest et du Sud,* page 61.

pu faire subir aux femmes et aux enfants détenus dans les prisons, fit rejeter cette proposition (¹).

On jura néanmoins de prendre pour otages tous les blancs que le sort des armes avait mis ou mettrait au pouvoir de l'armée, sous la terrible condition d'exercer contre eux des représailles, si l'on ne respectait pas en ville la vie des prisonniers. Pinchinat, qui peu après la déportation des *Suisses*, était retourné au Mirebalais, venait de rejoindre ses frères. Il fit procéder à une réorganisation sérieuse de l'armée. Elle prit le titre d'ARMÉE DES CONFÉDÉRÉS. Beauvais fut renommé commandant-général; Jumécourt, capitaine-général. On écrivit à toutes les paroisses qui s'étaient fait représenter au traité de *Damiens*, d'accélérer leur contingent de milices sur la Croix-des-Bouquets, et d'y envoyer de nouveaux commissaires pour aviser aux moyens de rétablir la paix(²).

Doyon (³) fut envoyé avec sa compagnie prendre position sur l'habitation *Turgeau*, dans le chemin de la *Coupe*, dont le canal fournit de l'eau aux habitants de

---

(1) *Biographie d'Alexandre Pétion*, par Lauriston Cerisier.
(2) *Journal de la guerre civile de la province de l'Ouest*, par l'abbé Ouvière.
(3) Doyon (Jean-Louis) naquit au Port-au-prince en 1753; fils d'un blanc et d'une négresse, il fut longtemps connu sous le nom de Bonhomme Dogand; ce dernier nom était une espèce d'anagramme du nom de son père,—une ordonnance ministérielle venant

la ville (¹). Ce capitaine fit briser l'aqueduc de *Turgeau*, et commença ainsi à punir les blancs de leur odieuse trahison.

XXV. C'est à *Saint-Louis du Sud* que Rigaud apprit les nouvelles désastreuses de l'Ouest. Il se dirigeait alors vers la plaine des Cayes, pour remonter le moral des siens et pour imposer aux colons un traité pareil à celui de *Damiens*. Son exaspération fut au comble. Et, comme la renommée annonçait que Beauvais et Faubert avaient été tués, il écrivit dans toutes les paroisses du Sud, aux affranchis d'avoir à se lever en masse, pour venger leurs frères de l'Ouest. Il enrôla tout ce qu'il put d'hommes de couleur à Aquin, à Saint-Michel, Miragoâne, aux deux Goâves, à Léogane ; et le 23, laissant sa petite armée aux environs de *Byzoton*, à deux lieues du Port-au-Prince, il était à la Croix-des-Bouquets (²), où il fut salué avec enthousiasme.

---

de défendre aux mulâtres de porter les noms des blancs. Sa carrière militaire fut brillante. Il parvint au commandement de la 4ᵉ demi-brigade du Sud à sa formation. Son intrépidité lui fit trouver une mort glorieuse à l'assaut du camp-Thomas, dans les hauteurs de Pestel, le 4 ventôse an VI (22 février 1798.)

(1) Aucune rivière n'arrose la ville du Port-au-Prince ; c'est un aqueduc qui, des Mornes, y conduit l'eau pour alimenter les fontaines publiques. Tout donne à penser cependant que cette ville renferme quelque rivière souterraine, car non loin de l'arsenal, à quelques toises dans la mer, jaillit une eau limpide et potable.

(2) Journal précité de l'abbé Ouvière.

Quand il eut appris les détails de l'affaire du 21, il attribua la gloire de cette journée au capitaine Pétion. Il le déclara le sauveur des siens et le surnomma le *brave* (1). Rigaud, après s'être concerté avec Beauvais, retourna à *Byzoton*, pour commencer de ce côté le siége du Port-au-Prince, tandis que Beauvais devait s'avancer du côté de l'Ouest.

XXVI. Alors la municipalité du Port-au-Prince, inquiète de l'attitude que prenaient les affranchis, auxquels venaient de se rallier les *pompons-blancs*, qui avaient à se venger de la mort de Mauduit, et un grand nombre de colons fatigués des commotions politiques, députa Caradeux à la Croix-des-Bouquets.

Pinchinat, à qui avait été donné la présidence du conseil, demanda à Caradeux « que tous les corps constitués « du Port-au-Prince fussent dissous, avant de traiter « de la paix ; que surtout l'on se hâtât de mettre en « liberté les femmes et les enfants qui étaient détenus « dans les prisons, ainsi qu'un certain nombre d'hom- « mes de couleur parmi lesquels se trouvait toujours « Lamarre. » La municipalité arrête le 25 qu'un détachement de la garde nationale escorterait les prisonniers jusqu'à la Croix-des-Bouquets. Cette multitude de femmes et d'enfants, qui avaient assisté à la ruine de leurs foyers, à l'assassinat de leurs amis et de leurs

(1) *Mémoire* d'André Rigaud, imprimé aux Cayes, en l'an V (1797.) p. 10.

parens, n'avait échappé que par la protection de Dieu à une boucherie certaine. Elle fut accueillie avec des transports d'émotion difficile à décrire. Les cris de ces intéressantes victimes montaient jusqu'aux cieux. Les femmes prirent le deuil ; et pieds nus, elles furent se prosterner au temple du Tout-puissant, pour en implorer la vengeance.

XXVII. La demande de nouveaux commissaires et de secours avait été favorablement accueillie dans toutes les communes de l'Artibonite, de l'Ouest, et dans quelques unes du Sud. Gérin (¹) arriva bientôt avec les affranchis des Nippes, de l'Anse-à-Veau et du Petit-Trou. On forma le CONSEIL DE L'ARMÉE COMBINÉE DES CITOYENS DE COULEUR. Pinchinat en fut encore nommé le président (²). Les colons l'avaient voulu, ce conseil fut un véritable état dans l'état.

(1) Gérin (Etienne-Elie), surnommé par les soldats *Côte-de-Fer*, parce que c'était une espèce de cœur sans obelle, né aux Cayes le 19 déc. 1757, avait reçu de sa famille une certaine éducation, ce qui lui mérita une grande influence dès l'aurore de la révolution. Habitant aux *Baradaires*, et exerçant la profession du cabotage, il fut un de ceux qui, avec Jourdain, refusèrent le 1er septembre 1790, de prêter le serment de *respect aux blancs* ; prirent les armes et humilièrent par la prise du *Petit-Trou* l'orgueil colonial. Il périt général de division en retraite à l'Anse-à-Veau, le 18 janvier 1810, dans une folle équipée. Il avait alors cinquante-trois ans, un mois, un jour.

(2) *Journal de la guerre civile de la province de l'Ouest*, par l'abbé Ouvière.

La municipalité, plus effrayée que jamais, surtout depuis que Rigaud venait de camper à *Martissant*, où il élevait une redoute, envoya le 28 une députation à M. de Grimouard, commandant la station à bord du vaisseau le *Borée*, pour le prier d'accepter le rôle de médiateur. M. de Coustard, maréchal des camps, commandant de la province, accompagna M. de Grimouard.

L'armée combinée posa le 29 pour *ultimatum*: 1° « *le désarmement et l'embarquement de l'artillerie « nationale, à l'exception de Praloto et de son lieu- « tenant Binse, qui devront être jugés;* 2° *désarme- « ment et embarquement des gardes nationaux sol- « dés;* 3° *poursuite des incendiaires;* 4° *remise des « forts Saint-Joseph et Bel-Air à l'armée avec artille- « rie et munitions;* 5° *nouvelle formation de la garde « nationale;* 6° *nouvelle formation de la municipali- « té;* 7° *annullation de tous les actes des assemblées « coloniales ou provinciales;* 8° *les paroisses de l'Ouest « doivent envoyer des commissaires chargés de pou- « voirs illimités pour rétablir l'ordre, et prier de nou- « veau le gouverneur d'accepter le traité du 19 octo- « bre, et de le faire exécuter dans toute la colonie* [1] ».

Grimouard dépêcha *l'ultimatum* au Port-au-Prince. La municipalité convoqua tous les corps de la place. Ces corps, dont on demandait l'embarquement ou la

---

[1] Archives générales de France, carton 67.

dissolution, rejetèrent les propositions, comme on devait s'y attendre. Mais nonobstant, la cause des affranchis devait triompher, parcequ'elle était juste. Les communes de Léogane, de Saint-Marc, du Mirebalais, des Verrettes, de l'Arcahaye, avaient renouvelé leurs concordats. Celle du Mirebalais, qui avait été témoin de la modération du CONSEIL DES REPRÉSENTANTS DE LA COMMUNE, envoya même un contingent de cent blancs. Celle de Léogane s'engagea à fournir au corps d'armée de Rigaud des munitions de toute espèce (1).

C'est pendant que *l'armée combinée* préparait ainsi tous les éléments du triomphe des DROITS DE L'HOMME, que débarqua au Cap-Français le 28 novembre la commission de pacification si longtemps attendue de la métropole. Cette commission était composée de MM. de Mirbeck, Roume de Saint-Laurent et de Saint-Léger. Elle venait au nom de la NATION, de la LOI et du ROI, calmer les passions si ardentes de castes, qui dévoraient la malheureuse *Reine des Antilles*: mission difficile.

XXVIII. Roume de St-Laurent vint au monde à la Grenade; il était conséquemment colon. Mais élevé en France, nourri de la lecture des philosophes du XVIIIe siècle, après avoir occupé dignement les hautes fonctions de conseiller et d'ordonnateur, tant à la Grenade

---

(1) *Récit de la conspiration du Port-au-Prince*, par M. l'abbé Ouvière.

qu'à Tabago, il était revenu en France pour assister de plus près à la grande transformation qui s'y opérait. Il avait un port superbe, le cœur droit, l'intelligence assez élevée pour éviter de tomber dans les exagérations de Marat et de Robespierre, dont il était un des intimes. Mais il avait aussi malheureusement cette espèce de faiblesse, très commune d'ailleurs, de trouver des vertus précieuses à tous ceux qui nous trouvent des qualités transcendantes. C'est par ce défaut de cuirasse, qu'il se laissa prendre au piége par le vieux Toussaint. Et quand il voulut rompre le pacte, il était trop trop tard; car il avait déjà les pieds dans la margelle. Du reste, plein de courage civique, dans les grands dangers, il savait présenter sa poitrine à découvert. Il commit sans doute beaucoup de fautes dans son administration de Saint-Domingue : les unes tenaient aux circonstances locales; les autres à sa mansuétude naturelle; beaucoup à la politique de bascule qui caractérisa la France à l'égard de ses colonies.

Mirbeck, comme avocat au conseil d'État, et même avocat distingué, s'était fait une clientèle parmi les colons, pour lesquels il avait souvent plaidé avec succès en cassation. Moins remarquable que Roume, possédant moins l'esprit de conciliation, il était cependant plus rigoureux observateur de la justice, tout en ayant moins de suite dans ses vues politiques. En somme, européen avant tout, il ne tarda pas à être pris de dégoût au spectacle des atrocités dont l'île était le théâtre.

Saint-Léger était aussi européen ; mais il avait séjourné à Tabago, où il s'était lié d'amitié avec Roume. Docteur en médecine et interprète de la langue Anglaise, il était devenu, dans cette île, propriétaire de terres et d'esclaves. Il avait à l'égal de ses collègues, le sentiment de l'équité. Mais il manquait, comme eux de la force de volonté nécessaire pour le faire triompher. Il croyait sans doute justes les prétentions des affranchis à l'égalité politique ; mais aussi avec un ministère circonvenu par les colons, il ne sut pas plus que ses collègues, tenir ferme le gouvernail de la colonie.

Ces commissaires que l'influence coloniale envoyait dans la colonie, plus ou moins dévoués aux intérêts de l'aristocratie blanche, essayèrent, il est vrai, d'arrêter les colons sur la pente de l'abime. S'ils composèrent quelquefois avec leurs préjugés, ils ne savaient pas moins déplorer leurs actes néfastes. Leur politique par la suite devint plus droite : c'est quand ils virent qu'ils avaient affaire, d'une part, à des hommes encore timides, mais prêts à devenir indomptables ; et, d'autre part, à des hommes qui n'avaient de terrible que la morgue aristocratique.

XXIX. La commission, en débarquant au Cap, fut épouvantée du spectacle des nombreuses potences qui se dressaient sur les places publiques : la vue d'une multitude de cadavres, flottant dans l'air, lui annonça qu'elle venait d'attérir sur une côte sauvage, dévouée aux sacrifices humains. Elle s'empressa de faire abattre les potences et de faire inhumer les victimes. Aussi fut-elle religieusement saluée par les affranchis, car ils pensaient enfin qu'avec des représentants du roi, ils allaient acquérir cette précieuse égalité de droits politiques, pour la conquête desquels ils faisaient tant d'efforts. Le conseil de *l'armée combinée* adressa le 6 décembre à la commission un récit succinct des événements ; il finissait par demander le maintien des principes développés dans les concordats et dans le traité de paix (1). Cette lettre fut portée au Cap par trois blancs : MM. Chancerelle, commissaire de Léogane, Marescot, du Grand-Goâve, et Robert de Ruotte, du Mirebalais. La commission, primitivement chargée de l'exécution du décret du 15 mai, auquel l'intrigue du *club-Massiac* avait fait substituer celui du 24 septembre, (ce dernier remettant le sort des affranchis aux mains des colons) se trouvait placée entre la loi de son devoir et celle de sa conscience. L'assemblée coloniale profitant de l'embarras de la commission, la pria d'engager les confédérés à re-

(1) La lettre est signée de Pinchinat, Beauvais, Pierre Café, Jacques Boury, Papalier, Daguin, Savary, Guillaume Bleck, Marc Borno, Jeanton, Pierre Pellerin, Faurel, B. Vialet, Coquière Bellevue, J. P. Lebon, B. Dasque, Pierre Bergeron, Lebastille fils, Beaulieu, N. Grellier, Pétion. ARCHIVES GÉNÉRALES, carton 1.

connaître ses pouvoirs. Elle promettait de régler l'état politique des affranchis de manière à satisfaire leurs justes prétentions (¹). La commission déclara donc aux confédérés que leur *état dans l'état* était une monstruosité constitutionnelle et qu'ils devaient se séparer. C'est le cas de dire ici plus que jamais que la légalité peut souvent tuer.

XXX. Rigaud, alors campé à *Martissant*, faisait fortifier cette position, en même temps que celle de *Byzoton*; il avait sous ses ordres le capitaine Cambre, dont l'habileté, comme artilleur, était connue. La position de *Martissant* devenait inquiétante pour le Port-au-Prince; car, déjà privé des eaux de *Turgeau*, on ne pouvait plus en aller prendre à *Byzoton*. On eut recours à l'eau malsaine des puits, qui donna naissance à une fièvre épidémique. Vingt-cinq à trente personnes en mouraient par jour (²). Pour faire lever le blocus, la municipalité fit transformer en batterie flottante le bateau-dragueur de la rade (³); elle fit mettre sur ce bateau plusieurs pièces d'artillerie, dont une de 18, et en donna le commandement à un nommé Ben-

---

(1) *Rapport* de Roume du 29 janvier 1793, p. 14.
(2) *Révolution de Saint-Domingue*, par Benoît. ARCHIVES GÉNÉRALES.
(3) C'était un bateau plat qui servait à nettoyer la cale, qu'à cette époque comme aujourd'hui, la vase envahissait, en menaçant d'en fermer l'entrée au commerce.

jamin Allemand (¹). Le 14 décembre, Benjamin Allemand, qui avait fait avancer le bateau à côté de la *Poudrière* et de la maison principale de *Martissant*, commença à quatre heures du matin le feu sur un rassemblement d'environ quatre cents personnes, qui se montraient à *Martissant*. Cambre, de son premier coup de canon, traversa la batterie et blessa cinq ou six hommes (²). Alors le fort *Saint-Clair* envoya ses bombes sur le camp ; le vaisseau *le Borée* et la frégate la *Galathée* s'approchèrent pour contenir *Byzoton*. Le feu ne cessa qu'à neuf heures et demie. Rigaud, sans avoir perdu un seul homme, évacua *Martissant*, et se porta sur *Byzoton*, comme position plus importante. Le capitaine Pétion, qui, avec M. Jumécourt, fortifiait le camp de la Croix-des-Bouquets, au bruit de la canonnade, demande à aller joindre Rigaud, part avec ses artilleurs; et le 15 au matin, il rencontre ce colonel qui lui donne la direction du campement. Pétion éleva sur la principale éminence de *Byzoton* (³) une redoute en

(1) C'est à tort que Lauriston Cérisier dit que Praloto avait le commandement de cette batterie. Voyez *Procès-verbal ou relation du combat de la batterie flottante avec les brigands de toutes couleurs, campés à Byzoton et à Martissant*. ARCHIVES DE LA MARINE.

(2) Procès-verbal précité.

(3) Au lieu où se trouve aujourd'hui le fort du même nom. Ce fort, commencé sous le proconsulat de Polvérel et de Sonthonax, par Montbrun, parachevé par les Anglais, battait la rade et le grand

terre gazonnée ; il y plaça notamment une pièce de 18. C'est dans cette batterie que, puissamment secondé par ses lieutenants Lys et Dupuche, il exerçait à la manœuvre ses jeunes artilleurs, en attendant que l'occasion vînt de se mesurer avec les ennemis de la liberté. Cette occasion se présenta bientôt.

La municipalité requit M. de Grimouard de balayer le poste de *Byzoton*. Grimouard, qui savait combien était juste la guerre à laquelle on forçait les affranchis, — qui avait admiré leur sagesse et leur courage, n'eut aucun égard à la réquisition. Il avait résolu de garder la neutralité. Mais les équipages, gagnés par les colons, se révoltèrent contre leurs officiers, et commencèrent le 16 un feu terrible sur le camp de *Byzoton*. Pétion sut tenir tête à l'orage. La canonnade ne cessa que, quand il ne resta plus debout de palissades, de remparts, de cahutes, ni de canons (¹). Le *Borée* perdit trois hommes (²). Rigaud n'eut à déplorer que la mort de Truitier de Vaucresson, qui, comme d'autres planteurs, s'était rangé sous les bannières de *l'armée combinée*, et du brave Domingue Santo, noir, qui debout sur les remparts, servait de mât au pavillon qu'un

---

chemin. Un officier, Jean Marassa, qui y commandait, le fit sauter le 28 juin 1817, pour se venger, dit-on, d'un acte d'injustice. On l'a rétabli, mais son canon ne bat plus aujourd'hui que la mer.

(1) Grouvel, *faits historiques sur Saint-Domingue*. Paris, 1814.
(2) Journal du même vaisseau, ARCHIVES DE LA MARINE.

boulet venait de briser (1). Rigaud abandonna la position, en tournant au sud par le versant des montagnes de la *Rivière-Froide*. Il laissa sur l'habitation *Chabert* le capitaine Pétion, avec ordre d'y former un nouveau camp et partit pour la Croix-des-Bouquets, où il eut une grave altercation avec Beauvais, qui, chose incompréhensible !—durant toute la canonnade, était resté l'arme au bras sur l'habitation *Saint-Martin*, sans tenter aucune diversion en faveur de *Byzoton*.

XXXI. Beauvais qui, ainsi que je l'ai dit, avait servi sous le comte d'Estaing,—ce qui lui avait donné une certaine réputation,— et qui s'était livré à l'enseignement au Port-au-Prince, — ce qui l'avait entouré d'une grande considération, était d'un caractère froid, que les émotions n'agitaient que difficilement. Ses dispositions à la prudence, à la temporisation, avaient déjà mécontenté beaucoup des siens, surtout Pétion, qui, sans être un exalté, aimait néanmoins à frapper fort, quand il fallait frapper. Aussi Pétion s'était-il hâté de l'abandonner pour aller combattre sous Rigaud, quand celui-ci vint à Byzoton.

Rigaud avait aussi fait la guerre aux États-Unis ; son influence était toute-puissante dans le sud ; mais presque nulle dans l'ouest, où le nom de Beauvais domi-

---

(1) Manuscrit, sans nom d'auteur, sorti du Palais-National du Port-au-Prince.

naît. Son humeur contrastait sous tous les rapports avec celle de ce dernier : actif, bouillant, les résolutions les plus téméraires étaient celles auxquelles il s'arrêtait. Il pensait qu'il suffisait de vouloir pour pouvoir, tandis que Beauvais était persuadé qu'il fallait pouvoir pour vouloir.

L'agent Roume croyant faire l'éloge de Beauvais, disait de lui « qu'il était vertueux par tempérament [1] »; mais, par le fait, il condamnait là le caractère de Beauvais. Qu'est-ce que la vertu? Le triomphe des bonnes inclinations contre les mauvaises. Puisque la vertu n'est que le résultat d'une lutte, l'homme vertueux par tempérament ne saurait être qu'un homme incomplet.

Rigaud, au contraire, possédait la véritable vertu; car, ardent, exalté, colère, on ne le vit jamais tremper ses mains dans le sang, ni commettre aucune mauvaise action; il savait être maître de lui-même.

Tels étaient Beauvais et Rigaud ; tels nous les représente l'histoire à travers son horizon lointain [2].

XXXII. Pétion avait établi à *Chabert* une batterie de quatre pièces qu'on avait, à force de bras, traînées de *Byzoton*. Ce point, couvrant *Martissant, Volant-*

---

[1] *Rapport* du 29 janvier 1793, page 28.
[2] M. Madiou, dans son *Histoire d'Haïti*, nous représente souvent Rigaud, comme *jaloux de la gloire de Beauvais*. J'ai lieu de pouvoir montrer, comme on le verra, que c'est faire la part de l'homme trop grande au dernier.

le-Tort et *Byzoton*, empêchait le débloquement de la ville, soit que l'ennemi parût par la *Rivière-Froide*, par le *Fonds-Perrier*, ou par la grande rivière de Léogane.

XXXIII. La commission civile, comme je l'ai dit, avait refusé de consacrer cette espèce d'état dans l'état qui s'était établie à la Croix-des-Bouquets. Après avoir inutilement tenté de pacifier l'épouvantable insurrection des esclaves, qui bouleversait plus que jamais la province du nord, elle arrêta qu'un de ses membres se rendrait dans l'ouest.

Saint-Léger arriva donc au Port-au-Prince le 29 janvier 1792. Il se rendit parmi les chefs de l'*armée combinée*. A sa voix, le 4 février, les eaux furent restituées à la ville. Il engagea les affranchis à reconnaître le décret du 24 septembre et l'assemblée coloniale, leur promettant que la France, mieux informée, ne tarderait pas à donner une juste et légitime satisfaction à leurs vœux. La vue du représentant direct du roi avait fait taire bien des vengeances. Beaulieu lui-même, encore inconsolable de la mort de sa femme, s'empressa d'écrire à Saint-Léger la lettre suivante, dans laquelle nous aimons à rencontrer la tendresse de l'époux et du père, et le calme stoïque du citoyen au milieu des afflictions publiques :

« Monsieur le commissaire national civil, le plus infortu-
« né des hommes est celui qui, dans le sein de sa patrie et
« les premiers jours de sa tendresse, vit tomber sous les

« coups des assassins son épouse, son enfant et sa mère ;
« depuis l'affreux événement du 21 novembre dernier, chassé
« du Port-au-Prince, avec tant de familles honnêtes, il ne
« m'a resté que mes yeux pour pleurer et des forces pour
« m'unir aux braves citoyens confédérés de la Croix-des-
« Bouquets. La réputation de votre sagesse, monsieur le
« commissaire, et qui égale votre autorité, a suspendu ma
« douleur pour quelques moments ; rien n'est plus propre à
« l'adoucir, que l'espoir de voir renaître les jours de la jus-
« tice et de la raison ; et je croirais trahir les devoirs de fils,
« d'époux et de père, si je ne vous dénonçais un grand
« crime et d'illustres scélérats, nommés Larousse et Lamothe.
« Le jour des Vêpres siciliennes du Port-au-Prince, j'étais
« absent ; je cherchais au Boucassin une nourrice pour l'en-
« fant que mon épouse portait dans son sein. Ma belle-mère
« Françoise Papillot, demeurant *rue Dauphine*, fuyait avec
« sa fille, la dame Beaulieu, mon épouse ; elle est rencontrée
« par ces deux scélérats armés ; aussitôt un premier coup est
« déchargé sans effet sur le misérable groupe ; la mère veut
« cacher sa fille dans ses bras ; elle implore la clémence
« que des parricides n'ont pas ; un second coup est tiré ; et le
« plomb meurtrier, que la même férocité dirige, perce une
« main de la mère, pénètre dans le cœur de la fille et éteint
« pour jamais la source de la vie de mon enfant !

« Oh ! monsieur le commissaire, quelle horrible journée !
« ma belle-mère a traîné ses pas jusqu'ici ; elle n'a le
« courage de supporter la vie que pour vous demander jus-
« tice ; elle unit ses plaintes à l'hommage qu'elle me charge
« de vous transmettre.

« Nous ne demandons la mort de personne ; mais nous
« fournissons un titre de plus à une cause que la raison et
« l'humanité défendent si éloquemment ; pour moi, je sens
« que je suis français, moins par ceux dont je descends, que
« par l'horreur des crimes dont je suis la victime, et par l'as-
« surance où je suis de voir le représentant d'une nation
« généreuse contribuer au bonheur d'une classe utile et
« nombreuse. Je suis, monsieur le commissaire civil, avec
« un profond respect :

« (Signé) Pierre-Joseph BEAULIEU.

« Croix-des-Bouquets, 5 février 1792. »

Cette page, si pleine d'éloquence, malgré son incorrection, où éclatent de si nobles sentiments, enorgueillit l'espèce humaine ; elle prouve surtout l'injustice odieuse de la caste blanche, qui refusait si obstinément de reconnaître les droits politiques d'une race capable de tant de générosité !

XXXIV. Saint-Léger réussit enfin par la persuasion, à dissoudre l'ancienne confédération. La France savait si peu ce qui se passait dans ses colonies, que cette dissolution livra bientôt l'ouest et le sud à la révolte des esclaves. Les pauvres affranchis, noirs et jaunes, se retirèrent donc de la Croix-des-Bouquets ; ne pouvant, ni n'osant rentrer dans leurs paroisses, ils se portèrent au Mirebalais, déjà témoin de leur énergie. C'est de ce bourg qu'ils écrivirent le 15 février à la commission la triste, mais admirable lettre que je mets sous les yeux du lecteur.

« Mirebalais, 15 février 1792.

« Aux commissaires nationaux-civils.

« La municipalité de la Croix-des-Bouquets nous a donné
« communication de votre lettre du 11 de ce mois. Tou-
« jours prêts à nous conformer à tout ce que vous nous pres-
« crivez, nous nous retirons, pleins de reconnaissance des
« services que nous ont rendus les habitans de la paroisse
« de la Croix-des-Bouquets.... Les citoyens de couleur de la
« ville du Port-au-Prince, dans l'impossibilité de rentrer
« dans leurs foyers, et de rester en proie à la fureur de leurs
« ennemis, vont se retirer dans les montagnes; là, ils atten-
« dront avec patience que la tranquillité soit parfaitement
« rétablie, avant de songer à leurs propriétés.

« Indignement trahis par les habitans de cette ville, chassés
« de leurs foyers de la manière la plus barbare, assassinés,
« pillés, incendiés, ils vont traîner leurs jours infortunés
« dans des pays, où ils ne sont pas certains de trouver même
« des moyens de subsistance; heureux, si la persécution ne
« les y poursuit pas, et ne les force de se réfugier dans les
« montagnes de la partie espagnole (1). Les bois et les ro-
« chers élèvent naturellement dans ces climats barbares des
« remparts assurés contre l'injustice des hommes, et les an-

(1) Dans ces montagnes vivaient à cette époque dans une complète indépendance des centaines d'esclaves de la partie française
Le gouvernement avait été obligé même de traiter avec eux.

« tres des bêtes féroces offrent aux malheureux qu'on per-
« sécute des retraites plus agréables que le séjour empesti-
« féré des villes, où règnent souverainement le despotisme
« et l'inhumanité.

« Puisse cette retraite volontaire, déterminée par notre
« obéissance à la loi et à vos ordres, et à laquelle il est im-
« possible de supposer d'autre motif que le désir de la paix,
« ne laisser aucun prétexte à la calomnie de nos ennemis, et
« devenir pour vous une nouvelle preuve invincible de la
« légitimité des raisons qui nous ont fait agir ! Dans l'im-
« possibilité où sans doute nous nous trouverons désormais
« de vous faire entendre notre faible voix, permettez-nous,
« messieurs, de vous adresser une prière. Soyez, nous vous
« en conjurons, nos interprètes auprès de l'assemblée natio-
« nale et du roi ; apprenez à tous les Français que, quoique
« la mère-patrie ait paru nous repousser de son sein, nous
« ne la chérissons pas moins ; dites à la France entière que
« quelque' puisse être le sort qui nous attend dans le terrible
« bouleversement qui se prépare, nous n'avons à regretter
« que de ne pouvoir vivre sous ses lois que nous admirons,
« et de ne pouvoir mourir en combattant pour la défense de
« ses intérêts. (Signé) Pinchinat, Beauvais, Daguin fils, Fa-
« vrelle, Jérôme Dubuisson, Papelier, Isaac, P. J. Beaulieu,
« Montas, Bellevue-Mahotière, Aubran, Gillard, P. Pellerin,
« A. Lepreste, Borno, Déléart, Marc-Borno, Lamarre Beaugé. »

XXXV. Un seul confédéré resta debout dans l'ouest; ce
fut Pétion. Pendant que Rigaud guerroyait dans la pro-

vince du sud (¹). Pétion réunissait à *Chubert* tous les éléments de défense pour la lutte qui devait recommencer ; tout en maintenant la discipline dans les habitations voisines, il contenait la colère de ses compagnons et réprimait l'esprit de vengeance. Un prisonnier européen qui eut occasion de le voir dans ce camp, nous apprend qu'aucun insigne ne le faisait distinguer de ses soldats (²).

Mais Saint-Léger n'avait pas aussitôt licencié les affranchis, qu'il eut à sentir combien le maintien de leur organisation pouvait être utile au rétablissement de la paix publique ; car les factions anarchiques levaient la tête plus impunément que jamais. Un griffe espagnol, Romaine Rivière, propriétaire, dans les hauteurs de Léogane, d'une petite plantation caféyère, au lieu appelé le *Trou-Coffy*, situé sur les limites de Jacmel et

(1) Cette province avait été le théâtre de grands événements pendant le séjour de Rigaud dans l'Ouest. Les affranchis avaient été forcés le 18 février 1792 sur l'habitation *Merci*, dans la Plaine-du-Fonds, par le colonel Thiballier. Narcisse Rollin, Charles Poulain, avaient dans cette affaire trouvé une mort glorieuse. Hyacinthe Bleck, le plus jeune des frères de celui qui avait été conduit et incarcéré au Port-au-Prince avec Rigaud, Faubert, eut la cuisse cassée. On le transporta aux Cayes, où il fut jugé, condamné à être brûlé vif. Cette odieuse sentence, qui rappelle la mort d'Ogé et de Chavanne, reçut son exécution le lendemain sur la place-d'armes. Sur cette place, comme sur celle du Cap, s'élèvera un jour quelque colonne funéraire.

(2) *Faits historiques sur Saint-Domingue*, par Grouvel, pages 33 et 34.

et de Léogane, près du corail de *Brach* et des *Citronniers*, avait, dans le débordement des passions, établi un camp sur sa terre.

Là, se disant inspiré de la Sainte-Vierge, prenant la dénomination de *prophétesse*, il mêlait au culte qu'on doit au créateur l'exercice des sortiléges (1). Il est bon de faire observer qu'encore aujourd'hui dans les Antilles, beaucoup de gens de toute condition croient à la puissance de la magie surnaturelle et sacrifient à l'immonde couleuvre comme au Dieu de vérité ! — Les ignorants affluèrent autour de Romaine ; il les fanatisa, et en forma une armée avec laquelle il put faire trembler toutes les campagnes et marcher contre Léogane. Saint-Léger sentit la nécessité de se porter dans cette ville ; mais la municipalité du Port-au-Prince lui refusa même une escorte, sous le prétexte qu'elle avait besoin de toutes ses forces pour contenir les ateliers de la plaine. Il s'adressa alors à Beauvais, qui lui rallia quatre-

(1) « Ce griffe, marié à une mulâtresse, a construit une chapelle
« et un autel, où il célèbre ses mystères à sa mode ; il met sa tête
« dans son tabernac'e pour y écouter les réponses du Saint-Es-
« prit, fait écrire des lettres à la Sainte-Vierge et les réponses de la
« Sainte-Vierge se trouvent le lendemain dans son tabernacle ; il
« fait ses méditations et prêche le sabre à la main, enseigne à ses
« imbéciles prosélytes une doctrine d'où ont résulté les vols, les as-
« sassinats, les incendies. Ce scélérat est aussi charlatan, il compose
« des remèdes, etc. » *Rapport* de Blouet, curé de Jacmel, du 14 février 1792

vingts des anciens confédérés, et les lui envoya sous le commandement de Baptiste Boyer. Ce petit détachement, aidé de quelques marins de la *Galathée*, mit en pleine déconfiture l'armée de Romaine qui, le 12 mars avant le jour, avait surpris Léogane; plus de six cents bandits furent tués; Romaine lui-même ne se sauva que par miracle.

Pétion avait entendu du camp de *Chabert* le grondement du canon. Il fit mettre sur pied sa petite garnison, et à la tête de deux pièces de quatre et de quatorze hommes, il se dirigea au secours de Léogane. Il rencontre à quatre heures de l'après-midi, devant l'habitation *Lassalle*, environ quatre cents autres bandits qui allaient renforcer le sac de Léogane. Il met immédiatement sa petite troupe en bataille et demande le passage. Pétion était naturellement calme; mais à la vue d'une grande chose à accomplir, il s'animait. Aussi, à sa voix, on lui ouvrit le chemin; les bandits consentirent même à ne faire aucun mouvement qu'ils ne l'eussent perdu de vue (1).

Pétion arriva à sept heures du soir aux portes de Léogane. Le bruit de la petite pièce de canon fit crier *aux armes*! On crut à une nouvelle attaque. Pétion fut accueilli à coups de canon. Il ordonna à ses soldats de se mettre à l'abri des volées; lui-même, au milieu de la mitraille qui se croisait en tous sens, il alla se faire

(1) *Biographie* d'*Alexandre Pétion*, par Lauriston Cérisier.

reconnaître. Le ciel venait évidemment de protéger ses jours.

Peu après le 22 mars, le Trou-Coffy fut cerné par deux colonnes, l'une passant par l'habitation *Formy*, — on écrit à tort *Fourmy*,—l'autre par l'habitation *Peyrot*. Le camp fut pris et rasé ; les femmes et les enfants de Romaine, faits prisonniers. On ne put jamais savoir ce qu'était devenu le sorcier lui-même.

Saint-Léger, pour réprimer le désordre qui se répandait dans les campagnes, forma, des anciens confédérés qui l'avaient accompagné et de ceux qui venaient de le joindre, un petit corps de gendarmerie. Pétion et Baptiste Boyer y entrèrent à leur rang de capitaines (1).

XXXVI. C'est dans cette même ville de Léogane que Pétion et Boyer eurent un duel. Dans une réunion, causant de l'affaire de la *Sainte-Cécile*, il arriva à Pétion de dire que si, dans cette affreuse bagarre, l'infanterie avait mieux secondé l'artillerie, les affranchis ne se fussent pas trouvés forcés d'abandonner la ville. Ce propos était l'expression de la vérité. Mais il fit rugir Baptiste Boyer, homme du reste emporté et violent.

Il défendit avec chaleur l'arme à laquelle il appartenait et vint même à menacer Pétion de le frapper. A certains moments il y a de l'héroïsme à mépriser les ou-

---

(1) *Notes* du général Inginac.

trages. Pétion, à l'étonnement général, resta impassible aux menaces qui lui étaient faites. Mais un duel fut convenu à la carabine. A l'heure convenue, les deux adversaires se rendirent dans la savane de *Dampuce*. La réputation des jeunes combattants avait attiré des curieux. M. de Villars, commandant pour le roi, vieillard qui, comme *pompon-blanc*, se montrait toujours bien disposé en faveur des affranchis, voulut lui-même assister au duel. Pétion était plein de sérénité ; Boyer au contraire écumait de colère. L'un était silencieux, l'autre loquace. Tout-à-coup, Pétion qui avait entendu et supporté impassiblement toutes les injures dont il était l'objet, qui, aux mauvais procédés, n'avait jamais su répondre que par le sarcasme du mépris, fixe attentivement Boyer ; et pendant qu'on chargeait les armes, il dit à la foule : « Voyez donc, Messieurs, ce « capitaine ! Comme la colère est un affreux sentiment ! « Combien elle peut enlaidir un homme ! » A ces simples paroles, le commandant de Villars reconnut un jeune homme né pour de grandes choses. Il se mit entre les deux combattants ; et, autant au nom de ses cheveux blancs qu'au nom de sa position, il réussit à empêcher le duel ; il félicita Pétion de la contenance calme et sage qu'il avait montrée : puis, s'adressant de son côté, à la foule : « Mes amis, dit-il, voilà une noble leçon « que vous venez de recevoir d'un de vos camarades ;

« il faut en profiter. Pétion est digne de vous servir de
« modèle (¹). »

XXXVII. Dans la vie de Pétion, pas une page où l'on ne rencontre quelques traits de générosité et de grandeur ; à l'époque où nous sommes, la municipalité de Léogane avait mis au prix de quatre cents gourdes la tête de Gros-Poisson, mulâtre, le principal lieutenant de Romaine. Un nommé Lemaire, son ami, découvrit sa retraite ; accueilli avec confiance par Poisson, Lemaire lui plongea le poignard dans le sein ; et la tête à la main, il alla demander le salaire de son crime. La nouvelle d'une si grande trahison, qu'on n'avait pas encore soupçonnée possible à Saint-Domingue, souleva l'indignation de tous les habitants de Léogane. Pétion ordonna à ses subalternes d'attirer en sa présence l'homme qui venait de violer les saintes lois de l'amitié et de souiller le seuil de l'hospitalité. Pétion le força à restituer le prix du sang qu'il avait versé; il le fit ensuite conduire à l'église par son lieutenant Lys (¹), pour demander à Dieu pardon de son crime (²).

(1) *Notes* du général Segrettier.
(2) Lys (Pierre-Charles), *quarteron*, né au Port-au-Prince le 22 décembre 1775, fut élevé en France; de retour dans la colonie, son extérieur aimable, son air martial, avaient captivé l'attention de tous les siens, surtout de Pétion. Aussi celui-ci au campement de *Diègue* se l'attacha comme lieutenant. Il mourut général de brigade le 28 novembre 1820, sur le *garde côtes* la *Mouche*, entre les bras

XXXVIII. Pendant que Saint-Léger cherchait dans l'Ouest à calmer les passions, Roume et Mirbeck, dans le Nord, cherchaient de leur côté à ramener à l'ordre les esclaves et à porter les colons à se défaire quelque peu de leurs affreux préjugés. Ni l'un, ni les autres ne réussirent. Aussi, les commissaires « *frappés du discrédit* « *où était tombée l'autorité exécutive, voyant le rè-* « *gne de la justice suspendu, les finances dilapidées,* « *l'insubordination des troupes portée au comble,* « *toutes les lois violées, prirent le parti de se rendre* « *au sein de la métropole, pour lui exposer l'état et* « *les besoins de la colonie* (¹). » Mirbeck partit du Cap le 1ᵉʳ Avril. Roume devait le suivre quelques jours plus tard. Saint-Léger s'embarqua à Saint-Marc le 8. Viart, Antoine Chanlatte, Dubourg et l'abbé Ouvière, comme *commissaires des hommes de couleur auprès de l'assemblée nationale*, partirent presqu'en même temps sur un navire marchand. Des circonstances majeures, la pensée d'arrêter le mal, décidèrent Roume à renoncer à son voyage (²).

XXXIX. Déjà la triste nouvelle de la *Sainte-Cécile* était parvenue en France ; on attribua avec raison la cause de ce grand désastre à la révocation du décret du

---

de l'Amiral Panayoti, revenant de la prise de possession du Nord, à l'âge de quarante six-ans, moins un mois et six jours.

(1) *Notes* du général Inginac.
(2) Compte sommaire, par Mirbeck, page 35.

15 mai. L'assemblée législative, qui avait remplacé la constituante, agita de nouveau la question coloniale. Tarbé, dans la séance du 2 mars, fit un long rapport sur les malheurs de Saint-Domingue. Il en rejeta tout l'odieux et la responsabilité sur la caste blanche. Garan de Coulon, dans cette séance, éclaira l'assemblée sur l'origine de tous nos troubles. La péroraison de son discours mérite d'être rapportée : « *Déclarons*, dit-il, *que ce décret*, (celui du 24 septembre qui mettait le sort « des affranchis à la merci des assemblées coloniales) « *est attentatoire à la souveraineté de la nation ;* « *nous n'y sommes point soumis, ni comme citoyens,* « *ni comme députés ; nous devons le détester comme* « *hommes.* » L'assemblée revint donc sur le décret que les manœuvres de Barnave lui avaient surpris. Le décret du 4 avril rétablit celui du 15 mai ; c'était un hommage tardif que la métropole rendait au principe des droits de l'homme, d'autant que ses tergiversations avaient déjà causé des maux presqu'irréparables. Le nouveau décret, connu sous le nom de *loi du 4 avril,* portait la nomination d'une nouvelle commission, l'envoi de troupes, de quelques deniers et de plusieurs généraux.

XL. Depuis le départ de St-Léger et de Mibreck, la désorganisation avait marché rapidement ; dans l'Ouest, les esclaves, n'étant plus contenus par la présence des confédérés, se livraient à tous les genres d'excès. Leur chef, Hyacinthe, s'acquit une terrible célébrité. C'était un jeune esclave de l'habitation Ducoudray ; ambitieux, entreprenant, remuant et despote ; du reste, intelligent et brave ; il faisait mouvoir à son gré toute la plaine du *Cul-de-Sac*. Il attaqua le 22 mars l'armée du Port-au-Prince, qui occupait la Croix-des-Bouquets, la battit et la força de rentrer dans la ville.

Les blancs de l'Artibonite, sous prétexte de protéger leurs propriétés, avaient établi de leur côté un camp sous la direction de Borel, sur l'habitation du même nom, au quartier des Verrettes. Borel, membre de l'assemblée coloniale, en congé alors, était connu par sa haine contre l'égalité. Homme à aventures, espèce de chevalier errant, détroussant amis et ennemis. Nous aurons occasion de le faire mieux connaître plus tard. Les blancs avaient encore un autre camp, celui de la *Saline*, d'où le nom de *Saliniers* à ses défenseurs. Ce dernier camp, établi et commandé par Pierre Dumontellier, ancien chirurgien, alors major-général de la garde nationale de Saint-Marc, fanatique comme Borel. Leurs déprédations soulevèrent les affranchis qui prirent soudainement les armes, battirent les blancs, le 7 août, à la Petite-Rivière, firent cent-cinquante prisonniers et allèrent camper à la *Crête-à-Pierrot*. Enhardis par le succès, ils tombèrent le lendemain sur le camp de Borel lui-même et s'en emparèrent : c'est avec peine que Borel se porte à la *Saline*, auprès de Dumontellier. Celui-ci, bien que défendu par deux forts garnis de dix-huit pièces d'artillerie, lève son camp le 10 en s'embarquant pour le Môle (1).

Tout était en armes parmi les affranchis. M. de Fontanges, *pompon-blanc*, c'est-à-dire ami des hommes de couleur, arriva à la Petite-Rivière où, le 14, les affranchis et les blancs signèrent par sa médiation un nouveau concordat sur les mêmes bases que ceux de la Croix-des-Bouquets. Les affranchis mirent en liberté les prisonniers qu'ils avaient faits, à la condition qu'on en agirait de même à l'égard de près de deux cents noirs et mulâtres libres qu'au Port-de-Paix on avait inopinément et préventivement arrêtés et transférés sur les navires en rade. M. de Fontanges venait sans doute de rendre un grand service à la colonie ; mais il restait encore beaucoup à faire. Aussi Pinchinat, qui depuis le licenciement de la confédération vivait dans la solitude et la douleur dans le canton du Mirebalais, vint mettre la dernière main et le cachet de son génie à l'acte de pacification. Des commissaires furent régulièrement nommés dans les quatre paroisses de la dépendance de Saint-Marc, savoir : de la part des blancs, pour la ville de Saint-Marc, MM. Boubé père et de Coigne ; pour la Petite-Rivière, MM. de Carné et Gallien de Préval ; pour les Verrettes, MM. Martineau et Pérés ; pour les Gonaïves, MM. Pongaudin et Lefèvre. De la

(1) *Mémoire* de Dumontellier, carton 77. ARCHIVES GÉNÉRALES.

part des affranchis, Pinchinat et Savary représentaient Saint-Marc ; Jean-Jacques Laplaine et Guiambois, la Petite-Rivière; Petit-Bois et Esnard, les Verrettes; Marie et Derouville cadet, les Gonaïves. Cette commission ouvrit ses séances à Saint-Marc, le 18 avril, sous la présidence de Pinchinat.

Le concordat du 14 est approuvé ; *Borel, Dumon-*
« *tellier, Nouguès, Pifaud, Parent jeune, Marie,*
« *Didier jeune et Guillet sont déclarés les principaux*
« *auteurs des derniers troubles; il leur est défendu*
« *d'entrer dans la dépendance de Saint-Marc, avant*
« *la constitution coloniale, sous peine d'être arrêtés*
« *et embarqués pour la France, pour y être jugés ; la*
« *municipalité des Gonaïves est maintenue; on en*
« *formera une nouvelle à la Petite-Rivière ; celle des*
« *Verrettes, que les brigandages de Borel avait forcée*
« *de se réfugier à la Saline, retournera à son poste: celle*
« *de Saint-Marc, qui avait établi ses séances à la Sa-*
« *line, sera reconstituée. Aucune troupe de ligne ne*
» *pourra tenir garnison dans les quatre paroisses coali-*
« *sées, sans la demande des municipalités. Il sera éta-*
« *bli, pour suppléer à la faiblesse des tribunaux, un*
« *conseil de guerre général. Ce conseil se conformera*
« *aux édits du roi sur les conseils de guerre. L'assem-*
« *blée coloniale et l'assemblée provinciale de l'Ouest*
« *seront dénoncées à la nation et au roi pour leurs*
« *méfaits.* » Ce traité fut expédié au roi, à l'assemblée

nationale, aux assemblées de la colonie, au gouverneur, à la commission et à toutes les paroisses avec invitation d'y accéder.

XLI. Roume, cette fois, approuva la nouvelle organisation des anciens confédérés. Son séjour dans la colonie lui avait enfin dévoilé la mauvaise foi des colons qui promettaient toujours de fixer l'état politique des affranchis, et qui n'en faisaient cependant rien. Voici la lettre de Roume à la coalition ; elle peint trop parfaitement l'état de la colonie, pour ne pas la rapporter ici :

« Cap, le 9 mai 1792.

« J'ai eu l'honneur, Messieurs, de recevoir votre lettre
« du 26, accompagnée des traités des 14 et 21 du mois der-
« nier.

« Les machinations qui ont empêché le succès des mesu-
« res conciliatoires et constitutionnelles de la commission na-
« tionale civile, le mépris atroce et ridicule dont on a ac-
« compagné les sacrifices auxquels les confédérés de la Croix-
« des-Bouquets s'étaient empressés de souscrire, l'usurpa-
« tion de tous les pouvoirs par l'assemblée coloniale, la con-
« fusion de toutes les autorités secondaires par la nullité du
« pouvoir exécutif; enfin la manifestation de projets aussi
« absurdes que désastreux, conduisaient la colonie à un tel
« excès de malheur, qu'il était douteux que la nation et le
« roi pussent être assez promptement avertis par MM.
« Mirbeck et Saint-Léger, pour sauver les débris fumants et
« sanglants de la colonie de Saint-Domingue. Le ciel a per-

« mis que l'excès du mal ait commandé le retour de l'ordre;
« et votre sainte union, si elle est adoptée, comme j'ose l'es-
« pérer, par toutes les paroisses, assure à jamais le bonheur
« de tous les Français de Saint-Domingue.

« Permettez, Messieurs, qu'en mon particulier je vous
« rende l'hommage le plus paternel. Comme organe de la na-
« tion et du roi, je vous recommande, Messieurs, d'avoir
« sans cesse devant les yeux que votre cause est celle de vingt-
« cinq millions de Français, auxquels vous devez compte de
« vos actions; vous serez dignes d'eux, dignes de vous mê-
« mes, si, ne vous départissant jamais des principes sacrés qui
« vous ont inspirés, vous vous montrez aussi généreux que
« vous êtes courageux; rétablissez et maintenez l'ordre et la
« tranquillité publique; mais oubliez en même temps et les
« injures qu'on vous a faites et tout le mal qu'on se préparait
« à vous faire. Ne souffrez pas qu'une aussi belle cause que la
« vôtre soit souillée par aucune scélératesse; soyez non seu-
« lement généreux et courageux, soyez plus encore, et que
« la charité pour votre prochain vous rende agréables ceux
« mêmes qui vous ont le plus outragés. »

Ah! si Roume avait tenu ce tenu ce langage dès 1791, que de malheurs il eût épargnés à la colonie! Mais il semble que la fatalité veuille que le bien ne puisse être engendré qu'à la suite de longues calamités.

Plaisance, le Borgne, la Marmelade, le Gros-Morne, Saint-Louis du Nord et Ennery furent les premières paroisses qui adhérèrent au nouveau traité.

XLII. Les choses en étaient là, quand le 12 mai,

la frégate l'*Inconstante* entra au Cap et donna la première nouvelle de la loi du 4 avril. Cette nouvelle jette la consternation parmi les blancs : la tristesse se peint sur toutes les figures ; la rage et le désespoir sont dans tous les cœurs ; tout présage des événements sinistres, et il sera difficile de prévoir comment se terminera la crise ; le seul espoir qui leur reste, c'est le défaut de sanction du roi. Mais le roi avait donné cette sanction. Le 28 mai parut l'aviso l'*Expédition*, portant officiellement la loi bienfaisante d'avril. Les lettres du ministre annonçaient l'arrivée prochaine des trois commissaires qui devaient en surveiller l'exécution. La joie des affranchis fut universelle. Alors l'assemblée coloniale déclara, mais six heures seulement avant l'entrée de l'aviso, et après trois jours de discussions, *qu'elle se soumettait d'avance au décret du 4 avril.*

Rapportons ici, pour donner une idée de l'orgueil en délire des membres de cette assemblée, un passage de la lettre de ses *commissaires de correspondance* (1) à *ses commissaires en France* (2) :

« Cap, le 7 juin 1792.

« Nous voilà donc en même temps les tristes victimes de la
« démocratie et de l'aristocratie ! Quel parti pouvons-nous
« prendre ? Nous sommes livrés au plus affreux désespoir. —

(1) Delaval, colon des Cayes, Allain, Chaudrue et Gaudin, du Nord.
(2) Page, Brulley.

« Se soumettre à la force n'est pas une lâcheté, mais bien une
« tyrannie de la part de celui qui l'exerce : voilà la position
« cruelle dans laquelle nous nous trouvons. Jamais, non ja-
« mais, sous l'empire le plus despotique, un peuple ne fut
« traité de la sorte !... Il était temps que l'assemblée colo-
« niale prononçât, ainsi qu'elle l'a fait, puisque la déclara-
« tion qui a été arrêtée, n'a précédé que de six heures le dé-
« cret *nul et inconstitutionnel* qui est arrivé officiellement
« par l'aviso *l'Expédition* de Brest en vingt-huit jours de tra-
« versée. CE DÉCRET A PORTÉ LE POIGNARD DANS LE CŒUR
« DE TOUS LES VRAIS COLONS DU CAP, QUI CONNAISSENT
« LEURS DROITS ET CE QUI CONVIENT AU PAYS QU'ILS HABI-
« TENT ; nous ne savons pas l'effet qu'il produira dans les au-
« tres parties de l'Ouest et du sud, où il a été envoyé offi-
« ciellement pour y être promulgué ; mais nous pensons
« qu'il y sera mal accueilli... Si tous les habitants avaient été
« réunis d'opinions, nous pensons qu'on aurait bien pu s'op-
« poser à l'exécution de cette funeste loi ; mais la désunion
« qui existe aurait augmenté nos maux... »

Cette lettre se commente suffisamment par elle-même. Il est vrai que la loi du 4 avril fut mal accueillie dans l'Ouest et le Sud ; à tel point que Roume fut bientôt obligé de se diriger vers ces deux contrées, afin de mettre à la raison l'aristocratie blanche. Il partit avec Blanchelande le 16 juin sur le vaisseau le *Jupiter*, portant le cap sur Saint-Marc.

XLIII. L'Artibonite jouissait alors d'un calme parfait, grâce à la présence de Pinchinat qui venait d'en mieux régulariser la position, en créant le Conseil de Paix et d'Union. Ce conseil, composé de députés tricolores, ouvrit ses séances le 30 mai ; et réalisant la pensée de son fondateur, elle s'occupait à faire exécuter la loi du 4 avril et à cicatriser les plaies de la guerre civile. Savary qui, quoique maire de Saint-Marc, commandait la force armée, secondait puissamment les vues du conseil. C'est dans cet état satisfaisant que Roume et Blanchelande trouvèrent Saint-Marc, où ils débarquèrent le 23, à trois heures de l'après-midi (¹). Ils y rencontrèrent le fameux Borel, que M. de Grimouard avait capturé la veille, et voici comment : Borel après la débâcle de son fort aux Verrettes, avait été reprendre son siége à l'assemblée coloniale. Mais le Port-au-Prince n'avait pas voulu laisser ce batailleur dans le repos ; on l'y avait élu commandant de la garde nationale en remplacement de Caradeux. Il se rendait donc à son nouveau poste, escorté par le navire *l'Agathe* monté de 20 canons et d'un autre bâtiment monté de 14, tous deux chargés de gardes soldés et de blancs de bonne volonté. Il fut amariné par le *Borée* et conduit à Saint-Marc avec sa flotte. Blanchelande fit conduire le grand agitateur à la geôle ; la sénéchaussée commença l'instruction de son affaire, malgré son inviolabilité qu'il invoquait fort, comme *représentant de la colonie*(²).

(1) *Rapport* de Roume du 28 janvier 1793, page 22.
(2) Lettre du 5 juillet 1792 des *commissaires de correspondance* aux commissaires en France.

XLIV. Blanchelande n'avait accompagné Roume que pour demander au Conseil de Paix et d'Union quelques forces, afin de mettre en sécurité le cordon de l'Ouest que les esclaves du Nord, étaient à la veille de franchir. Son intention était donc de repartir promptement pour le Nord. Mais Pinchinat, au nom du conseil, demanda qu'au préalable, le gouverneur fît rentrer les proscrits du Port-au-Prince dans leurs foyers; car bien que la loi du 4 août y fût publiée, « il était impossible d'y faire
« rentrer et demeurer les expatriés, sans les exposer à
« de nouvelles perfidies, à moins de déployer la force pu-
« blique contre la ville, d'en expulser les plus dange-
« reux et d'y placer une importante garnison de con-
« fédérés.

« Il fut réglé que les vaisseaux le *Jupiter* et le *Borée*
« l'un et l'autre de 74, le navire l'*Agathe* et quelques
« petits bâtiments, ayant à leur bord des expatriés de
« toutes couleurs, en imposeraient au Port-au-Prince
« par une force maritime, tandis qu'on rassemblerait au
« bourg de la Croix-des-Bouquets, et aux camps *By-*
« *zoton* et *Volant*, deux armées de citoyens tricolores
« de l'Ouest et du Sud, pour en imposer également
« du côté de la terre (¹). »

Or, Blanchelande fit voile le 22 pour le Port-au-Prince. Le 23, Roume, escorté par un détachement com-

(1) *Rapport* de Roume précité, pages 25 et 26.

mandé par Lapointe, partit par terre. Ce ne fut qu'à la Croix-des-Bouquets qu'il s'embarqua pour rejoindre Blanchelande, rendu déjà en rade. Beauvais était à la Croix-des-Bouquets, à la tête de tous les anciens confédérés qui s'étaient empressés de se rallier à lui. Rigaud, mandé de la *Plaine-du-Fonds*, était à *Byzoton*, à la tête d'une force imposante : tous deux prêts à fondre sur la place. Mais la sagesse de Roume empêcha d'éclater aucun désastre. Le 5 juillet, à sept heures du matin, les deux armées firent leur rentrée : Blanchelande, accompagné de deux officiers municipaux, fut au portail *Saint-Joseph* recevoir la colonne de Beauvais, et Roume, avec deux autres municipaux, au portail de *Léogane,* recevoir celle de Rigaud (1). La tenue des confédérés était calme et pleine de dignité. Comme ils l'avaient promis à Roume, aucune récrimination ne sortit de leur bouche. Beaulieu même qui pleurait encore sa femme, avait donné au commissaire sa parole de ne pas chercher à se venger, s'il rencontrait les meurtriers (2).

Roume fit néanmoins arrêter une dizaine de dangereux meneurs, parmi lesquels l'horrible Praloto (3).

(1) M. Ardouin, dans sa Chronologie d'Haïti, semble à tort donner à penser qu'on se serait battu avant d'entrer au Port-au-Prince. *Géographie de l'île d'Haïti.*

(2) Rapport précité, page 35.

(3) Praloto fut envoyé à Saint-Marc sur l'*Agathe*. A peine le navire y était-il mouillé que le prévôt de la maréchaussée, Roi de Larange, qui tenait en parti, des *pompons-blancs*, dont Praloto avait

Il fit plus : il embarqua, sur la demande des confédérés, le 9ᵉ régiment, ci-devant *Normandie* ; le 48ᵉ ci-devant d'*Artois*, devait partir de près. Il força les acteurs de la *Sainte-Cécile* à restituer aux hommes de couleur tous leurs objets mobiliers qui leur avaient été enlevés dans cette néfaste journée (1). On songea un instant à fondre les anciens confédérés dans la garde nationale. Mais l'idée de servir dans les mêmes rangs que leurs ennemis, répugnait tant aux affranchis, que le général Blanchelande se contenta d'en former quatre compagnies soldées dont Lambert fut nommé capitaine-général. Beauvais donna en cette circonstance un rare exemple de désintéressement; il refusa le commandement supérieur de ces compagnies ; et après avoir désigné Lambert, son vieil et vénérable frère d'armes au choix de Blanchelande, il entra lui-même comme simple fusiller dans les grenadiers du même corps. Cette milice se donna un conseil d'administration sous le titre de Comité militaire des citoyens de couleur et nègres libres, en garnison au Port-au-Prince, dont Daguin fut nommé président, et Plaisance, secrétaire. Les autres membres étaient Beauvais, Bleck, P. Caffé, A. Leprestre, Pétion, Remy, Lapommeraye aîné, Lafontant, Prunier, Bois-

---

été un ennemi acharné, fut le prendre sous le prétexte de le conduire à la geôle. La nuit était venue ; au milieu des ombres, Praloto fut assassiné et jeté dand les flots. Nuit du 9 au 10 juillet.

(1) Rapport précité.

sie, Doyon jeune, Malique, Raoul, Lausié, Jean Hulysse, Coulon et Lundy (¹).

XLIV. Tandis que Roume s'évertuait à concilier les esprits dans l'Ouest, Blanchelande partit pour le Sud. Mal accueilli à Jérémie, qui ne voulut jamais reconnaître la loi du 4 avril, il se dirigea aux Cayes où cette loi commençait à être exécutée, car on n'y avait fait nulle difficulté de recevoir Rigaud et ses compagnons, et de les caserner. Blanchelande fit son entrée aux Cayes le 25 juillet. Et comme les esclaves révoltés, sous la conduite d'Armand Bérault aux *Platons* et de Martial Pémerle au *Boucan-Tuffet*, promenaient partout, aussi bien que ceux du Nord, le fer et le feu, l'assemblée provinciale et la municipalité pressèrent tant Blanchelande, qu'il marcha contre les *Platons*. Les troupes ne donnèrent pas simultanément; aussi la première colonne fut battue le 6 août, la seconde le 7, et la troisième le 8. Blanchelande perdit dans cette affaire deux cents hommes. Rigaud y avait déployé sa vaillance. Le malheureux Drenck, capitaine au régiment de *Berwick*, fut fait prisonnier. Sa tête, décollée et plantée au haut d'une pique, surmontée d'un pavillon blanc trempé dans le sang, glaça Blanchelande d'épouvante.

Blanchelande, rentré en ville, fut abasourdi des cris, des plaintes et des reproches immérités de la population

(1) Lettre dudit comité à Roume du 14 septembre 1792.

blanche. Il repartit le 9 pour l'Ouest, laissant le Sud dans un état de trouble et de confusion difficile à décrire.

Tels étaient les événements qui venaient de s'accomplir dans l'Ouest et dans le Sud de la colonie, quand la nouvelle commission civile débarqua au Cap le 17 septembre. Alors finit la pénible, mais glorieuse mission de Roume. Il s'embarqua au Cap le 5 octobre, et arriva à Marseille le 18 décembre (1).

(1) Rapport précité, pages 51 et 52.

LIVRE TROISIEME.

Portrait de Sonthonax et de Polvérel.—Commission intermédiaire. — Premier voyage de Polvérel dans l'Ouest et le Sud. — Canonnade du Port-au-Prince.—Organisation de la *légion de l'Ouest*. —Arrivée de Galbaud.—Incendie du Cap.—Affaire du *camp Desriveaux*.—Proclamation de la *liberté générale*.—Invasion anglaise. —*Coalition* de Saint-Marc.—Perte du Port-au-Prince. —Départ des commissaires.—Arrestation de Montbrun.

I. La nouvelle commission se composait de MM. Sonthonax, Polvérel et Aillaud. Chargée de faire exécuter dans toutes ses conséquences la loi du 4 avril, elle était accompagnée de quatre mille hommes de garde nationale, de deux mille hommes de la ligne et de quatre généraux. Ces généraux, c'étaient d'Esparbès, d'Hynisdal, de Lassalle et de Montesquiou de Fesenzac.

Sonthonax, jeune, turbulent, tracassier comme la plupart des membres de la société des Jacobins, dont il faisait partie, avait plus de volonté que de persévérance, de colère que d'énergie, d'entêtement que de caractère, de prévention que de discernement. Le cœur porté aux choses généreuses, il était cependant incapable de les poursuivre, car la mobilité de son esprit donnait à chaque instant une nouvelle direction à sa conduite. Polvérel était, en tout, le contraire de Sonthonax; âgé déjà, il avait néanmoins le cœur d'un jeune homme ; froid par tempérament, mais énergique dans ses actes, il ne donnait rien à l'inconséquence ; le corps malade, mais l'intelligence sereine, l'âme forte, n'écoutant jamais les passions, toujours guidé par la raison, il voyait autour de lui s'amonceler l'orage, sans s'en émouvoir, et savait détourner la foudre près d'éclater. Le premier se laissa circonvenir par toutes les factions, tout en croyant les diriger; le second les dirigeait sans laisser voir qu'il les dominait. Aussi le premier laissa-t-il sur la terre de Saint-Domingue une réputation odieuse, tandis que l'autre y est encore vénéré ; tous les deux étaient philantropes, mais à des points de vues différents. Sonthonax crut un instant que les noirs pouvaient se civiliser à eux seuls, — quand l'expérience de l'histoire nous enseigne que ce n'est que par le croisement des races que les peuples progressent. Polvérel, au contraire, travailla pour ramener tous les cœurs à la fusion et à la fraternité ; chaque fois que Polvérel perdait Sonthonax de vue, c'était une faute dont la colonie devait avoir à gémir, et quelque chose de téméraire qu'il fallait pallier et adoucir. Polvérel, au contraire, qu'il fût seul ou avec son collègue, loin d'agiter les passions, ramenait la concorde et assurait un meilleur lendemain.

Je ne dirai rien d'Aillaud, car il ne fit que passer sur

le théâtre de la colonie ; la violence des chocs politiques auxquels il assistait lui fit oublier ce qu'il devait à lui-même et à la mère-patrie ; il repartit clandestinement. Tels étaient les hommes qui furent chargés de pacifier l'infortunée *reine des Antilles*. Quant aux quatre généraux qui arrivèrent avec la commission, Montesquiou devait prendre le commandement du Sud, d'Hynisdal celui du Nord, de Lassalle, celui de l'Ouest. D'Esparbès n'était là que pour prendre le gouvernement général en cas de vacance. Trois hommes qui devaient jouer un rôle important faisaient aussi partie de l'expédition : c'étaient Laveaux, lieutenant-colonel aux dragons d'*Orléans* (36ᵉ régiment), Desfourneaux, lieutenant-colonel au 3ᵉ bataillon du *Pas-de-Calais* (48ᵉ de ligne), et Montbrun, mulâtre, commandant aide-de-camp de d'Esparbès. Antoine Chanlatte et Viart, que nous avons vus députer en France qui, par leurs écrits, avaient contribué à l'obtention du décret du 4 avril, revinrent par la même occasion jouir du bonheur de leurs concitoyens. Dubourg et l'abbé Ouvière restèrent dans la mère-patrie.

II. La commission s'installa le 20 septembre dans l'église du Cap. Les assemblées coloniale et provinciale, la municipalité, la garde nationale, les troupes de ligne, assistaient à la solennité. Comme la pensée générale était que cette commission ne venait que pour abolir l'esclavage, les discours ne roulèrent guère que sur cette matière. Le fougueux d'Augy présidait alors l'assemblée coloniale. Bâtissant l'hypothèse de l'émancipation des esclaves, « vous ne pourriez, dit-il aux commissaires, « sans joindre à l'injustice la plus criante une barbarie « féroce et homicide, vous dispenser de reporter ces es- « claves aux lieux où les ont pris vos FRÈRES LES EURO- « PÉENS ; car enfin nos terres sont un genre de propriété « qui apparemment n'a rien d'incompatible avec la con- « stitution française, et personne ne peut nous imposer « la loi d'y souffrir des êtres que la liberté mènerait « tout de suite au vagabondage, au pillage, à la dévas- « tation et à l'assassinat. » Ce discours outrageait du commencement à la fin la commission, la métropole et l'humanité.

Sonthonax se hâta de rassurer les esprits sur le but de la mission : il déclara « que jamais l'intention de l'as- « semblée nationale n'avait été d'abolir l'esclavage..., « et que si cette assemblée égarée en provoquait l'abo- « lition, ils (les commissaires) juraient de s'y opposer « de tout leur pouvoir. » Polvérel se contenta de décla- rer que le cas échéant, « il abdiquerait sur le champ toute « mission et remettrait à la nation tous les pouvoirs « qu'elle lui a confiés, plutôt que de se rendre complice « d'une erreur aussi funeste à la colonie. » La commis- sion ne borna pas là ses protestations ; elle déclara dans sa proclamation du 24 septembre « que l'esclavage est « nécessaire à la culture et à la prospérité des colonies ;

« qu'il n'est ni dans les principes, ni dans la volonté de
« la nation de toucher à cet égard aux PROPRIÉTÉS des
« colons… NOUS MOURRONS PLUTÔT QUE DE SOUFFRIR L'EXÉ-
« CUTION D'UN PROJET ANTI-POPULAIRE. » Cette même proclamation déclarait en outre que « les commissaires ne
« reconnaîtraient désormais que deux classes d'hommes
« dans la colonie, les libres sans aucune distinction de
« couleur et les esclaves. »

III. La commission, après avoir tranquillisé les esprits, entra énergiquement dans sa carrière administrative. Blanchelande lui fut dénoncé comme contre-révolutionnaire par ces mêmes colons aux préjugés desquels il avait sacrifié Ogé et ses compagnons ; elle ordonna le 27 septembre son arrestation et son embarquement sur la frégate la *Précieuse* (1). D'Esparbès fut appelé au commandement. Mais, général dévoué à la cour, on prétend qu'à la nouvelle des événemens du 10 août, il chercha à opérer un mouvement contre-révolutionnaire ; il fut destitué et forcé de s'embarquer. D'Hynisdal le remplaça un instant. Bientôt on lui substitua le jeune Rochambeau qui, repoussé par les colons de la Martinique dont il devait prendre le commandement, était venu s'abriter au Cap. Au milieu de cette évolution de généraux, la commission supprima le 12 octobre l'as-

(1) Blanchelande partit le 20 octobre. Il porta sa tête à l'échafaud le 15 avril 1793.

semblée coloniale. Cette assemblée, qui restera funèbrement célèbre dans nos annales, fut remplacée par une autre assemblée de douze membres, à laquelle on donna le nom de *Commission intermédiaire*. Elle devait faire les lois jusqu'à la convocation d'une nouvelle assemblée coloniale, nommée sous l'empire de la loi du 4 avril. Il fallait beaucoup de prudence dans l'accomplissement de cette mesure. Aussi vit-on la commission donner des louanges à la factieuse assemblée qui, disait la proclamation, « haïssait les tyrans et la tyrannie, et « qui n'avait été souvent entraînée que par les passions « populaires. » L'assemblée coloniale, après avoir donc désigné, aux termes de la proclamation, six de ses membres pour faire partie de la commission intermédiaire, d'Augy et Gerbier, pour le Nord, Raboteau et Chotard, pour l'Ouest, de Laval et Couturier des Flottes, pour le Sud, ferma ses séances le 13 octobre. Boisrond jeune et François Raymond, pour le Sud, Jacques Borno et Pinchinat pour l'Ouest, Castaing et Latortue pour le Nord, furent appelés à compléter la nouvelle législature.

Cette législature ouvrit ses travaux le 23, sous la présidence de Pinchinat : alors une ère nouvelle commençait à briller pour ma race ; on atteignait presqu'à la précieuse égalité des droits politiques.

IV. Ces actes capitaux n'avaient pas empêché les représentants de la Métropole de chercher à comprimer la désastreuse révolte des esclaves dans le Nord. Mais leurs démarches furent vaines; les succès de l'armée presque nuls. Ils songèrent à se diviser leur laborieuse mission : Polvérel et Aillaud partirent le 29 octobre pour le Port-au-Prince, d'où le dernier se dirigea aux Cayes. Mais dans la traversée, réfléchissant aux terribles évènements dont l'île présentait le spectacle douloureux, voyant l'avenir sous des couleurs plus sombres, Aillaud changea de destination et se rendit en France.

V. Polvérel fut accueilli au Port-au-Prince par les acclamations de la population colorée; il crut y voir la paix et la concorde. On avait, il est vrai, réorganisé la municipalité ; on y avait même fait entrer Chanlatte aîné, mulâtre. Mais il y avait deux gardes nationales ; celle des blancs, dont Borel qui, paraissant revenir à de meilleurs sentiments et ayant été élargi des prisons, avait le commandement général, et celle des affranchis. Polvérel songea à amalgamer les deux corps. La municipalité arrêta le 8 décembre, que les affranchis, appelés alors *citoyens du 4 avril*, viendraient solennellement déposer dans le sein de son hôtel le drapeau qu'ils avaient arboré le 21 août à la célèbre réunion de *Diègue*. La cérémonie fut fixée au 10; ce jour là, toute la commune était assemblée. Beauvais, à qui on avait rendu le commandement des anciens confédérés, marchant à la tête de ses compagnons, partit du *fort-Robin* où le corps était cantonné, traversa la ville au son du tambour, au milieu de l'attendrissement général des affranchis de toutes couleurs, de tout âge et de tout sexe, et vint se mettre en bataille devant la municipalité.

Chanlatte fils, plus connu sous le nom de Juste Chanlatte (1), sortit des rangs; et, introduit dans le sein de la municipalité, il annonça l'objet de la mission du détachement. La municipalité dont M. Borgella était maire (2) envoya une députation au devant de Beauvais. Ce consécrateur alors si noble de nos libertés, pressant le drapeau contre son cœur, précédé et suivi de guides, pénétra, pendant que le tambour battait *aux champs*, dans la salle des séances : « Messieurs, dit Beauvais, « nous venons déposer avec autant de confiance que « d'empressement dans le sein des représentants de la « commune du Port-au-Prince, le drapeau sous lequel « nous avons éprouvé de longs malheurs, sans néan- « moins, l'avoir jamais abandonné. Notre attachement « et notre fidélité à ce drapeau doivent être un sûr ga- « rant de notre conduite à venir pour le soutien des

(1) Chanlatte jeune, fils de Chanlatte aîné et neveu d'Antoine Chanlatte, naquit à Jacmel; il fut élevé en Europe. Il parvint sous la monarchie de Christophe au grade de général de brigade, comte de Rosier. Il mourut en 1828.

(2) Borgella, père du général mulâtre du même nom, était européen. Il mourut à Bordeaux.

« drapeaux de la garde nationale dont nous faisons
« partie.

« Puissent tous les citoyens que vous représentez
« être convaincus de notre désir ardent de coopérer
« avec eux au rétablissement d'une paix qui nous est
« nécessaire à tous, et de notre attachement à poursui-
« vre tous les ennemis d'une révolution qui doit nous
« rendre tous très heureux.

« C'est dans ces sentiments que nous vous appor-
« tons notre bannière ».

Le maire répondit: « La municipalité reçoit avec
« loyauté le drapeau que vous avez demandé la permis-
« sion de déposer dans son sein; elle reçoit aussi avec
« plaisir le serment que vous faites, de mourir pour la
« patrie, en marchant sous celui qui nous a réunis tous.
« Nous croyons que les dispositions de valeur et de pa-
« triotisme que vous annoncez en ce moment seront
« constamment soutenues de cet esprit de confiance
« qui fera notre force et surtout d'une soumission en-
« tière à la loi, si nécessaire pour le maintien de l'or-
« dre et d'une bonne et exacte discipline. »

Le drapeau fut appendu aux voûtes de l'hôtel. Le
maire, accompagné des officiers municipaux et du procureur de la commune, reconduisit Beauvais; du haut
du perron, il donna aux confédérés une nouvelle lec-

ture de son discours (¹). Alors ceux-ci retournèrent à leurs quartiers aux cris de *vive la liberté* ! A partir de cette époque, ils marchèrent avec la garde nationale. Mais bientôt, mécontents d'être obligés de servir à côté des blancs, surtout sous les ordres de Borel qui s'était tant prononcé contre eux dans l'Artibonite, les confédérés s'éloignèrent insensiblement, se dispersèrent et rentrèrent chez eux. Ce qui ne contribua pas peu à cet éloignement de service public, ce furent les dégoûts dont ils furent abreuvés à l'instigation des colons qui, méditant déjà de renouveler leurs fureurs, ameutaient les Africains contre les affranchis. On vit même un de ces Africains, *Cayman*, le bien nommé, poursuivre à coups de sabre, des hommes inoffensifs, en poussant ces horribles cris : « Coupez cou, tuez, tuez ; il faut que vous finissiez aujourd'hui, Messieurs les mulâtres ! » Ces attentats restèrent impunis, malgré la dénonciation qu'en fit à la municipalité le vertueux Lambert.

VI. Polvérel était alors aux Cayes. Après avoir vainement tenté de faire rentrer à Jacmel les affranchis, qui en avaient été expulsés, il organisa une nouvelle marche contre les *Platons*. Cette marche, confiée au lieutenant-colonel Harty, commandant du 3ᵉ bataillon de l'*Aube* et de la province, eut tout le succès désirable:

---

(1) Extrait des Registres de la municipalité du Port-au-Prince. ARCHIVES de la marine.

le camp des *Platons* fut emporté le 22 janvier 1793 ; les esclaves ou tués ou dispersés. Sans la mauvaise volonté des colons, surtout des prétendus corps populaires, l'insurrection ne pouvait de long-temps lever la tête.

VII. Les grands évènements qui s'accomplissaient dans la métropole n'avaient pas peu contribué à augmenter l'énergie naturelle des deux commissaires. Le peuple avait dans la nuit du 9 au 10 août, vaincu la royauté. A l'assemblée législative avait succédé la CONVENTION NATIONALE. La nouvelle assemblée, qui dès sa première séance, le 21 octobre 1792, avait aboli la monarchie, le 21 janvier suivant, faisait rouler sur l'échafaud la tête de l'infortuné Louis XVI. La nouvelle de cette catastrophe arriva au Cap le 9 mars par l'*Aimable-Désirée* de Bordeaux. Elle causa une douloureuse sensation, surtout parmi les noirs qui ne comprenaient alors d'autre mode de gouvernement que le gouvernement d'un seul. Les blancs pensaient avec raison, qu'avec les principes républicains, l'esclavage touchait à son terme. Aussi, ceux qui étaient à Londres s'empressèrent-ils dès le 25 janvier de proposer au gouvernement anglais de lui livrer la colonie.

Dans la colonie le parti de l'indépendance avait relevé la tête. Borel en était l'âme au Port-au-Prince ; déjà dès le 25 janvier se couvrant du manteau du patriotisme, il avait fait incarcérer son major-général M. de Jumécourt et le maréchal-de-camp Coustard, commandant de la province (¹), comme des *pompons-blancs* dévoués à la royauté. — Il s'était enfin revêtu de l'autorité suprême. Il se sentait si bien secondé par la municipalité, qu'il poussa l'audace jusqu'à consigner le général Lassalle, parcequ'il le pensait un obstacle à ses vues criminelles. Polvérel et Sonthonax apprirent l'un dans le Sud, l'autre dans le Nord, la conduite de Borel. Sonthonax suspendit aussitôt toute expédition contre les esclaves ; délégua une partie de ses pouvoirs à la commission intermédiaire ; et le 27 février au matin il s'embarqua sur le vaisseau l'*America*, avec cent hommes d'infanterie. Desfourneaux et cinquante dragons d'*Orléans*, devaient le rejoindre par terre à Saint-Marc. Déjà Pinchinat était dans cette dernière ville depuis plusieurs jours avec la mission de lever en masse tous les affranchis de l'Artibonite. Sonthonax débarqua le 2 mars ; le 21, Lasalle, qui s'était évadé du Port-au-Prince, vint s'unir à lui. Les rapports de Lasalle ne lui laissèrent plus aucun doute sur les dangers de la situation. Il déclara ce même jour, 21 mars, les gardes nationales des quatorze paroisses de l'Ouest, en réquisition permanente. « Les intérêts de la France sont

(1) Cet infortuné vieillard, grand-père de Coutillien, qui fut tué à la bataille de Cibert, mourut dans sa captivité.

« menacés ; les royalistes et les indépendants ont uni
« leurs forces au moment d'une guerre étrangère ; il
« faut prévenir les mouvements intérieurs. La haine
« contre les citoyens du 4 avril est à son comble : à
« Jérémie, on a armé les esclaves contr'eux ; on les a
« forcés de fuir avec leurs femmes et leurs enfants.
« C'est au Port-au-Prince surtout que se trouve le siége
« de ces audacieux criminels, où domine avec fureur
« cette insolente faction, tant de fois proscrite par les
« représentants du peuple Français ; couverte encore
« du sang que ses prétentions erronées ont fait répan-
« dre ; rivale et à jamais l'ennemie de l'ancien gou-
« vernement, calomniant sans cesse la révolution fran-
« çaise, etc. »

Polvérel n'avait pas été moins inquiet que Sonthonax des manœuvres du Port-au-Prince ; dès le 19, il était parti des Cayes sur la frégate la *Fine* pour s'y rendre : mais en vue de Léogane, une barge d'affranchis lui annonça qu'il y avait tout à craindre pour lui dans cette ville. Il porta cap sur Saint-Marc où il entra le 27 (1). Sonthonax et Lassalle le reçurent au rivage. Ce fut un spectacle attendrissant que la rencontre des deux délégués, d'autant plus attendrissant qu'il s'était élevé des nuages entr'eux à l'occasion de la loi du quart de subvention que Sonthonax avait promulguée dans le Nord, et dont Polvérel avait défendu l'exécution

(1) Lettre de Sonthonax à Laveaux du même jour.

dans le Sud. Les dangers que courait la colonie les rapprochèrent alors ; ils s'embrassèrent avec une éloquente émotion.

VIII. L'expédition contre le Port-au-Prince fut définitivement arrêtée : le général Lasalle devait rallier toutes les gardes nationales de l'Artibonite, de l'Arcahaye, de la Croix-des-Bouquets, et se porter à *Drouillard*. Beauvais avec toutes les gardes nationales de Miragoâne, Petit-Goâve, Jacmel, Léogane et celles du Port-au-Prince, qui dès les nouveaux troubles s'étaient retirées de cette ville, avait ordre de se porter à *Byzoton*; tandis que l'escadre commandée par le contre-amiral Truguet, et composée de l'*América*, de la *Fine*, de la *Précieuse*, de la gabarre la *Normande*, des bricks l'*Expérience* et le *Cerf*, bloquerait le port. On se mit en marche le 3 avril.

IX. Les meneurs de Port-au-Prince prévoyaient cet orage ; aussi, trois mille cultivateurs travaillaient à fortifier cette ville (1), quand l'escadre parut le 4 avril. Cette escadre entra dans la petite rade ; tous les bâtiments se retirèrent dans la grande. La colonne de gauche, commandée par Lassalle, campa à *Saint-Martin*, au *Morne-Pelé* et à *Drouillard* où ce général établit son quartier-général. Cette colonne était composée de cinquante dragons d'Orléans, de cent hommes de la

(1) Journal inédit précité.

ligne, de cinq cents, tant à pieds qu'à cheval des paroisses de Saint-Marc, des Gonaïves, de la Petite-Rivière et des Verettes, de trois cents de l'Arcahaye, de deux cents du Mirebalais, de vingt-quatre canonniers. Ces vingt-quatre canonniers, commandés par Pétion, conduisaient quatre pièces de canon, dont deux de 4 et deux de 2. Pétion établit sa batterie sur le *Morne-Pelé* et se disposa à canonner le *fort-Robin*.

Un détachement de cent hommes, moitié à pied, moitié à cheval, commandé par Desfourneaux, fila, pendant la nuit par la gauche et alla occuper l'endroit où se trouve aujourd'hui le *fort-Alexandre*. Ce détachement étendit ses vedettes jusqu'au chemin de la *Charbonnière*.

La colonne de droite, commandée par Beauvais, composée de six cents hommes dont, douze canonniers conduisant une pièce de 4, partit de Léogane, appuya sa gauche à *Byzoton*, et étendit sa droite jusqu'au chemin de la *Charbonnière*[1].

Dans la journée du 4, les bâtiments s'embossèrent ; la commission envoya un parlementaire porter ses propositions à la municipalité à qui elle accorda trois jours pour se décider. Elle demandait l'introduction de l'armée, la réddition des forts et le désarmement des habitants[2].

---

[1] *Ordre général de l'armée*; ARCHIVES GÉNÉRALES.
[2] *Rapport* de Garan de Coulon, tome 3, page 334.

Borel, qui avait mis la ville sur un pied redoutable de défense, s'opposa à toute conciliation : il pouvait avoir sous ses ordres plus de trois mille hommes, tant de gardes nationaux que d'Africains. Ce ne fut que le 10 à cinq heures du matin que les commissaires, fatigués de vaines négociations, ordonèrent le *branle-bas*. *L'America*, embossé devant la partie-sud, à l'entrée de la *Rade des négriers*, devait battre le fort *Saint-Clair* ; la *Fine* et la *Précieuse*, embossées au Nord-est, devaient battre le fort *Saint-Joseph*. A bord de *l'America* se trouvaient les commissaires. Au moment où le feu allait commencer, l'équipage du dernier vaisseau vint déposer aux mains des commissaires une pétition dans laquelle il leur exposait « que, chers à la Patrie, ils
« avaient des comptes à rendre à la Convention ; qu'ils
« ne devaient pas exposer leurs jours ; qu'ils étaient
« priés de s'embarquer sur un bâtiment de service, hors
« de tout danger. Les commissaires remercièrent l'équi-
« page de sa démarche ; mais ils déclarèrent qu'ils
« mourraient à leur poste. Cette réponse fut accueillie
« avec de grands applaudissements et aux cris de *vive*
« *la nation ! vive la république !* » [1]

Le combat commença à huit heures du matin et dura jusqu'à deux heures et demie [2]. Polvérel et Son-

---

[1] *Journal de bord de l'America*, ARCHIVES GÉNÉRALES, carton 52.
[2] Lettre de Sonthonax à Laveaux, du 14 avril 1793.

thonax, en grand costume, se promenaient pendant l'action sur le gaillard d'arrière. *L'America* reçut plusieurs boulets rouges dans ses porte-haubans, où même le feu prit. On parvint à l'éteindre (¹). Une des premières victimes des fureurs de Borel fut son frère Augustin. Ce dernier se portait partout où le danger était le plus terrible, tandis que, l'autre couché sur un matelas dans la salle de la municipalité, ne s'occupait qu'à dominer et paralyser les volontés de quelques hommes de bien. Un boulet emporta son cheval, et lui enleva les deux jambes. Ce même boulet tomba sur un cabrouet qui portait des gargousses et le fit sauter ; cette explosion occasionna celle d'un autre cabrouet, aussi chargé de gargousses. La fatalité poursuivait Augustin ; porté dans une maison, un boulet vint fracasser le dossier de son lit. Il demanda à être transporté dans un fossé ; à peine y était-il qu'un troisième boulet le couvrit de terre ; on se hâta de le secourir, mais il venait d'être étouffé (²).

Pétion du *Morne-Pelé* canonnait le *fort-Robin* que défendait un nommé Jamain, commandant un bataillon de la garde nationale (³). Tout était préparé pour donner l'assaut, quand Borel, Binsse et leurs aides-de-camp sortirent à quatre heures du soir pas la porte du *Petit-Paradis* ; escortés de trois ou quatre cents esclaves qui

(1) Journal précité.
(2) Mémoires inédits de M. Dat, communiqués par lui-même.
(3) Lettre de Montbrun à Raymond, du 2 mai 1793.

venaient de s'illustrer avec eux, ils se dirigèrent à Jacmel, où la municipalité les accueillit honorablement et les fit partir pour la Jamaïque. Ils avaient couru dans cette fuite les plus grands dangers, à travers les rochers et les précipices les plus affreux, que jamais pied humain ait foulés.

La municipalité ouvrit les portes de la ville au général Lasalle. S'il faut en croire Sonthonax, il ne perdit que deux hommes dans cette terrible canonnade[1]. D'après Montbrun, la ville en aurait perdu quatre-vingt-douze. La commission ne fit sa descente que le 14 à neuf heures du matin. Desfourneaux fut nommé commandant de la place, Beauvais, de la garde nationale. Cinq à six cents boute-feux furent arrêtés et bientôt mis en liberté, à l'exception de deux cent cinquante, parmi lesquels figuraient le maire Lerembourg, Caradeux Lacaille, (l'aîné s'était embarqué quelque temps auparavant avec beaucoup de ses esclaves pour la Nouvelle-Angleterre) Senac, Clausson, la fameuse Mme Martin, ses dignes acolytes, Mmes Vidron, Pomié, Magnan, quatre blanches célèbres par leurs forfaits. La commission traita la ville en pays conquis ; elle la frappa d'une contribution de 450,000 francs payables dans trois jours sous peine de vente mobilière et immobilière, comme aussi d'emprisonnement ; elle ne recouvra réellement

_____
(1) Lettre à Génet, du 8 mai 1793.

qu'un tiers de cette somme. Elle arrêta, le 19, la réorganisation de la garde nationale, le licenciement des anciens artilleurs de Praloto et la formation de la Légion de l'Ouest, dite de l'*Egalité*.

X. L'établissement de cette Légion légalisa enfin l'armement des anciens confédérés. C'est dans la maison de Beauvais que les volontaires vinrent s'inscrire.

Cette légion fut divisée en trois armes : infanterie, cavalerie et artillerie. D'abord, au 10 mai, comme il n'y avait encore d'inscrits que cent soixante-dix-sept volontaires, la commission ordonna qu'ils fussent mis de suite en activité, en en attendant l'organisation définitive. Parmi ces cent soixante-dix-sept volontaires, trente-six avaient embrassé l'arme de l'infanterie, soixante-dix-neuf, celle de la cavalerie, et soixante-trois, celle de l'artillerie. La cavalerie et l'infanterie, provisoirement réunies, formèrent deux compagnies : Guillaume Bleck fut nommé capitaine de la première ; Gajack, lieutenant ; Rebel Gentil, sous-lieutenant ; Leprestre, Daguin fils, Louis Charles Hitier, Lebrun et Ludowick, sergents ; Charles-Dominique Labbé, Letellier et Louis Germain, caporaux. Pierre Tessier fut nommé capitaine de la deuxième compagnie, Joseph Brunache lieutenant et Marion, sous-lieutenant ; Mahotière, Gauthier, Richard Gaudet et Riche Durivage, sergents ; Réné Mahuet, Jean Dupuis, Michel Papillot et Pans-Pareil, caporaux. Pétion fut nommé capitaine de l'artillerie ; Lys lieutenant et Dupuche, sous-lieutenant; Desrivière, Déjean, Pons, Langlade, sergents ; Petit-Breuil, caporal. A l'exception de Bleck qui avait quarante-huit ans, de Daguin qui en avait quarante, de Mathieu Mathazar qui en avait trente-neuf, cette légion n'était composée que de jeunes hommes. Quelques uns même touchaient encore à l'adolescence : ainsi Casimir Mercier et Marin Dandare n'avaient que quinze ans. La généralité comptait de dix-sept à vingt ans. Tous étaient destinés à se rendre célèbres, et la plupart à se couvrir d'une immense gloire à laquelle il n'a manqué jusqu'à présent pour briller d'un immortel éclat que le pinceau des peintres et le burin de l'histoire.

Les officiers furent nommés le 12 mai ; le 13, l'adjudant-général Montbrun, à qui Sonthonax avait donné le commandement de la province de l'Ouest, en remplacement de l'infortuné maréchal de camp Coustard mort en prison sous le régime de Borel, fit assembler la garde nationale et la ligne sur la *Place du gouvernement*. Là, en présence de la garnison, chaque légionnaire « jura d'être fidèle à la république française ; de main-
« tenir de tout son pouvoir les décrets qui ont été ou
« qui seront rendus par la convention nationale ; de
« n'abandonner jamais ses drapeaux ; d'observer exac-
« tement les règles de la discipline militaire; d'employer
« les armes mises en leurs mains à la défense de la patrie;
« de mourir plutôt que de souffrir l'invasion du terri-
« toire français par des troupes étrangères. » Mont-

brun, après ce serment, s'adressa ainsi aux légionnaires : « Mes amis et frères, nous sommes tous égaux ;
« mais croyez un militaire, soldat comme vous : il n'y a
« point de société, il ne peut y avoir de militaire surtout, sans discipline et sans subordination. Les officiers doivent être au milieu de leurs soldats, comme
« des pères dans leurs familles : punir avec fermeté
« tous ceux qui manquent aux ordonnances militaires ;
« et conformément aux décrêts, distinguer tous les soldats vertueux qui servent avec honneur. Les sous-
« officiers doivent tenir la même conduite à toute heure
« dans leurs chambrées ; et pour se faire respecter eux-
« mêmes, donner à tous les soldats l'exemple de la subordination qu'ils doivent à leurs officiers (¹) » Ainsi prit naissance la célèbre *Légion de l'Egalité de l'Ouest*.

L'instruction de l'artillerie fut confiée au capitaine Lamothe, un des artilleurs européens des plus distingués qui se trouvaient alors dans la colonie. Ce capitaine avait vieilli dans les combats ; sergent dans le régiment de la *Fère* (artillerie), sous les ordres du célèbre Tiboutot qui fit faire tant de progrès à cette arme, puis au régiment de *Metz*, sous les ordres du colonel Valantin, il avait été en dernier lieu employé, 1768 à 1774, au *Polygone* de Douai où il avait par ses capacités at-

---

(1) Procès-verbal dressé par Montbrun, le 15 mai 1793.

tiré l'attention du ministère (¹); mais déjà Pétion possédait tellement bien le service de son arme, que le capitaine Lamothe dut presqu'aussitôt renoncer à s'occuper de sa compagnie(²).

Bientôt l'effectif de la légion s'éleva à quatorze cent quatre-vingt-huit hommes d'infanterie et cinq cent-cinq hommes d'artillerie. Elle fut divisée en deux bataillons d'infanterie, chaque bataillon composé d'une compagnie de grenadiers et de huit compagnies du centre. L'artillerie fut divisée en cinq compagnies dont Pétion eut le commandement de la première(³).

---

(1) Mémoire du capitaine Lamothe, ministère de la marine.
(2) Mémoire précité
(3) Premier bataillon : Nérette, capitaine aux grenadiers ; 1ᵉ compagnie, Tessier; 2ᵉ Bazelais, 3ᵉ Brunache, 4ᵉ Raoul, 5ᵉ Goby père, 6ᵉ Birotte, 7ᵉ Dallemand, 8ᵉ Geoffroy. Lieutenant aux grenadiers, Ludowick. Lieutenants aux compagnies du centre ; 1ʳᵉ Desvallons, 2ᵉ Martiche, 3ᵉ Ogé, 4ᵉ Sibert, 5ᵉ B'anpain, 6ᵉ Billepoche. 7ᵉ Zami Lafontant, 8ᵉ Mahotière. Sous-lieutenant Cadieux, aux grenadiers. 1ᵉ Macomble, 2ᵉ Dennery, 3ᵉ Debelle, 4ᵉ Verrier, 5ᵉ Martin, 6ᵉ Plaisance, 7ᵉ Papillot, 8ᵉ Chambon.
Deuxième bataillon : Labatte, capitaine aux grenadiers. 1ʳᵉ compagnie, Daguin, 2ᵉ Déjean, 3ᵉ Marion, 4ᵉ Lepreste, 5ᵉ Gauthier, 6ᵉ Dubois, 7ᵉ Pons, 8ᵉ Champigny. Lieutenant aux grenadiers, Ducros. Lieutenants aux compagnies du centre: 1ᵉ L'abbé, 2ᵉ Magnaudé, 3ᵉ Galant, 4ᵉ Beaugé, 5ᵉ Jean-Philippe, 6ᵉ Baranche, 7ᵉ Garnat, 8ᵉ Demun. Sous lieutenant aux grenadiers, Champigny. 1ᵉ Joseph Herbin, 2ᵉ Ferdinand, 3ᵉ J. B. Combfranc, 4ᵉ Gabriel, 5ᵉ Desplait, 6ᵉ Isidore, 7ᵉ Roux.

XI. Ainsi, malgré les intrigues, la résistance et même la rébellion de l'aristocratie blanche, la loi du 4 avril était en pleine exécution dans le Nord, dans l'Artibonite, dans l'Ouest et dans le Sud ; dans l'Ouest, à l'exception de Jacmel et dans le Sud, à l'exception de Jérémie.

Jacmel et Jérémie, la première ville située au Sud-Est, la seconde au Sud-Ouest, sont pour ainsi dire isolées du reste de la colonie par des chaînes de montagnes qui les encaissent et leur servent de remparts naturels. Dans ces deux contrées plus que partout ailleurs, l'insolence et la cruauté du colon furent extrêmes. Les affranchis avaient été obligés de fuir : ceux de Jacmel s'étaient retirés au Grand-Goâve et à Léogane ; ceux de Jérémie aux Cayes.

La commission se porte d'abord à Jacmel qui, terrorisé par la canonnade du Port-au-Prince, ouvrit ses portes; les hommes du 4 avril y furent réintégrés ; toutes les autorités furent renouvellées. Mais l'arrivée du général Galbaud empêcha la commission d'aller à Jérémie. Elle y délégua Pinchinat, Albert, noir et Délestang, blanc. Une connaissance parfaite de l'animosité des habitants de la *Grande-Anse* lui fit prendre la résolution

La première compagnie d'artillerie : Pétion, capitaine; Dupuche, lieutenant ; 2ᵉ Bordu, Morel, lieutenant ; 3ᵉ Lamothe; Paul, lieutenant ; 4ᵉ Lys; lieutenant, Lebon ; 5ᵉ Gillard; Desrivières, lieutenant. *Revue* du 11 février 1794. ARCHIVES GÉNÉRALES, carton 28.

d'appuyer cette délégation de l'appareil de la force. Elle donna le 1ᵉʳ juin le commandement de cette force à Rigaud, qu'elle qualifia de *Capitaine de la garde nationale des Cayes* et partit pour le Cap, escortée par la compagnie de Légionnaires du capitaine Gajack et par quelques cavaliers commandés par Antoine Chanlatte, alors commandant général de la garde nationale de Saint-Marc.

Le général Galbaud avait donné dans la métropole des preuves non équivoques de ses principes anti-républicains ; il s'était trouvé à Jemmapes avec Dumouriez. C'était un esprit impatient du frein ; essentiellement soldat, il comptait peu avec l'autorité civile ; plein d'ambition, il pensait qu'avec la hideuse bayonnette, on peut impunément lacérer les lois, et que le sabre qui tue peut remplacer l'intelligence qui conserve. Déjà audacieux par lui-même, il lui suffisait du moindre encouragement pour le porter aux plus violentes extrémités. Nommé gouverneur-général en remplacement de d'Espabès, il hérita presqu'aussitôt de sa mère, et se trouva par là posséder quelques domaines dans la colonie, circonstance qui rendait nulles ses nouvelles fonctions, par suite de ce que la loi du 4 avril, renouvelant une déclaration royale du 13 juillet 1759, excluait des fonctions de gouverneurs et d'ordonnateurs, tous ceux qui avaient des immeubles dans les colonies. Mais il n'en fut pas ainsi : Galbaud partit donc sur la frégate la *Concorde*, et débarqua au Cap, le 6 mai, à trois heures de l'après-midi. Bien que ses instructions portassent impérativement qu'il devait se faire installer par la Commission civile, à laquelle il était complétement subordonné ; aussitôt après son débarquement, il se rendit à la municipalité, et fit reconnaître ses pouvoirs par elle : c'était manquer à son devoir, c'était méconnaître l'autorité des délégués de la France et de la Commission intermédiaire, au sein de laquelle il aurait d'abord dû se rendre. A cette première faute, il joignit celle de faire mauvais accueil au commandant de la province, Laveaux, parce qu'on l'appelait général, quand il n'était que colonel. Son attitude releva les espérances des factieux ; sa qualité de quasi-colon rallia autour de lui tous les mécontents. La renommée, souvent menteuse, porta d'une extrémité à l'autre de l'île, que le gouverneur avait des pouvoirs supérieurs à ceux de l'autorité civile, et qu'il avait même le droit d'embarquer les commissaires. Galbaud ne fit rien pour faire tomber ces insinuations perfides. Sonthonax et Polvérel, avertis de ces manéges, entrèrent au Cap le 10 juin. Les affranchis, vieillards, femmes, enfants, furent au devant d'eux, en les félicitant du triomphe qu'ils venaient de remporter sur les factieux du Port-au-Prince et de Jacmel ; l'air retentissait d'acclamations, surtout à la vue des légionnaires ; car c'était la première fois qu'on voyait au Cap, ces valeureux confédérés de l'Ouest.

La population blanche était toute consternée en présence de ces manifestations d'allégresse. Galbaud fut au-devant des commissaires jusqu'au *camp-Breda*. L'accueil froid qui lui fut fait annonça suffisamment les dispositions des commissaires. Le lendemain, Galbaud fut invité à une conférence ; là, on lui rappela sa qualité de quasi-colon qui, aux armes de la loi d'avril, le rendait incapable d'occuper les fonctions de gouverneur. Il en convint et promit de retourner en France, *car d'ailleurs, disait-il, il ne consentirait jamais à être l'instrument passif des réquisitions de la commission.* Au moment où l'orage commençait à gronder, le jeune frère de Galbaud, l'adjudant-général Cézar, se montrait très exalté ; sa langue déversait incessamment le fiel de la satire sur la conduite des délégués ; ce qui lui valut le jour même de la conférence d'être destitué, arrêté et embarqué. Ce fut un coup de foudre pour Galbaud qu'on destitua le 14, et qui fut embarqué sur la gabarre la *Normande*.

XII. La rade du Cap était couverte de voiles ; plus de cent bâtiments de commerce chargés d'une valeur de plus de soixante millions étaient à l'ancre, attendant le départ de la flotte pour se rendre en Europe. Cette flotte, aux ordres de l'amiral Cambis, se composait des vaisseaux l'*America*, le *Jupiter*, l'*Eole*, des frégates la *Surveillante*, la *Concorde*, l'*Inconstante*, l'*Astrée*, la *Fine*, la *Précieuse*, de la gabarre la *Normande*, des corvettes la *Favorite*, le *Cerf*, l'*Expédition*, le *Serein*, l'*Actif*, la *Mouche*, le *Las-Casas*, la *Convention nationale* et la *République*.

A bord des bâtiments de commerce étaient détenus les déportés du Port-au-Prince et de Jacmel. Quelques perturbateurs du Cap, Tanguy-la-Boissière et Thomas Millet, se trouvaient à bord du *Jupiter*, déportés les uns et les autres pour la Métropole. Ces premiers, secondant les propositions criminelles de Galbaud, le poussèrent à une révolte ouverte. Le 20, ce général descend de la *Normande* et se dirige vers l'*America*. Cambis défend de le laisser accoster; l'équipage, déjà gagné, est sourd à la voix de l'amiral. Galbaud harangue cet équipage, lui donne lecture de son brevet qui l'investit du commandement des forces de terre et de mer. Il proclame les commissaires traîtres à la patrie, et annonce une descente contre eux. L'équipage accueille avec chaleur ses paroles, jure d'obéir à ses ordres. Cambis et son état-major sont consignés dans la chambre du Conseil. L'ordre est donné d'armer, d'embosser le vaisseau et de se tenir prêt à descendre (¹). Les ca-

(1) Comptes à rendre et souvenirs, journal et lettres, par Cambis.

nots sillonnent la rade et portent de navires en navires cette espèce de proclamation :

« Les citoyens des vaisseaux de la République sont
« prévenus que le signal de la descente sera un coup
« de canon et pavillon bleu à la tête du mât d'arti-
« mon. *Rade du Cap*, 20 juin 1793, (signé) Galbaud. »

Les commissaires cependant n'étaient point restés inactifs. Ils avaient donné l'*intérim* du gouvernement à Laveaux qui se trouvait malade, il est vrai, mais dont le nom était le symbole de la fidélité à la foi républicaine. Entouré des légionnaires de l'Ouest, à qui ils confièrent la défense du gouvernement et du 6me bataillon de la garde nationale du Cap, composé seulement d'affranchis, ils se préparaient à repousser la force par la force. Laveaux envoya occuper le parc d'artillerie par deux cents hommes avec ordre de mitrailler tous ceux qui tenteraient de descendre des vaisseaux. Il fit venir au devant de la maison du gouvernement deux pièces de canon et un obusier. Il ordonna au commandant du fort du *Gris-gris* qui avait six mortiers, de bombarder toutes les chaloupes qui chercheraient à se diriger vers la terre [1].

Trois heures de l'après midi sonnent ; un coup de canon part du vaisseau le *Jupiter*, un pavillon bleu s'élève

---

[1] Lettre de Laveaux, sans date. ARCHIVES GÉNÉRALES de France, carton 53.

à la tête du mât d'artimon. Les équipages des bâtiments de guerre et de la plupart de ceux de commerce se précipitent dans les embarcations ; et sans que le fort du *Gris-gris* fît aucun mouvement, Galbaud prend terre, à la tête de six mille matelots. Soixante colons le reçoivent avec un enthousiasme qui tient du délire; on crie : *Au gouvernement !* Alors commence une bataille des plus sanglantes ; elle dure trois jours; plus de deux mille personnes y perdent la vie. Gajack est tué ; le parti de Galbaud fait Polvérel fils prisonnier, au moment où celui de la commission force Cézar Galbaud à se rendre.

Le 21 au matin, la maison du gouvernement continuellement battue par le canon, menaçait ruine. La commission prit le parti de se retirer par les jardins au *Camp-Breda*, accompagné de Chanlatte et des légionnaires. Là, elle prit le même jour la suprême résolution d'appeler à la liberté tous les esclaves qui s'enrôleraient sous les bannières de la République. C'était une décision audacieuse qui, il est vrai, ne ressortait pas complétement de ses instructions ; mais elle était commandée par la loi impérieuse du salut public. Galbaud avait à ses ordres six mille matelots, cinq bataillons de gardes nationaux, les volontaires à pied et à cheval, tandis que les délégués de la France n'avaient à lui opposer que trois cents affranchis et deux cents hommes de ligne (¹). Galbaud qui pensait les commissaires en fuite et qui se croyait déjà vainqueur, ordonna au commandant du cordon de l'Ouest de les arrêter, s'ils se présentaient à ce cordon (²).

On croyait qu'à l'appel que venait de faire la commission, Jean-François, Biassou et Toussaint allaient s'empresser de rentrer au service de la république ; mais Pierrot seul qui commandait au Port-Français profita de ce bénéfice, en accourant du Haut-du-Cap, avec ses bandes à qui on fit prêter serment de fidélité à la République. On vit le jour même de la reddition de Pierrot, arriver Martial-Besse avec cent-quatre-vingts dragons du camp du Terrier-Rouge qu'il maintenait contre les insurgés (⁴). C'est à lui que Laveaux, malade, confie le commandement général du Cap, où une poignée d'affranchis continuaient à se défendre avec Villatte. Cette ville, dès la veille à six heures du soir, avait été livrée aux flammes par les matelots. Martial-Besse, suivi de Pierrot et de sa bande, y pénètre, charge vigoureusement les gens de Galbaud, enlève le fort *Bel-Air*, la position de *Bonne-Poirié;* du fort *Bel-Air*, il fait canon-

---

(1) Lettre de Laveaux précitée.
(2) Ordre de Galbaud, en date du Cap 21 juin 1793.
(3) Besse (Martial) né au Terre-Rouge le 15 septembre 1759, élevé en France, où il servit dans le régiment *Royal-Auvergne*, parvint au grade de général de brigade sous le comité de Salut-Public. Il mourut au Cap en 1816.

ner l'arsenal où se trouve Galbaud et se précipite de nouveau avec ses dragons sur les matelots (¹). Ceux-ci à cinq heures du soir, le 23, gagnent leurs embarcations en poussant d'affreux hurlements. Galbaud lui même se voit sur le point d'être pris ; il manque de se noyer en gagnant sa chaloupe (²): A sept heures le sol était purgé des contre-révolutionnaires, mais couvert de cadavres ; l'incendie continuait ses ravages.

Galbaud avait essayé vainement d'échanger son frère contre le fils de Polvérel ; la commission s'y était formellement refusée ; « car l'honneur de la République ne le
« permettait pas ; il en coûtait sans doute à Polvérel de
« faire taire la voix de la nature et du sang, mais son
« devoir ne souffrait aucune considération » (³).

Galbaud s'était donc retiré à bord, tout déconcerté. L'Amiral Cambis put reprendre un peu d'influence; mais Galbaud la détruisit de nouveau en ordonnant de lever l'ancre. C'est dans le moment où l'on allait appareiller, que les citoyens du 4 Avril qui se trouvaient avec la commission, au Haut-du-Cap, adressèrent à Polvérel cette lettre touchante qui témoigne de leur admiration pour ce délégué de la métropole :

(1) Rapport de Martial-Besse, ARCHIVES GÉNÉRALES, carton 53.
(2) Relation de Galbaud, mêmes archives, carton 51.
(3) Lettre du 22 juin 1793.

« Quartier-général du Camp-Breda le 23 juin 1793.
« Polvérel, nous te devons une sincère reconnaissance.
« Jamais nous ne pourrons nous en acquitter ; cependant
« nous trouvons l'occasion de te donner une faible preuve
« de ce doux et profond sentiment. Si trop tard, nous avons
« imaginé d'en tirer profit, aujourd'hui, nous la saisissons
« avec d'autant plus d'empressement : ton fils est prison-
« nier ; notre intention est d'offrir pour son rachat un nom-
« bre d'entre nous qui puisse satisfaire la barbarie et les cri-
« minels calculs du chef des rebelles, ou plutôt un nombre
« égal au prix que nous attachons à la personne de ton fils
« unique. Permets-nous d'envoyer un parlementaire : si
« Galbaud consent à l'échange, il n'y aura rien d'égal à la
« joie que nous éprouverons d'avoir pu être utile à l'homme
« que nous révérons à tant de titres chers et sacrés, à notre
« ami, à notre bienfaiteur, à notre père ; ton silence sur ce
« point nous tiendra lieu d'approbation, et nous agirons de
« suite.

« *Les membres de la commission intermédiaire et officiers
« régénérés, au nom de tous leurs concitoyens :* Boisrond,
« jeune, Latortue, Borno, Castaing, Périsse, Chanlatte et
« Martial-Besse. »

Polvérel était un de ces hommes dont la pensée s'a-
grandit en face des grandes crises, dont le cœur se
proportionne aux grandes émotions. Aussi, avec un
calme stoïque, il répondit le même jour aux hommes
généreux qui venaient d'offrir leur liberté en faveur de
celle de son fils :

« Camp-Breda, 23 juin 1793.
« Polverel aux citoyens régénérés.

« Frères et amis, mon fils est heureux, parceque jeune en-
« core, il a pu vous intéresser. Je ne puis consentir qu'il
« soit échangé, puisque les délégués de la République ne
« peuvent pas traiter avec Galbaud, comme avec un enne-
« mi ; ils ne peuvent voir en lui qu'un rebelle. Mon fils ne
« pourrait pas même être considéré comme un prisonnier,
« suivant les lois de la guerre ; car il était parlementaire et
« remplissait une fonction à laquelle il ne pouvait pas se dis-
« penser. Tout échange accepté serait un attentat à la sou-
« veraineté nationale et un acte déshonorant pour moi.

« Croyez, frères et amis, que je sens tout le prix de l'ami-
« tié que vous manifestez à mon fils et à moi. C'est au nom
« de cette amitié même que je vous prie de renoncer à votre
« projet. Mon fils et moi, saurons mourir, toutes les fois que
« notre devoir l'exigera ; mais nous ne souffrirons jamais
« que personne compromette pour nous sa vie ou sa liberté.

POLVEREL.

Tant de dévoûment et tant d'abnégation enorgueil-
lissent le cœur humain ; ils rappellent les plus beaux
temps de l'antiquité.

Galbaud fit lever l'ancre dans la matinée du 24 et se
dirigea vers la Nouvelle-Angleterre ; le seul vaisseau
l'*America* et une frégate ne le suivirent pas. Ainsi finit
la guerre allumée par la folie de Galbaud. « Le résul-
« tat n'a point été l'enlèvement des commissaires, qu'il

« annonçait comme son but ; mais il a été une vraie
« guerre civile, la guerre de couleur, encore plus
« odieuse, parce que sans motif, tiré du droit naturel,
« ses effets sont d'autant plus profonds et d'autant plus
« destructifs. » Ainsi s'exprime l'amiral Cambis (¹) ;
je recommande ces sages paroles à la méditation des
hommes de toutes les couleurs qui habitent les Antilles.

XIII. Le cruel attentat de Galbaud désorganisa le cordon de l'Ouest, dont de Nully avait alors le commandement, en remplacement du marquis de Fontanges, alors aux eaux de Banica. De Nully passa aux Espagnols, pendant que les camps d'*Ouanaminthe*, de *Lesec* et de la *Tannerie* se livraient avec beaucoup de matériel de guerre aux esclaves révoltés. Ce qui surtout enhardissait ces esclaves, c'était la présence d'un grand nombre de factieux du Cap, qui se posaient en victimes de leur dévoûment à la royauté, et qui empêchaient de réaliser les propositions de paix de la commission. Aussi Jean-François, Biassou et Toussaint, loin d'accourir au giron de la République, qui venait de les appeler à la jouissance des droits de l'homme, écrivaient, le 24 juin (²), au gouverneur de la partie espagnole, don Hyoachim Garcia, pour jurer hommage et fidélité au roi d'Espagne. Le 9 juil-

(¹) *Journal* et *souvenirs* de Cambis.
(²) Réponse de Garcia à la lettre de Jean-François BIBLIOTHÈQUE IMPÉRIALE de France. *Affaires de Saint-Domingue.* vol. 1.

let, Garcia les reçut au service de son gouvernement, les maintint dans les grades qu'ils s'étaient arrogés et leur envoya des uniformes chamarrés d'or ([1]). Dès lors, ces hommes, qui avaient pris les armes au nom de la liberté, en devinrent les plus cruels ennemis ; dirigés par le fanatique curé de Laxabon, don Vasquez, ils firent une guerre sans quartier au parti républicain ; ajoutant des particules à leurs noms, ils se déclarèrent les champions de la servitude et de la royauté. Etrange aberration qu'on peut comprendre chez Jean-François et Biassou, deux êtres ignorants et grossiers, mais qu'on ne peut pardonner à l'intelligent et rusé Toussaint !

XIV. On a vu la commission, avant son retour dans le Nord, charger Pinchinat, Albert et Délestang d'aller dans la *Grande-Anse* rétablir l'autorité métropolitaine, c'est-à dire, faire exécuter la loi du 4 avril, en réinstallant dans leurs foyers les affranchis que les colons en avaient expulsés et qui dans la plaine des Cayes avaient trouvé la bienveillante protection d'André Rigaud. Une force armée composée d'hommes du 4 avril, d'un petit nombre d'Européens, s'élevant à près de mille hommes, devait appuyer la délégation. Or, le capitaine Rigaud, qui avait réuni ses troupes au bourg du Petit-Trou, se mit en marche le 17 juin ; deux navires portant provi-

---

(1) Lettre de Garcia, du 9 juillet 1793. Même bibliothèque, même vol.

sions et munitions le suivaient dans sa marche. Rigaud, qui commandait l'avant-garde, se trouva le 18 en face du *Camp-Desriveaux*. Ce camp, situé dans les hauteurs du bourg de Pestel, assis sur le principal morne d'une habitation caféyière, couronné par une barricade de dix pieds de haut, était de plus défendu par cinq pièces de canon. Le toit des deux principales maisons avait été percé en meurtrières. Deux cents blancs, quatre cents esclaves qu'on avait armés dès le commencement de la révolution contre les noirs et mulâtres libres, étaient renfermés dans l'enceinte du redoutable camp. Le commandant était un nommé Elie.

Mille pas en avant du camp, Rigaud surprit un blanc et deux esclaves, ceux-ci purent se sauver et aller donner l'alarme. Rigaud, pour ne pas laisser à l'ennemi le temps de jeter des embuscades sur sa route, avança rapidement jusqu'à la portée d'un canon de 4. (¹). Quoiqu'accueilli par la mitraille, il envoya quatre hommes et un officier demander passage pour la délégation. Malheureusement, cette délégation et le gros de l'armée se trouvaient à deux heures de marche en arrière. Le capitaine-général Elie répondit qu'on était disposé à recevoir la délégation et à laisser rentrer dans leurs foyers les émigrés de Jérémie; mais

(1) Relation de la marche et détail du combat du *Camp-Desriveaux* par Rigaud.

nullement l'armée (1). La nuit approchait quand la délégation arriva; elle fit sommation au camp de la recevoir avec son armée : Elie persista dans sa première réponse; une seconde sommation ne fut pas plus heureuse.

L'attaque du camp rebelle fut alors résolue pour le lendemain : Jourdain, qui commandait la garde nationale du Petit-Trou, devait avec trois cents hommes, gagner les hauteurs qui dominent l'assiette du camp ; Tassel avec deux cents hommes, avait ordre de marcher par la droite ; Alexis Ignace, commandant la garde nationale du Petit-Goâve, avec deux cents hommes, était chargé d'avancer par la gauche, tandis que Rigaud avec deux cents hommes attaquerait de front. Au point du jour, le combat commença et dura trois heures et demie.

« Il se fit dans cette sanglante attaque des prodiges
« de valeur, de courage, dignes de l'ancienne Rome ;
« et si au milieu du combat, les rebelles n'eussent
« point reçu du renfort des autres camps voisins, no-
« tre armée les aurait taillés et mis en pièces. Tassel,
« ce brave républicain, n'en voulait qu'à l'assaut, pen-
« sant que toute autre voie était meurtrière. Il ne ces-
« sait d'agiter son sabre en criant : *Vive la Répu-*
« *blique !* et en engageant ses compagnons à monter
« à l'assaut; il y monte environné d'un petit nombre
« des siens et y reçoit le coup de la mort. Ses derniers

(1) Arrêté du conseil séant au *Camp-Desriveaux* du 18 juin 1793.

« mots furent : *Vive la République!* et les rebelles
« criaient : *Vive le Roi!* (¹) »

« Ignace, ce brave et courageux patriote, blessé à
« l'aîne, recule de quatre pas ; deux des siens veulent
« le conduire ; il leur répondit : Ne passez pas votre
« temps à cela ; allez combattre et venger ma blessure.
« Mais, voyant replier sa colonne, il se brûla la cer-
« velle. »

« Plusieurs autres dans le même cas ont suivi son exem-
« ple. Une perte difficile à réparer, est celle du patriote
« Jourdain. Il est pleuré de tout le monde, et même
« regretté de ses ennemis ; le quartier du Petit-Trou
« lui doit sa conservation (²). Par une faveur particu-
« lière et presqu'incroyable, Rigaud, le seul Rigaud
« nous est resté ; lui et une centaine des siens, furent
« contraints de servir de rempart au reste de l'armée ; il
« tint, dans la retraite, l'armée ennemie en échec et
« soutint tout son feu pendant le temps qui lui était
« nécessaire pour ramasser les blessés et rallier ses

(1) Tassel était blanc ; officier au bataillon de la *Seine-Inférieure*, il attira par son républicanisme les regards de la commission. C'est à lui qu'était réservé le commandement militaire de Jérémie.

(2) Jourdain (Gédéon) mulâtre, naquit au Petit-Trou en 1757. On rapporte que dans son enfance, couvert de *pians*, espèce de lè-pre, il fut par ses parents relégué sur un ilot et confié aux soins de quelques pêcheurs. Quoique seulement âgé de neuf ans, Jourdain sut construire un radeau, traverser un bras de mer assez considé-rable et regagner le foyer paternel.

« bagages (¹). » Cette affaire coûta à Rigaud quatre cents hommes, sans comprendre les blessés. L'armée rentra au Petid-Trou.

Pinchinat demanda du renfort au Port-au-Prince ; il demanda surtout Pétion, dont il connaissait le courage et l'habileté (²). Montbrun et Desfourneaux firent partir le 1ᵉʳ juillet sur la corvette le *Las-Casas*, le capitaine Doyon avec sa compagnie de grenadiers, et le capitaine Pétion, ses artilleurs et quatre pièces de canon de 4 et de 2. Ces renforts débarquèrent au Petit-Trou le lendemain (*). Rigaud s'occupait à organiser une nouvelle marche contre la *Grande-Anse*, quand il fut rappelé aux Cayes, par le commissaire Delpêche, nommé par la métropole en remplacement d'Aillaud.

XV. Le commissaire Delpêche ordonna par une proclamation du 12 juillet l'exécution dans le Sud, de

---

(1) Les délégués à la commission, Petit-Trou, 21 juin 1793.
(2) Lettre de Pinchinat à Montbrun, 24 juin 1793.
(3) Lettre de Montbrun à Sonthonax, 5 juillet 1793.

* Gérin, qui à la Croix-des-Bouquets, avait fait la connaissance de Pétion, commandait alors le camp des Baradaires. Plein d'estime pour le jeune capitaine, il s'empressa de l'inviter à loger chez lui. Comme déjà l'ancien marin s'occupait beaucoup de théories politiques, la conversation était inépuisable. Pétion lui dit une fois entre autres choses que « le sort le rendît-il un jour maître d'une sim-
« ple bananerie, il agirait de manière qu'aucun de ceux qui l'au-
« raient aidé à la cultiver ne pût souffrir de la faim. »

Ces belles paroles, je les tiens de la respectable dame Suzanne, sœur du général Gérin. Pétion sut les accomplir effectivement.

la proclamation publiée au Cap par ses collègues, qui déclarait libres les esclaves armés pour la défense de la République. Delpêche commandait un enrôlement jusqu'à concurrence de cinq cents hommes, sous le nom de *Légion,* à l'instar de la *Légion de l'Ouest.* C'est à André Rigaud qu'il confia la mission si dangereuse d'enlever aux marchands de chair humaine ces cinq cents légionnaires (1). Quelque discrète prudence que Rigaud pût mettre dans sa difficile commission, la haine des colons des Cayes se souleva plus que jamais contre lui, car on n'avait pas oublié qu'il avait été un des premiers à répondre à l'appel d'Ogé, et qu'il avait toujours ouvertement exprimé ses vœux pour la liberté générale. Deux hommes surtout vouèrent Rigaud au fer de l'assassinat: Mouchet et Bandollet, l'un commandant la garde nationale blanche et l'autre capitaine aux grenadiers de ce même corps. L'enrôlement fut rapidement exécuté ; les nouveaux libres équipés et armés.

XVI. Le 14 juillet, on célébra l'anniversaire de la prise de la Bastille, — la fête de la fédération. La cérémonie fut imposante: Delpêche au milieu des cris de la population colorée, retournait à son hôtel. Les troupes de ligne, la garde nationale, les légionnaires l'escortaient. Tout à coup, Mouchet et Bandollet avec leurs coryphées sortent

(1) INSTRUCTIONS du commissaire Delpêche pour Rigaud, du 12 juillet 1793.

des rangs et fondent sur Rigaud, le cernent, et font pleuvoir sur lui une grêle de balles. Le mulâtre, le sabre à la main, se fait jour à travers cette épouvantable mêlée en se portant au fort de l'*Ilet*, qu'il enlève d'assaut, et d'où il mitraille la ville.

Bandollet et Mouchet s'enfuirent à Jérémie, alors le receptacle de tous les ennemis des droits de l'homme. Delpêche envoya ordre à Pétion de se rendre aux Cayes avec un détachement de sa compagnie. Pétion laissa Lys au Petit-Trou. Quand il arriva aux Cayes, les troubles étaient apaisés.

XVII. L'attitude hostile de la *Grande-Anse*, l'incendie du Cap, l'attentat des Cayes, démontrèrent décidément à la commission qu'il n'y avait dans la colonie de dévoués à la métropole que les citoyens du 4 avril. Mais comme il arrive toujours, un progrès en amène un autre.

La fête de la fédération qui, aux Cayes, fut si odieusement souillée, inaugura au Cap l'ère nouvelle, dans laquelle entrait la colonie. Les cendres de cette ville fumaient encore ; au milieu des décombres, on éleva un autel à la patrie, sur lequel on jura *haine à la royauté* et *fidélité à la République*. Le chant de la *Marseillaise* couronna cette cérémonie à laquelle, non-seulement, assistèrent les citoyens du 4 avril, mais encore tous les noirs nouvellement affranchis. (1)

XVIII. Polvérel partit pour l'Ouest, le lendemain de cette solennité. Il laissa à Plaisance Chanlatte (Antoine), au commandement du cordon de l'Ouest en remplacement de Brandicourt qui avait, pour ainsi dire, imité l'exemple de M. de Nully, son prédécesseur. Après avoir dissout une coalition formée à la Petite-Rivière entre Jean-François, Biassou et Guyambois dont le but était de proclamer la liberté générale, de démembrer la colonie; après avoir fait arrêter ce même Guyambois et Hyacinthe, il s'occupait partout à ranimer le courage et l'enthousiasme : ennemi inexorable de tous les méfaits, il fit arrêter Desfourneaux ; après s'être laissé battre par Toussaint-L'Ouverture et les Espagnols devant Saint-Michel, ce colonel se livrait au Port-au-Prince à plusieurs actes de concussion.

XIX. La fête de la fédération qu'on venait de célébrer si pompeusement au Cap, avait donné une trop haute idée des destinées de l'homme, pour que les idées d'émancipation ne prissent pas une extension plus

(1) L'émancipation civique des affranchis amena l'affranchissement général de tous les esclaves. Là, où le privilège cesse, l'équité reprend son empire. Et ainsi qu'Ogé l'avait prévu, mais après des flots de sang contrairement à ses généreuses pensées, la liberté qui est faite pour tout le monde, fut donnée à tout le monde.

générale. Comment d'ailleurs vouloir qu'à côté des esclaves libérés par la proclamation du 21 juin, on pût encore maintenir dans la servitude leurs pères ou leurs fils, leurs mères ou leurs filles? Les uns devenus citoyens, armés au nom de la liberté, les autres toujours ployés sous la verge du maître? C'eût été une anomalie sans durée possible. Aussi, la commune du Cap, cédant à l'influence du mouvement niveleur, entraînée par Vergniaud (¹), juge sénéchal, beau jeune homme, aussi plein d'ardeur que d'éloquence, quoiqu'il ne fût pas parent de l'immortel Vergniaud, entraîné surtout par quelques mulâtres parmi lesquels on remarquait Louis Boisrond, membre de la commission intermédiaire et JeanVillate, lieutenant-colonel, commandant des troupes franches, se porta, le 25 août, à l'hôtel des commissaires et remit à Sonthonax, *au nom des cultivateurs de St-Domingue,* une adresse couverte de huit cent quarante-deux signatures.

Cette adresse, dont je ne donne ici qu'un fragment,

---

(1) Vergniaud (François), suivit Sonthonax quand il se dirigea pour la seconde fois dans l'ouest. Il s'arrêta à Saint-Marc. Fait prisonnier lors de la criminelle *résistance à l'oppression*, il faillit plusieurs fois périr à cause de ses idées républicaines. Enfin embarqué pour les Etats-Unis, après avoir fait naufrage près de *Svanchebé*, il ne parvint en France qu'en fructidor an 11 (août 1794). Dénoncé par les colons, devenus puissants, après le 19 fructidor, il fut long-temps détenu au fort de la *Loïs* à Brest.

fut portée à la commission par un concours immense : le bonnet de la liberté au haut d'une pique ouvrait la marche ; venaient les vieillards et les femmes, précédés des adultes, les mères portant leurs enfants dans leurs bras, les hommes avec des branches de verdure, tous sans armes et tous faisant retentir l'air de vivats en faveur de la France ! — de la République ! — de la liberté ! Spectacle émouvant ! Sonthonax, sous ce costume presqu'antique que portaient les hauts fonctionnaires de la grande République, parut sur le péristile. Bien qu'attendri par les vœux mêlés de larmes de cette nombreuse population, par les bénédictions des femmes et des enfants, par les chants anticipés de la joie des hommes et des vieillards, il sut suffisamment se maîtriser pour ne pas proclamer spontanément cette liberté générale qui lui était demandée par toutes les voix. Il renvoya sa réponse à quatre jours, et la foule se retira paisible, joyeuse, comme si elle avait déjà obtenu le grand bienfait pour lequel elle venait de postuler si solennellement. Les quatre jours s'écoulèrent dans l'impatience générale. Le 29, Sonthonax fit une proclamation dont nous donnons l'extrait suivant :

« AU NOM DE LA RÉPUBLIQUE.

« LES HOMMES NAISSENT ET DEMEURENT LIBRES ET ÉGAUX
« EN DROITS : Voilà, citoyens, l'évangile de la France ; il est

« plus que temps qu'il soit proclamé dans tous les départe-
« ments de la République...

« ... Les négriers et les antropophages ne sont plus. Les
« uns ont péri victimes de leur rage impuissante ; les autres
« ont cherché leur salut dans la fuite et dans l'émigration. Ce
« qui reste de blancs est ami de la loi et des principes fran-
« çais. La majeure partie de la population est formée des
« hommes du 4 avril, de ces hommes à qui vous tenez cette
« liberté; qui les premiers vous ont donné l'exemple du cou-
« rage à défendre les droits de la nature et de l'humanité ;
« de ces hommes qui fiers de leur indépendance ont préféré
« la perte de leurs propriétés à la honte de reprendre leurs
« anciens fers. N'oubliez jamais, citoyens, que vous tenez
« d'eux les armes qui vous ont conquis votre liberté....

« La République française veut la liberté et l'égalité entre
« tous les hommes sans distinction de couleur ; les rois ne se
« plaisent qu'au milieu des esclaves : ce sont eux qui, sur les
« côtes d'Afrique, vous ont vendus aux blancs ; ce sont les
« tyrans d'Europe qui voudraient perpétuer cet infâme trafic.
« La République vous adopte au nombre de ses enfans ; les
« rois n'aspirent qu'à vous couvrir de chaînes et à vous
« anéantir....

« Ne croyez pas, cependant, que la liberté dont vous allez
« jouir soit un état de paresse et d'oisiveté. En France, tout
« le monde est libre et tout le monde travaille. A Saint-Do-
« mingue, soumis aux mêmes lois, vous suivrez le même
« exemple. Rentrez dans vos ateliers, ou chez vos anciens
« propriétaires, vous recevrez le salaire de vos peines ; vous
« ne serez plus assujettis à la correction humiliante qu'on

« vous infligeait autrefois ; vous ne serez plus la propriété
« d'autrui ; vous resterez les maîtres de la vôtre et vous serez
« heureux ....

« La liberté vous fait passer du néant à l'existence, mon-
« trez vous dignes d'elle : abjurez à jamais l'indolence comme
« le brigandage ; ayez le courage de vouloir être un peuple,
« et bientôt vous égalerez les nations européennes.

« Vos calomniateurs et vos tyrans soutiennent que l'Afri-
« cain devenu libre ne travaillera plus ; démontrez qu'ils ont
« tort ; redoublez d'émulation à la vue du prix qui vous at-
« tend ; prouvez à la France par votre activité, qu'en vous
« associant à ses intérêts, elle a véritablement accru ses res-
« sources et ses moyens. »

Sonthonax, s'adressant ici à Jean-François, à Biassou et à Toussaint :

« Et vous, leur dit-il, citoyens égarés par d'infâmes
« royalistes ; vous qui sous les drapeaux et les livrées du
« lâche espagnol, combattez aveuglément contre vos propres
« intérêts, contre la liberté de vos femmes et de vos enfans,
« ouvrez donc enfin les yeux sur les avantages immenses que
« vous offre la République. Les rois vous promettent la li-
« berté ; mais croyez-vous qu'ils la donnent à leurs sujets ?
« L'Espagnol affranchit-il ses esclaves ? Non, sans doute ; il
« se promet bien, au contraire, de vous charger de fers, si-
« tôt que vos services ne lui seront plus utiles. N'est-ce pas
« lui qui a livré Ogé à ses assassins ? Malheureux que vous
« êtes ! Si la France reprenait un roi, vous deviendrez bien-
« tôt la proie des émigrés ; ils vous caressent aujourd'hui, ils
« deviendraient vos premiers bourreaux .... »

Sonthonax, pour prendre cette vigoureuse mesure, était parti de ce point, que la loi du 4 avril donnait à la commission le droit de *modifier la police et la discipline des ateliers*. Mais le droit de modifier un régime n'implique pas celui de détruire. Convenons cependant que le sol de la colonie ne pouvait plus porter l'esclavage : Sonthonax ne l'eût-il pas aboli, qu'on l'eût aboli sans lui. Une pensée dominante le dirigea dans cette grande réparation des iniquités coloniales : il croyait que les insurgés enrôlés sous les drapeaux de la monarchie espagnole, allaient accourir dans les bras de la République qui brisait leurs fers. Il fut cruellement trompé, car Jean-François et ses lieutenants continuèrent plus que jamais leur impitoyable et sauvage guerre à la liberté de leur race. Ils lacérèrent partout la proclamation.

XX. Sonthonax n'avait ordonné et ne pouvait ordonner l'exécution de la proclamation de la liberté générale que dans le Nord. Polvérel, après s'être assuré qu'elle n'avait point été arrachée par quelque brutale pression, la fit exécuter dans l'Ouest : le 21 septembre, jour anniversaire de la fondation de la République, il réunit dans une auguste cérémonie, les troupes, les fonctionnaires et les notables habitants ; il offrit aux possesseurs d'esclaves de signer l'acte de leurs manumissions ; dans toutes les municipalités de l'Artibonite et de l'Ouest on s'empressa d'en faire autant. Le vieil avocat voulait ainsi concilier les droits que donne l'esclavage avec ce que dicte l'équité naturelle. Il ne manquait plus pour rendre la mesure générale, que l'assentiment de Delpêche qui était aux Cayes. Ce dernier contesta d'abord la légalité de cette mesure. Il se préparait néanmoins à se rendre au Port-au-Prince, pour modifier les vues de ses collègues « de *manière à ce qu'elles n'eussent plus que le défaut d'être prématurées* (1), » quand il mourut le 27 septembre après cinq à six jours de maladie.

XXI. Cet événement amena Polvérel dans le Sud ; parti du Port-au-Prince, le 2 octobre, il arriva, le 6, aux Cayes (2). Son entrée dans cette capitale du Sud fut un triomphe. Le 9, il renouvela la cérémonie du Port-au-Prince ; ainsi l'année 1793 vit, sous les auspices de la France républicaine, disparaître du sol de mon pays la monstrueuse servitude qui l'ensanglantait depuis environ trois siècles ; deux hommes d'énergie venaient de

(1) Lettre à Polverel.
(2) Madame Orphé Ogé avait rendu dans les larmes le dernier soupir sur le territoire espagnol. Ses deux filles, Angélique et Françoise, après avoir souffert dans les prisons du Cap, se trouvaient au Port-au-Prince, presque dans la misère. Polvérel, avant de descendre dans le Sud, leur fit compter du trésor de la République 16,500 francs, et les fit partir pour la Nouvelle-Orléans où des amis dévoués se plurent à leur faire oublier leurs malheurs. Elles avaient été, comme leur frère, élevées à Bordeaux.

réaliser les vœux formulés par tant de nobles intelligences, scellés par le sang de tant de nobles cœurs! Aussi la Convention nationale, dont les salutaires principes firent faire un si grand et si rapide progrès aux idées humaines, s'empressa-t-elle de consacrer solennellement cette chère et précieuse liberté générale, après laquelle nos pères aspiraient tant, et qui nous rendit à la vie morale !

XXII. Mais cette liberté générale devait attirer sur la colonie une nouvelle guerre. Les grands planteurs ne pouvaient se faire à une rénovation sociale aussi complète. Ne les vit-on pas dès l'époque où il ne s'agissait que de l'émancipation politique des affranchis, courir invoquer l'appui de l'Angleterre pour maintenir leurs privilèges abusifs ? — A plus forte raison, quand au nom de la République, Sonthonax et Polvérel élevaient tant de millions d'hommes, traités jusqu'alors avec moins de soins et d'égards que des bêtes de somme, — devait-on s'attendre que rien n'arrêterait leur détermination parricide à soustraire les colonies à la puissance de la mère-patrie. Un des principaux meneurs de la trahison avait nom Venanlt de Charmilly.—N'allez pas demander à l'histoire, qui était cet homme. — Il en est de lui comme de la plupart de ses pareils : son berceau est inconnu pour tous ; nous savons seulement qu'il était planteur à Saint-Domingue, qu'il fréquenta long-temps les anti-chambres du cabinet de Saint-James, que ses démarches avaient pour but de livrer la colonie aux Anglais, qu'il attendait à la Jamaïque une expédition pour aller restaurer les privilèges de la peau blanche, et qu'enfin le 3 septembre le gouverneur de cette île, sir Adam Williamson, à qui le cabinet avait laissé le soin de conclure définitivement le marché, accepta les propositions de Venault de Charmilly. Le 20 du même mois, deux cents hommes du 15e régiment, commandés par le colonel Whitelock, débarquaient du vaisseau l'*Europa* monté par le commodore Ford, et prenaient possession de Jérémie à neuf heures du matin, au nom du roi d'Angleterre ; au bruit de 42 coups de canon, le pavillon britannique était arboré sur le fort d'*Orléans* et sur le fort de la *Presqu'île* (1). Ainsi se démasqua complètement la haine contre la France républicaine ; ainsi les orgueilleux vainqueurs du *Camp-Desriveaux* démasquaient le projet si long-temps conçu de se séparer de la métropole, de cette France bien plus leur patrie que la nôtre ; et cela, parceque cette patrie avait appelé les hommes de ma race à la jouissance des droits inhérents à la nature humaine.

Tel était le nouvel attentat qui venait d'être commis contre les lois de la métropole, au moment de la mort de Delpêche et de l'arrivée de Polvérel dans le Sud. Le

(1) Extrait de la *Gazette de Nassau*, île de la Providence.

Môle-Saint-Nicolas imita l'exemple de Jérémie ; cette place importante, cette clef du golfe du Mexique, fut livrée, le 22 septembre, par le commandant Deneux et O'Farel, du 87⁰ régiment, ci-devant de *Dillon*, avec deux cents pièces de canon et autant de milliers de poudre (¹).

XXIII. La gravité de ces événements appela Sonthonax hors du Cap. Sa première pensée fut de partir seul. Mais la garnison blanche, fatiguée des horreurs auxquelles elle avait jusqu'alors assisté, se souvenant qu'il y avait pour elle le glorieux théâtre de la métropole, demanda à retourner en Europe. Sonthonax fut obligé de la mener avec lui. Le 8 octobre, il nomma Villatte au commandement du Cap et dépendances ; il fit embarquer la garnison sur le brick le *Niveleur*, les navires l'*Eulalie* et l'*Aimable-Désirée* ; il monta sur la corvette le *Las-Casas* avec Laveaux, l'état-major de la place, la commission intermédiaire et l'administration civile de la trésorerie (²). Les troupes réparties sur ces bâtiments s'élevaient à 1700 hommes, débris des 15⁰, 16⁰, 17⁰, 18⁰, 44⁰, 60⁰, 73⁰, 87⁰, 86⁰, régiments de ligne, du 36⁰ dragons et de l'artillerie du Cap (³).

(1) *Rapport sur les troubles de Saint-Domingue*, par Garan de Coulon, tome 4, page 147.

(2) *Historique*. Saint-Domingue. 1791 à 1797. Bibliothèque de Moreau de Saint-Méry.

(3) Idem.

La flotille n'arriva au Port-de-Paix que le 12 ; Sonthonax débarqua le lendemain. Alors le gouverneur de la colonie, de Lasalle, se trouvait à l'île de la Tortue, située presqu'en face du Môle et du Port-de-Paix. Il n'avait pas oublié que Sonthonax avait donné ordre à plusieurs officiers de semer partout le feu, dans le cas où ils seraient obligés d'évacuer, ordre impitoyable, jeté dans un pays où l'on n'avait déjà que trop l'habitude de brûler. De Lasalle préféra donc s'embarquer pour la Nouvelle-Angleterre plutôt que de rester dans la colonie. Ce même jour, 14 octobre, Laveaux fut appelé à l'*intérim* du gouvernement. Sonthonax lui ordonna de reprendre le Môle, et partit le 18 pour Saint-Marc, escorté par le lieutenant-colonel Martial Besse à la tête de cinquante dragons et par Antoine Chanlatte, commandant du cordon de l'Ouest, qu'il avait rencontré à Plaisance.

XXIV. Laveaux était destiné à la célébrité. On ne saurait lui refuser de la bravoure et une sublime confiance dans le triomphe des idées républicaines. Villatte avait tout autant de bravoure, tout autant de dévoûment ; mais il avait moins que Laveaux le sang-froid qui sait diriger, et l'impassibilité qui empêche de faillir. C'est à ces deux braves que Sonthonax avait laissé dans le Nord les dangers de la lutte contre les Anglais, les Espagnols, Jean-François, Biassou et Toussaint. Ce dernier n'était plus le *Fatras-Bâton* de l'habitation

Breda, son intelligence machiavélique fomentait déjà la division entre les deux chefs ; et il devait bientôt éclipser le *Vice-Roi* et le *Grand-Amiral.*

XXV. Sonthonax trouva l'esprit public de la ville de Saint-Marc dans un état déplorable : les anciens *pompons-blancs* avaient séduit quelques hommes du 4 avril, notamment Savary, commandant de la place et Juste Chanlatte, neveu d'Antoine Chanlatte. La coalition avait pour but le rétablissement de l'esclavage. Je dois dire ici, que ce ne fut pas seulement dans l'Artibonite qu'une aussi horrible pensée prit naissance. J'ai sous les yeux des lettres de Jean-François, de Toussaint, dans le Nord, et de Jean-Kina, dans le Sud, qui protestent toutes contre la liberté générale. Un fait qui ne contribua pas peu à enhardir les conspirateurs, c'est qu'on apprit à Saint-Marc, et c'était vrai, que la Convention, cédant aux clameurs de la faction coloniale, avait dès le 14 juillet, décrété d'accusation les commissaires.

Sonthonax fut informé dans la nuit du 6 novembre, que les gens des *Cahos,* des *Roseaux,* et des *Hauts-de-Saint-Marc,* étaient attroupés, et l'auraient déjà arrêté sans la présence de Martial Besse et d'Antoine Chanlatte dont la conduite contrastait si honorablement avec celle de son neveu. Lapointe, commandant à l'Arcahaye, dont le zèle pour la République semblait ne jamais se démentir, apprend aussi la nouvelle de cet audacieux projet ; il accourt avec cinquante hommes et une pièce de canon. Sonthonax se hâte alors, le 9, de sortir de cette ville où son autorité était si odieusement menacée, et se dirige au Port-au-Prince avec Lapointe, Besse et Chanlatte.

Les conspirateurs eurent alors le champ libre. Ceux des Verrettes et de la Petite-Rivière, se réunirent à St-Marc, le 15 ; les trois paroisses arrêtèrent leur scission du gouvernement de la Commission, sous le titre de RÉSISTANCE A L'OPPRESSION. Après avoir amèrement censuré la marche de cette Commission, on déclara : « que « l'affranchissement général n'avait jamais été dans la « volonté de la France, que d'ailleurs Sonthonax et « Polvérel étaient décrétés d'accusation. » On déclara en outre, nulles, toutes les manumissions faites à Saint-Marc, aux Verrettes et à la Petite-Rivière, comme ayant été arrachées par la violence. La coalition ne reconnaissait que la loi du 4 avril qui n'admettait elle-même que deux classes d'hommes, les libres et les esclaves. On rappela les émigrés et les déportés. On mit en liberté tous les colons contre-révolutionnaires.

Ce ne fut pas tout. Savary et Juste Chanlatte fondèrent un CONSEIL DE PAIX ET D'UNION, profanant ainsi le titre d'une des plus glorieuses créations de Pinchinat. Le cœur se soulève de douleur, quand on voit un frère de Vincent Ogé, Jean-Pierre Ogé, qui commandait à la Petite-Rivière et qui dans l'ancien régime avait montré tant d'horreur contre l'esclavage ; le cœur se soulève, dis-je, de voir cet enfant qui avait grandi avec les principes de la révolution conspirer contre ces mêmes principes. La défection de Labuissonnière, maire de Léogane, qui s'était si noblement comporté à l'aurore de nos luttes contre les colons, ne nous pénètre pas d'une moindre affliction. Lapointe lui-même qui venait de se couvrir d'honneur en protégeant la retraite de Sonthonax, vient encore nous consterner : chargé d'aller sur le *Niveleur* à *Mont-Rouis* prendre les denrées de la République ; loin de remplir cette mission, il alla pactiser à Saint-Marc. Dans cette trahison universelle, Bleck qui aux Gonaïves commandait l'armée du Nord-Ouest, resta fidèle au drapeau de la liberté ; mais appelé à Saint-Marc, il eut la faiblesse de s'y rendre. On l'arrêta et on le destitua, tandis que Caze jeune, aussi mulâtre, commandant la place des Gonaïves, trahissait de son côté son devoir, en entrant dans la coalition. Cependant ce qui nous console, au milieu de tant de honte, c'est l'attitude de Montbrun, commandant de l'Ouest, de Beauvais, alors commandant militaire du Mirebalais, de Brunache, au Petit-Goâve, de Faubert, à Baynet, de Renaud Desruisseaux, à Saint-Michel du Fonds-des-Nègres, de Pierre Pinchinat, procureur-général au conseil supérieur du Port-au-Prince et de Rigaud, commandant de la province du Sud.

Les Espagnols et les Anglais profitèrent habilement de la dislocation qui menaçait le corps social. Toussaint-L'Ouverture prit possession sans coup férir d'Ennery, du Gros-Morne et des Gonaïves au nom de S. M. catholique : un peu plus d'audace, il poussait jusqu'à Saint-Marc et s'emparait ainsi de toute l'Artibonite. Partout où il portait ses pas, il rétablissait, comme Savary, les fers de l'esclavage ! Saint-Marc, les Verrettes, l'Arcahaye, la Petite-Rivière, le Mirebalais, tombèrent, bientôt au pouvoir des Anglais.

XXVI. Rigaud préparait une nouvelle marche contre Jérémie. quand il apprit la livraison succesive de tant de points différents aux ennemis de la France républicaine. Cet homme entreprenant marche inopinément contre Léogane. Quoique n'ayant que des troupes indisciplinées provenant des anciennes bandes de Martial Pémerle et de Jacques Formont, il espère enlever la ville, à l'aide de quelque mouvement intérieur. Il pose son quartier-général sur l'habitation *Buteau*, d'où le 15 décembre il commence à canonner et à bombarder la place. Mais il lui manquait un habile artilleur. Polvérel lui envoya Pétion. Ce capitaine, malgré la faiblesse d'une longue convalescence, part des Cayes le 15 décembre [1] ; le

[1] Lettre de Polvérel à Rigaud, du 14 décembre 1793.

20, Rigaud lui remet la direction de son artillerie. Mais la ville rebelle venait de se livrer aux Anglais; Rigaud lève le siège et redescend dans le Sud, tandis que Pétion rentrait avec sa compagnie au Port-au-Prince que les Anglais menaçaient par terre et par mer.

XXVII. En effet, une escadre commandée par le commodore Ford était devant la rade, où se trouvaient plus de soixante navires richement chargés qui attendaient quelques bâtiments de guerre pour se diriger vers la Métropole. La garnison, enthousiasmée par l'attitude pleine d'énergie de Sonthonax, se montrait disposée à soutenir héroïquement la lutte, lorsqu'une malheureuse dissension éclata entre le commissaire Sonthonax et l'adjudant-général Montbrun, gouverneur de la province : Sonthonax fit mettre en liberté Desfourneaux que Polvérel avait fait incarcérer ; il le rappela au commandement de la place et lui ordonna par une proclamation du 27 février de remplir le cadre du 48e régiment. Desfourneaux ne voulut faire la levée que parmi les Maltais, les Italiens et les Gênois, reste impur des bandes de Praloto, au lieu de la faire parmi les noirs ou mulâtres. On ne vit pas cet enrôlement d'un œil content.
— Beauvais, âme honnête et loyale, s'il en fut, ne put s'empêcher de témoigner à Sonthonax son inquiétude sur la détermination prise de donner des armes aux

plus acharnés ennemis de sa race. Sonthonax malheureusement fut sourd aux remontrances de Beauvais. Et la légion, justement irritée de voir reparaître sur le théâtre politique, des gens qui avaient fait une guerre si cruelle à la liberté, ne put dissimuler ses craintes. Montbrun s'alarma. Il eut une altercation avec Desfourneaux. Comme commandant de la province, il lui ordonna les arrêts. Desfourneaux loin d'y obéir, se renferma dans les casernes du 48°. On semblait redouter le renouvellement des horreurs de la *Sainte-Cécile*. La légion prend spontanément les armes dans la nuit du 16 au 17 mars, et cerne les casernes. Accueillie à coups de fusil, la légion fit aussi feu. Desfourneaux redoutant l'issue du combat, battit en retraite vers le gouvernement; et, prenant sous sa protection Sonthonax, — bien que personne n'en voulût aux jours du commissaire, —il l'entraîna au fort *Saint-Clair*. Le lendemain, Montbrun exigea la déportation de Desfourneaux et du 48°, dont la force s'élevait à deux cents hommes.

Sonthonax revint au gouvernement; le calme succéda à cet orage, pendant lequel Jumécourt put s'évader des prisons et aller joindre les Anglais à l'Arcahaye. Sonthonax, revenu de son abattement, ordonna le 21, comme pour se faire des prosélytes, la mise en liberté de Guiamboïs et de Hyacinthe, il alla plus loin; il nomma, le 8 avril, Hyacinthe deuxième lieutenant à la gendarmerie du Port-au-Prince et fit entrer Guyambois au conseil municipal (¹).

XXVIII. Polvérel, à la nouvelle de ces événements, accourt au Port-au-Prince, blâme les opérations de son collègue, fait remettre Hyacinthe et Guyambois en prison, et ordonne de continuer l'instruction qui avait été commencée contre eux. On procéda alors à la réorganisation de la force armée : la Légion comptait trois bataillons d'infanterie ; Antoine Chanlatte en était le colonel (²) ; Beauvais commandait le premier bataillon (³), Boyer le second (⁴), et Blaize le troisième (⁵). La nouvelle formation fut arrêtée le 26 avril ; la légion fut divisée en deux bataillons d'infanterie, deux compagnies

(1) ARCHIVES GÉNÉRALES, carton 40.

(2) Chanlatte avait laissé le cordon de l'Ouest à Bleck pour accompagner Sonthonax au Port-au-Prince ; l'envahissement de ce cordon par Toussaint-L'Ouverture l'empêcha d'y retourner. Il fut nommé colonel de la Légion le 10 février 1794. Envoyé par les commissaires vers la CROIX-DES-BOUQUETS pour aider Beauvais à couvrir le Port-au-Prince, il fut fait prisonnier dans la barge qu'il montait. Les Anglais finirent par le renvoyer sur parole; il n'arriva en France que le 10 fructidor an V.

(3) Beauvais fut nommé lieutenant-colonel au premier bataillon le 28 novembre 1793.

(4) Boyer (Jacques), blanc ; il fut nommé lieutenant-colonel au deuxième bataillon le 28 janvier 1794.

(5) Blaize, noir, ancien libre, ou comme on disait alors *citoyen du 4 avril*, fut nommé lieutenant-colonel au troisième bataillon le 10 février 1794.

d'artillerie et deux escadrons de cavalerie. Chaque bataillon fut composé de neuf compagnies; une de grenadiers, huit de fusillers ; à chaque bataillon était attachée une compagnie d'artillerie. Chaque escadron était composé de deux compagnies de dragons. L'effectif fut de mille six cent vingt-et-un hommes. On y attacha un corps de musique. La commission arrêta encore la création de la Seconde Legion de l'Ouest, au commandement de laquelle fut appelé Martial Besse. Mais les événements empêchèrent de former cette nouvelle Légion.

Pétion qui commandait l'artillerie du premier bataillon, fut, à la nouvelle organisation, nommé chef de bataillon de l'artillerie légionnaire dont la force s'élevait à cinq cent deux hommes; on lui donna aussi le commandement de toute l'artillerie de la place ; et même la confiance en lui alla jusqu'à lui faire décerner le périlleux honneur de défendre le fort de l'*Ilet* dont on venait de retirer le commandement au capitaine blanc Adelon.

XXIX. Mais les Anglais menaçaient toujours le Port-au-Prince ; et leur escadre, composée de deux vaisseaux de 74, et d'un de 84, d'un autre de 50, de six corvettes ou frégates, de 12 bâtiments de transport, de beaucoup de goëlettes portant quatorze cent soixante-quatre hommes, était entrée dans les eaux du port. La commission, peu confiante en Montbrun, depuis l'échauffourée du 17 mars, rappela le colonel Martial Besse de son commandement de Jacmel. Le 31 mai, deux vaisseaux canonnent le fort *Byzoton* que commandait Marc-Borno, et courent débarquer au *Lamentin*, sur l'habitation *Cottes*, trois cents Anglais sous les ordres du colonel Spencer et cinq cents hommes de troupes coloniales sous les ordres du baron de Montalembert. Martial Besse passa le 13 prairial (1ᵉʳ juin) devant le fort *Byzoton* pour se rendre à l'appel de la commission ; il fut étonné ne ne voir aucune sentinelle sur les remparts, aucune garde avancée dans les avenues (¹).

Montbrun n'envoya que tardivement le commandant Gignoux pousser une reconnaissance à la tête de dix-sept dragons d'*Orléans*. Gignoux à la portée de fusil rencontre les Anglais qui s'avancent, deux pièces de canon en tête. Il replie en désordre. Montbrun était nonchalammont couché !—Benjamin Ogé, lieutenant à la 3ᵉ compagnie de la légion, mais servant alors d'aide-de-camp à Montbrun, était debout à côté de lui. Le soleil en ce moment allait cesser d'éclairer la terre ; un affreux orage se répandait en torrents, les arbres se brisaient avec fracas, la mer battait avec fureur ; l'obscurité complète n'était interrompue que par le scintillement de la foudre. Daniel, capitaine au 14ᵉ régiment, commandant de l'avant-

(1) Rapport de Martial Besse à la commission.

garde, profite de la colère des éléments ; à la tête de soixante hommes, il se précipite en avant, pénètre dans le fort par une des brèches qu'avait faites la canonnade de la veille. Montbrun, jusque là plein d'une inconcevable sécurité, se lève ; mais Daniel lui crie qu'il est prisonnier. Ogé, prompt comme l'éclair, d'un coup de pistolet abat l'anglais ; et tandis que la garnison du fort, surprise, se débande, et cherche son salut dans la fuite, Ogé entraîne hors des remparts Montbrun, qui dans cette mêlée avait reçu trois blessures. Ainsi tomba au pouvoir des Anglais, presque sans coup férir, le fort *Byzoton*. Montbrun rentra au Port-au-Prince, où l'on commença à parler de trahison. Je relève cette accusation : incurie, oui ; mais trahison, point. D'ailleurs, l'abattement était général. Montbrun n'avait pas trouvé dans le regard de ses soldats l'audace qui est le gage certain de la victoire.

Martial Besse fut adjoint au commandement de la province. Celui-ci chercha vainement à propager un enthousiasme, auquel il ne participait guère lui-même. Déjà plus de cinq cents blancs s'étaient réfugiés au fort *Saint-Joseph*, que commandait Blaize, et l'avaient disposé à la défection.

XXX. Le lieutenant-colonel Pétion avait appris au fort de l'*Ilet*, la manière honteuse dont avait succombé le fort *Byzoton* ; des rapports lui avaient annoncé que

la ville ne résisterait pas davantage. Dans un fort isolé au milieu des flots, il se voyait à la veille d'être tout en même temps, menacé du canon de l'escadre anglaise et de celui de la marine marchande. Et en cas d'évacuation, il n'avait pour ménager le salut des siens aucune embarcation à sa portée. Il se rendit à terre vers les quatre heures de l'après midi, et exposa sa situation à Martial Besse. « Il ne me cacha pas d'ailleurs que les
« volontaires qui formaient la majeure partie de la gar-
« nison du fort de l'*Ilet* se montraient peu disposés à
« combattre, que ces volontaires criaient déjà à la tra-
« hison, et que malgré ses efforts, ces bruits prenaient
« tant de consistance que la terreur, indice des défaites,
« était générale. Je renvoyai, continue Martial Besse
« dans son rapport, cet officier à son poste et lui or-
« donnai de le défendre, puisqu'on le lui avait confié ;
« ce qu'il exécuta, en disant cependant que nous
« étions trahis et qu'il serait sacrifié. »

Beauvais, cerné à la Croix-des-Bouquets par des nuées de noirs soulevés à la voix des blancs, fut obligé de rentrer au Port-au-Prince ; on l'envoya occuper le camp *Nérette*, au quartier de la *Coupe*. Alors Blaize ouvre les portes du fort *Saint-Joseph* à Jumécourt ; le capitaine Bordu ouvre celles du fort *Touron* au colonel Hampfield, qui avec deux cents hommes avait débarqué à *La Saline*.

Sonthonax et Polvérel sont obligés de partir à midi ; quant à Beauvais, Martial Besse et Boyé, ce dernier commandant de la place, ils voient successivement abandonner le fort *Robin* que commandait Gilard, la *Redoute du gouvernement* que commandait Jean-Philippe, les postes de la *Poudrière* et de *Léogane* ; à onze heures du soir, désespérés de tant de trahison, ils quittent eux-mêmes la ville et vont rejoindre les commissaires. Le lendemain, les Anglais firent leur entrée (¹). Qu'étaient donc devenues la valeur et l'énergie des enfants de ce beau pays qui produisit tous les héros de la réunion du 21 août 1791 ?

XXXI. Pétion au fort de l'*Ilet* était décidé à vendre chèrement sa vie. Mais à peine eut-il tiré quelques coups de canon contre l'escadre, que tous les soldats demandèrent l'évacuation. Cette évacuation se fit pendant la nuit ; emportant avec lui le pavillon national, Pétion se jeta dans une frêle embarcation ; beaucoup se précipitèrent à la nage ; et ce ne fut qu'en manquant à chaque instant de voir sa barque chavirer, qu'il attérit vers le portail de Léogane, où il prit les Mornes et alla rencontrer les commissaires à la *Crête-à-Piquant* (²). On se

(1) Tous ces détails sont tirés des rapports de Montbrun, de Martial Besse et de Boyé.
(2) Manuscrit sans nom d'auteur sorti du palais national du Port-au-Prince.

dirigea vers Jacmel ; la hache à la main, une multitude de cultivateurs fraya spontanément à ces commissaires un chemin à travers les montagnes et les précipices ; ce chemin porte aujourd'hui le nom de *chemin des commissaires ;* c'est la voie la plus rapide entre Jacmel et le Port-au-Prince.

XXXII. Si l'on aime la trahison, on n'aime pas les traîtres: Blaize, Bordu et beaucoup d'autres furent passés au fil de l'épée par les Anglais à l'instigation des colons. Comment les misérables ! avaient-ils pu penser que les seigneurs colons allaient les maintenir dans les dignités dont la République les avait décorés ?

Laissons un instant les commissaires à Jacmel ; allons en Europe assister à une des plus mémorables séances de la CONVENTION NATIONALE.

XXXIII. Saint-Domingue avait députė à la CONVENTION un noir, un mulâtre et un blanc ; c'étaient (1)

---

(1) Belley (Jean Baptiste) surnommé *Mars* à cause de sa bravoure, noir provenant du Sénégal, renommée pour fournir les Africains les plus beaux, les plus doux, les plus intelligents, pouvait avoir alors quarante-huit ans. Avec ses épargnes, il s'était racheté de l'esclavage. Comme volontaire, il avait fait la campagne de Savannach. De retour au Cap, il y exerçait le commerce de détail, quand éclata la révolution, dans le cours de laquelle il parvint au grade de chef de brigade de gendarmerie Il revint dans la colonie avec Hédouville et suivit la retraite de ce général. Il fit partie de l'expédition commandée par Leclerc. Embarqué lors de l'insurrection du Haut-du-Cap, il fut relégué dans la citadelle de *Belle-Ile-en-*

Belley, Mils (¹) et Dufay (²). Ces députés y furent admis le 16 pluviôse an III (4 février 1795). Dufay prononça un long discours sur les troubles qui avaient agité les possessions françaises. Il exposa l'affaire de Galbaud, la marche projetée contre le Cap par Jean-François, les négociations des colons avec les Anglais pour leur livrer l'île. Il dépeint la position critique où se trouvait la commission, — sans troupes, entourée de contre-révolutionnaires ; ainsi il n'y avait plus moyen de reculer devant la proclamation de la liberté générale. Cette liberté fut proclamée et la colonie sauvée. Il proposa à la CONVENTION de confirmer cette grande mesure, en faisant jouir pleinement les noirs, des droits que tous les hommes tiennent de la nature. La voix de Dufay fut souvent couverte d'applaudissements : « Créez
« termine-t-il, créez une seconde fois un nouveau
« monde, ou du moins, qu'il soit renouvelé par vous !
« Soyez-en les bienfaiteurs ! vos noms y seront bénis
« comme ceux des divinités tutélaires ; vous serez pour
« ce pays une autre providence » Les applaudissements

---

mer, où il rencontra Placide-L'Ouverture. Dévoré de chagrin, il termina tristement ses jours dans les bras de Placide à la fin de 1804.

(1) Mils, mulâtre originaire de la Jamaïque.

(2) Dufay, colon des environs de la *Grande-Rivière*, était un révolutionnaire fougueux ; il occupa longtemps la place d'inspecteur des frontières.

redoublent. Camboulas s'élance à la tribune : « Depuis
« 1789, dit-il, un grand procès restait en suspens. L'a-
« ristocratie nobilière et l'aristocratie sacerdotale étaient
« anéanties ; mais l'aristocratie cutanée dominait en-
« core ; elle vient de pousser le dernier soupir ; l'éga-
« lité est consacrée ; un noir, un jaune, un blanc, vont
« siéger parmi nous, au nom des citoyens libres de
« Saint-Domingue. »

Levasseur *de la Sarthe* succède à Camboulas :
« Je demande, dit-il, que la convention nationale,
« ne cédant pas à un mouvement d'enthousiasme,
« mais aux principes de la justice, fidèle à la décla-
« ration des droits de l'homme, décrète en ce moment
« que l'esclavage est aboli sur tout le territoire de la
« République. Saint-Domingue fait partie de ce terri-
« toire, et cependant il y a encore des esclaves à Saint-
« Domingue. Je demande que tous les hommes soient
« libres, sans distinction de couleur. » Ces dernières
paroles augmentent l'enthousiasme. La convention se
lève en masse et vote d'acclamation. Vadier, qui ce
jour-là, présidait l'assemblée, prononce alors l'abolition
de l'esclavage, au milieu des applaudissements et des
cris mille fois répétés de : *Vive la République! de vive
la Convention!...* Belley et Mils gravissent les marches
de la tribune ; le nègre et le mulâtre s'étreignent l'un
l'autre dans une sainte accolade. Ce signe de l'union

des deux castes augmentent les applaudissements. Et comme si rien ne devait manquer à cette scène pour la rendre des plus touchantes, une mulâtresse, dont je regrette de ne pas savoir le nom, pour le consigner ici, ressentit une joie si vive en entendant briser les fers de ses frères, qu'elle en perdit entièrement l'usage de ses sens. Gambon signale à l'assemblée ce fait attendrissant. L'assemblée ordonne qu'il soit consigné au procès-verbal; que la citoyenne soit admise aux honneurs de la séance, en reconnaissance de ses vertus civiques. Alors on put admirer cette noble femme, assise sur le premier banc de l'amphithéâtre, à la gauche du président, et essuyant les larmes que son heureuse et sublime émotion lui faisait ruisseler des yeux.

XXXIV. C'est ainsi que la France, entre toutes les autres nations, proclama d'abord les droits de ma race à la grande communion sociale : ce fut là la réparation tardive, mais complète du plus grand outrage que l'humanité ait pu faire à l'humanité. L'exécution du sublime décret du 16 pluviôse, an III (4 février 1795) fut confiée au chef de brigade Josnez. Mais le *club-Massiac* n'avait pas donné sa démission. Page, Brulley, s'étaient remués ([1]). Josnez fut insulté à Brest et arrêté

---

(1) Page (Pierre François), Brulley (Augustin Jean), nés tous deux à Paris, habitants de Saint Domingue. Ils furent plus que les blancs créoles eux-mêmes les ennemis de la liberté des noirs.

par les menées des aristocrates de la peau, devenus ou plutôt affectant d'être démagogues. A cette conduite, la convention décréta le 19 ventôse (9 mars) l'arrestation des anciens membres du *club-Massiac*, et de ceux des assemblées coloniales. Mais comme pour faire encore quelque concession aux préjugés, le COMITÉ DE SALUT PUBLIC songea au décret du 14 juillet qui mettait la commission en état d'accusation : décret fatal qui avait servi de prétexte à la coalition de l'Artibonite. Il chargea le capitaine Chambon, commandant de la corvette l'*Espérance* de porter ce décret dans les îles, en même temps que celui de pluviôse.

XXXV. Chambon part de l'île d'Aix, amarine un navire portugais dont les papiers lui annoncent que les Anglais occupent une partie de Saint-Domingue. Il se dirige vers le Sud de cette colonie. Mouillé aux *Anses-à-Pitre*, il apprend par un caboteur l'arrivée des commissaires à Jacmel et entre dans ce port le 20 prairial (8 juin). Il constitua les commissaires prisonniers [1]. Polvérel écrivit à Rigaud pour l'engager à se méfier de Montbrun. Sonthonax de son côté écrivit à Laveaux pour lui donner connaissance des événements qui venaient d'avoir lieu. Puis, abattus de douleur par le décret d'accusasion, mais heureux de voir la mé-

---

[1] Rapport de Chambon, *Bibliothèque* de Moreau de Saint-Méry Historique de Saint-Domingue, vol. 1794 à 1795.

tropole sanctionner la grande mesure de l'émancipation, ils s'embarquèrent clandestinement dans la nuit du 25 au 26 prairial (13 au 14 juin); la population n'eût pas permis leur départ, — emmenant en France Martial-Besse. Ils laissaient le gouvernement général à Laveaux, le commandement du Cap et dépendances au colonel Villatte, celui de la province du Sud au colonel Rigaud. Montbrun et Beauvais restèrent à Jacmel, où ils devaient bientôt se disputer le commandement.

XXXVI. Polvérel et Sonthonax furent en France traduits devant un tribunal exceptionnel; là, ils devaient subir de la part des colons de longues, de violentes accusations, dont ils triomphèrent avec justice. Dans ce mémorable procès, pendant les émotions duquel mourut le vertueux Polvérel, dont le tempérament s'était si fort affaibli sous le ciel des Antilles, les colons poussèrent leurs derniers cris de rage, en voyant se briser dans leurs mains ensanglantées la verge de fer de leur domination odieuse, ensevelissant par là avec leur honte une nouvelle et noble victime dont la mémoire vivra éternellement dans le cœur de la race noire, et à qui, sans nul doute un jour, la postérité élevera une colonne dans quelqu'une de nos villes.

XXXVII. Montbrun, dont la position était fausse à Jacmel, par rapport à sa conduite au fort *Byzoton*,

(1) Rapport précité de Chambon.

partit le 6 thermidor (24 juillet) pour ses terres d'A-
quin, sous prétexte d'aller se rétablir de ses blessures,
laissant le commandement de la force armée à Beauvais.
Mais l'interception ou la communication de plusieurs lettres de Beauvais, où il semblait accuser le gouverneur de
la province d'avoir livré le Port-Républicain, ramena celui-ci inopinément à Jacmel dans la nuit du 29 thermidor (16 août). Il se rend au vieux fort du *Bel-Air*. Il
ordonne l'arrestation du lieutenant-colonel Boyé et du
commissaire des guerres Ricart. Beauvais, se sentant
menacé d'un pareil sort, se jette dans le fort *Béliot*.
L'alarme est dans la ville, le tumulte est à son comble :
la garnison se divise entre les deux compétiteurs. Boyé
se rend auprès de Beauvais avec une partie des légionnaires, Pétion auprès de Montbrun avec l'autre. Les
canons sont braqués. Pétion respectait dans Montbrun l'autorité légale ; d'ailleurs dès le campement de la
Croix-des-Bouquets, il n'avait pas pris sa part dans l'en-
gouement qu'excitait Beauvais ; il se prononça donc plus
qu'aucun autre dans cette crise. Aussi pendant que seul,
le surlendemain, il descendait dans la basse ville, il fut
cerné par un détachement commandé par Boyé et conduit
en prison : on ôtait ainsi à Montbrun son principal appui, celui dont l'influence parmi les légionnaires pouvait le plus balancer la prépondérance de Beauvais.

Alors, la garnison demande la médiation de Rigaud. Celui-ci prend Pinchinat au Petit-Goâve et arrive à Jacmel le 9 fructidor (26 août). Rigaud calme les passions; ce jour seulement, au grand déplaisir de Beauvais, Pétion fut mis en liberté. Son premier soin fut d'envoyer un cartel à Boyé, ne pouvant s'attaquer à Beauvais ; dans ce duel il reçut une balle à la jambe. Montbrun et Beauvais comparaissent volontairement le 12 fructidor (29 août) devant Rigaud et Pinchinat. Bien que déjà, on le pressent les torts furent attribués à Montbrun, il consentit à retourner sur ses terres, où il fut arrêté le 22 fructidor (8 septembre) par ordre de Rigaud et renvoyé en France (1).

Pétion dans cette affaire s'était trop chaleureusement prononcé contre Beauvais pour servir sous ses ordres. Il obtint de se rendre au Petit-Goâve où il resserra son intimité avec Brunache qui commandait la place et surtout avec Pinchinat, qui depuis la prise du Port-au-Prince, y avait fixé son séjour.

(1) Montbrun (Hugues) naquit à Aquin le 12 juin 1756 ; élevé en Europe, il y resta, parvint, par sa grande fortune, à être chef du 5e bataillon de la Gironde en 1791, capitaine titulaire au 11e régiment de dragons en 1792; passé dans les colonies avec le général d'Esparbès, il parvint au grade de chef de brigade le 16 juin 1793 ; il fut nommé commandant de la province de l'Ouest la même année; arrivé en France, il fut jugé à Nantes et acquitté le 15 prairial an VI (24 mai 1798). Il fut gouverneur du château *Trompette* à Bordeaux. Il mourut dans cette même ville.

LIVRE QUATRIEME.

Reddition de Toussaint-L'Ouverture à la République.— Reprise de Léogane par Rigaud.—Siège de Byzoton.—Combat du *Carrefour-Truitier*. — Belle défense de Léogane par Desruisseaux et Pétion. — Paix entre la France et l'Espagne : fin de la guerre des esclaves.— Affaire du 30 ventôse.— Nouvelle commission civile.— Départ de Laveaux.— Pétion chef de brigade adjudant-général— Départ de Sonthonax.— Prise du *Camp de la Coupe*.

I. Sonthonax et Polvérel étaient donc partis, abandonnant la colonie à ses propres ressources ; on serait tenté de croire qu'à cette époque la France avait à cœur de perdre ses possessions, quoiqu'avec leur secours elle eût pu facilement écraser le commerce britannique.

Si, en effet, le drapeau tricolore se releva encore dans ces contrées, on peut dire que ce fut grâce à l'héroïsme de Villatte, au Cap, de Laveaux, au Port-de-Paix, de Beauvais, à Jacmel, et de Rigaud, aux Cayes, et surtout grâce à la reddition de Toussaint-L'Ouverture.

L'Ouverture, après avoir joui du titre de *médecin des armées* de Jean-François, après avoir été le premier aide-de-camp et le principal secrétaire de Biassou, avait longtemps résisté aux propositions de paix qu'on lui faisait. Mais dévoré d'une immense ambition, qu'avaient développée quelques connaissances graphiques, il abandonna subitement les bannières espagnoles, fit un horrible massacre des colons qu'il avait jusque-là protégés, abolit l'esclavage qu'il avait lui-même rétabli de la Marmelade aux Gonaïves et se soumit à Laveaux le 15 prairial (4 mai) : il fut fait chef de brigade, et eut le commandement des localités où il dominait. Comme Cromwel, se couvrant toujours du manteau de la piété, invoquant incessamment le saint nom de Dieu, vantant la clémence, mais ne la pratiquant qu'en vue d'intérêts personnels, il fut toujours bon et débonnaire pour tous ceux qui se prosternaient à ses pieds, mais irascible et implacable envers tous ceux qui semblaient même vouloir discuter avec lui. Du reste, par cela seul qu'il avait été bon esclave, il devait être un maître inhumain, s'il faut en croire le proverbe. On dit que le jour même qu'il effectua sa défection, il venait de recevoir la sainte hostie, et que le marquis d'Harmonas, sous les ordres duquel il servait, dit à cette occasion : « que si le bon Dieu descendait sur la terre, il ne pourrait habiter une âme plus pure » C'eût été donc, après avoir entendu dévotement la messe que le nouveau républicain se serait baigné dans des flots de sang, inaugurant ainsi cette nouvelle phase de sa vie ! Quel présage !

Quoi qu'il en soit, L'Ouverture, en abandonnant les Espagnols, fit recouvrer à la République un immense territoire ; et bientôt par la guerre acharnée qu'il fit aux Espagnols et aux Anglais, il mérita les éloges de la métropole. Les autres insurgés n'eurent pas le bon esprit de l'imiter ; ils continuèrent leur sauvage guerre à la liberté. Rigaud, en apprenant la conversion de L'Ouverture s'était hâté de lui écrire une lettre de félicitation, cherchant ainsi à fraterniser, lui, le principal citoyen du 4 avril, avec le principal citoyen du 20 juin.

II. Ce même Rigaud, qui avait complétrment organisé la *Légion de l'Égalité du Sud*, en la divisant en trois bataillons de huit cents hommes chaque, après avoir mis la ville des Cayes à l'abri de toute surprise, part le 10 vendémiaire (1ᵉʳ octobre) à la tête de huit cents hommes, et se trouve le 16, à deux heures du matin, aux portes de Léogane. Il divisa sa troupe en quatre colonnes, commandées par Pétion qu'il avait pris au Petit-Goâve, par Faubert, Borno Déléart et Desruisseaux.

Pétion enlève l'arme au bras, et sans coup férir, le fort de la *Pointe*, ainsi nommé parce qu'il est situé sur une pointe de rivage ; et, par une prompte canonnade, il force les navire anglais à lever l'ancre. Desruisseaux, de son côté, après deux heures de combat, est maître de deux redoutes dont il tourne le canon contre la ville. Campan, officier émigré qui y commandait, ordonne l'évacuation sur le Port-au-Prince par l'habitation *Dampuce*; il est poursuivi sans pouvoir être atteint par l'armée déjà fatiguée d'une marche de cinquante lieues. Rigaud, d'après son rapport, ne compta que douze morts, autant de blessés, mais beaucoup de chevaux tués. Il fit cent cinquante prisonniers, qui furent dirigés sur Saint-Louis. Vingt milliers de poudre, douze pièces de campagnes de 2 et de 8, cinquante pièces de 8 à 24 tombèrent en son pouvoir (1). Les vingt milliers de poudre étaient surtout un précieux butin, dans le dénûment où se trouvait la colonie de toutes munitions de guerre.

III. Un conseil de guerre fut convoqué. Ce conseil condamna à mort Labuissonnière, Marcelin Lemaire, Maximilien Lamartinière, mulâtres; Sanlec, Davezac, Ducarnel et Tiby, blancs, comme ayant livré la ville aux ennemis de la liberté. Quelques jours après furent encore condamnés à mort et exécutés, Thiballier, ancien colonel du régiment de *Berwick*, et commandant aux Cayes, Viriot, curé de la paroisse, Smith et Alvarès, les deux derniers mulâtres. L'exécution du curé souleva contre Rigaud la malédiction des femmes; c'était un

(1) Rapport à Laveaux du 18 vendémiaire an III (9 octobre 1794.)

7.

fait inoui dans les fastes de la colonie ; mais qu'en importait à Rigaud, qui savait que le froc n'implique pas l'inviolabilité du crime ? (1)

IV. Rigaud confia le commandement de la place à Marc Borno, qui mourut peu de temps après. Desruisseaux fut appelé à le remplacer. Le fort de la *Pointe* reçut le nom révolutionnaire de *Ça-ira ;* la défense en fut confiée à Pétion.

La reprise de Léogane enflamma les émigrés de colère : à l'Arcahaye, Lapointe, le renégat, sur *la tête duquel était planté le pavillon britannique*, comme disaient les émigrés, pour faire comprendre l'appui dont il leur était (2), organisa une boucherie générale de ses anciens frères ; quelques uns furent déportés au Port-au-Prince : c'étaient Mahotière, Raoul, anciens capitaines de la légion, qui avaient évacué les Gonaïves lors de la dissolution du cordon de l'Ouest, Labastille, ancien commandant de gendarmerie. Les autres, au nombre de soixante-quinze, furent assassinés à l'embarcadère de

(1) Ces événemens ont été défigurés dans des notes qu'un vieillard du nom de Déchineau, alors simple soldat, dicta il y a une douzaine d'années; notes que j'ai sous les yeux. Il est à regretter que dans une histoire récente imprimée en Haïti, on ait copié littéralement ces notes mensongères qui semblent méconnaître la moralité de la conduite de Rigaud dans la juste punition qui fut infligée à tant de traîtres.

(2) *Réponse aux libelles séditieux contre les hommes de couleur*, par Gatereau, n° 3.

l'habitation *Proy-la-générale* établie au *Boucassin*. Les plus forcenés des bourreaux, étaient Laval et Laraque ; ce dernier, procureur de l'habitation *Guilhem :* nous le retrouverons plus tard sur le théâtre de plus affreux carnages.

V. Rigaud, après la prise de Léogane, résolut de marcher contre le Port-au-Prince. Il partit de Léogane le 1er germinal (21 mars), avec quinze cents hommes. C'est en vain que les Anglais, pour arrêter sa marche avaient embossé une frégate et un brick vis-à-vis le *Petit-Trou*, dans la baie du *Lamentin :* une batterie fut élevée dans la nuit, par le lieutenant-colonel Pétion, sur une éminence qui dominait les deux bâtiments ; au septième coup de canon, dont un boulet tomba sur le pont de la frégate, les bâtiments levèrent l'ancre, en abandonnant une grande chaloupe amarrée à une brouée.

L'armée prit possession du *carrefour-Truitier* à une lieue et demie du Port-au-Prince. Là, Rigaud établit son quartier-général. La garde nationale de Léogane et des deux Goâves, sous les ordres de Prudhomme, prit ses quartiers dans la sucrerie ; quelques débris du régiment de Berwick (alors 4e) occupa la savane; trois compagnies de grenadiers des légions de l'Ouest et du Sud, avec deux pièces de canon se postèrent au carrefour. Faubert commandait le poste avancé, établi sur l'habitation *Cottes*. Rigaud visita avec Pétion les alentours ; il choisit un morne au levant, à mi-portée de canon du fort *Byzoton* qu'occupaient les Anglais, pour établir son artillerie. Toujours révolutionnaire, il donna à cette position le nom de FORT DE LA MONTAGNE, en souvenance de cette énergique fraction de la Convention qui faisait trembler l'Europe. Pétion eut la direction des travaux.

VI. Un matin, le 6 germinal (26 mars), au moment où l'on distribuait au carrefour la ration, et que les soldats nettoyaient leurs armes, le colonel Markams, commandant au Port-au-Prince, parut inopinément à la tête de huit cents hommes. Faubert est surpris, il replie ; le poste de la sucrerie évacue ; le gros des Anglais marche sur le carrefour. — Après deux coups de canon, le carrefour replie à son tour : tout est en déroute. Rigaud, qui se trouvait dans les environs, accourt au bruit de la fusillade, arrive au milieu de la débandade. Sa première mesure fut de désarmer tous les fuyards, de donner leurs fusils aux officiers et aux sous-officiers. Il se jette soudain à la tête de cinquante hommes contre les Anglais. C'est au chant de la *Marseillaise* que l'armée se rallie, et que les Anglais sont culbutés de tous côtés. Il en fait un affreux carnage. Ils sont poursuivis jusqu'à l'eau de Byzoton ; Markams lui-même perd la vie sur les bords du ruisseau. Ogé et Louis d'Aure Lamartinière furent les plus acharnés à la poursuite de l'ennemi. Ce dernier, lieutenant dans la *Légion de l'Ouest*, réparait ainsi glorieusement le mal que son frère aîné avait fait à la liberté, en appelant ces mêmes Anglais à Léogane. Aussi beau, aussi courageux qu'Ogé, tous deux devaient laisser un nom impérissable dans l'histoire de la race noire (¹).

Aidé de Dupuche, de Lys et de Zénon, Pétion eut bientôt armé le fort de la *Montagne*. Le 24 germinal (13 avril), cinq pièces de canon de 8, 16, 18, 24 et un mortier, commencèrent à tonner contre le fort *Byzoton* (²). Cette canonnade fut si bien soutenue que la pièce de 8 et celle de 24 crevèrent, blessèrent ou tuèrent plusieurs artilleurs. Ce fut miraculeusement, que Pétion ne se trouva pas atteint (³). L'artillerie du fort de la *Montagne* s'éleva jusqu'à dix pièces de 8, de 16, de 18, de 24 et à plusieurs mortiers de 8 et 12 pouces. La garnison du fort de *Byzoton* se trouva aux abois. Pétion proposa, pour en finir, d'élever une autre batterie au couchant, de manière à mettre cette garnison entre deux feux, On travaillait à la confection de nouveaux gabions, quand l'ennemi fait sauter un de nos

---

(1) Lettre de Rigaud à Laveaux du 4 floréal, an III (25 avril 1795). Notes dictées par feu le sénateur George, le général Segrettier et le général Borgella.

(2) Lettre précitée de Rigaud à Laveaux.

(3) Notes dictées par le docteur Lemith, alors légionnaire.

caissons. Les *hourra* poussés par les assiégés ne durèrent pas longtemps : Pétion à son tour fit sauter un de leurs caissons (¹).

Le fort *Byzoton* devait succomber ; malheureusement le colonel L'Ouverture, chargé de faire une diversion contre Saint-Marc, et en faveur de Rigaud, avait complètement échoué dans sa tentative. Laveaux ordonna à Rigaud de lever le siège de Byzoton. Ce siège avait duré cinquante-cinq jours (²). Rigaud fit donc rétrograder l'armée jusqu'à Léogane, le 18 prairial (16 juin).

VII. On a déjà vu la part qu'avait prise Pétion dans le conflit élevé à Jacmel entre Montbrun et Beauvais. Depuis, il n'avait fait aucun pas pour se rapprocher de Beauvais, qui soit dit en passant, aimait beaucoup à voir la jeunesse l'entourer de ses adulations. Bien plus, il commença à s'éloigner même de Rigaud, parce que celui-ci, après avoir, dès 1791, censuré dans sa conversation la faiblesse de Beauvais,— soit à propos de l'affaire des *Suisses*, soit à propos de son inaction durant la cannonade du *Borée*, exaltait alors par un revirement inconcevable, le mérite de son ancien antagoniste. Le général Segrettier, m'a raconté que pendant le campe-

---

(1) Notes dictées par feu le Sénateur Georges.
(2) *Mémoires justificatifs* d'André Rigaud.

ment du carrefour, le commandant Pétion, dont la santé était toujours débile, fut obligé de s'aliter. Le service se ressentait de son absence : les colonels Beauvais et Rigaud allèrent lui rendre visite. La conversation fut embarrassée. Pendant qu'ils s'éloignaient, Beauvais s'appitoya sur la maladie du commandant : « Mais, ajouta-
« t-il à Rigaud, voyez où va son orgueilleux caractère !
« A part les affaires de service, il ne veut avoir aucune
« relation avec nous. Il aimerait mieux, je parie, mou-
« rir que de nous faire demander un billet d'hôpital. ».
Cette réflexion de Beauvais fut rapportée à Pétion :
« Oh! certes, dit-il, je ne m'adresserai jamais à l'un, ni
« à l'autre pour ce qui m'est personnel, car je ne puis
« les aimer. surtout l'un; Beauvais, est un homme à
« tout compromettre, et Rigaud à tout commettre. »
Certes, on ne pouvait jamais plus judicieusement et mieux peindre en si peu de mots les deux officiers: le temps sanctionna ce jugement. Noble inspiration du génie particulier, dont le ciel avait doué ce jeune commandant. Ce génie donnait par avance la faculté, à lui, qui presque seul entre les autres officiers supérieurs, n'avait point été élevé en Europe, de découvrir mieux que personne, le véritable sens des hommes et des événements.

VIII. Laveaux, Villatte, L'Ouverture, promenaient dans le Nord et dans l'Artibonite, les triomphes du drapeau tricolore. Rigaud, Beauvais, maintenaient non-seulement l'intégrité du territoire dont le commandement leur était confié, mais ils reprenaient plusieurs places que la trahison avait livrées aux Anglais. Le succès qui commençait à couronner les armes de la République à Saint-Domingue enorgueillit la Convention : elle déclara le 5 thermidor (23 juillet) que l'armée de Saint-Domingue *avait bien mérité de la patrie ;* elle nomma Laveaux général de division, Rigaud, Villatte, Beauvais, L'Ouverture, généraux de brigade. Ces récompenses décernées à la bravoure, à la fidélité, produisirent un enthousiasme inouï parmi les défenseurs de la colonie. Et c'est presqu'au même moment de cet enthousiasme que les Anglais, qui venaient de recevoir de nombreux renforts, conçurent le projet de reprendre Léogane. — Beauvais était à Jacmel, Rigaud dans le Sud. Mais Renaud Desruisseaux commandait la place, et Pétion le fort *Ça-ira*.

IX. Les Anglais, pendant leur occupation, avaient fortifié Léogane : quatre bastions, ceux de *Bineau* et de *Chatulé* au Nord, ceux de *Laroche* et encore de *Chatulé* au Sud, semblaient suffisamment garantir cette place. Néanmoins, les républicains n'avaient pas manqué d'ajouter à ces fortifications. Quand l'ennemi se présenta, la place était donc sur un pied redoutable de défense.

Le général Bowyer, nouvellement arrivé d'Angleterre, partit du Port-au-Prince avec deux mille hommes de troupes de ligne et douze cents émigrés. Cette agglomération d'hommes, la plus grosse armée qu'on eût encore vue dans l'île depuis le passage du comte d'Estaing, montait une escadre de quatre vaisseaux, de six frégates et de beaucoup d'autres bâtiments. Sir Parker commandait cette escadre.

On sut à Léogane, le dimanche 30 ventôse (20 mars), que l'expédition mettait à la voile au Port-au-Prince. Aussitôt la générale fut battue ; et d'intervalle en intervalle, le canon d'alarme répercutant dans les montagnes, annonçait aux Africains que la liberté était menacée ; l'enthousiasme était général dans la place : et qui pouvait en manquer sous Desruisseaux et Pétion ?

Les Anglais canonnent le poste de la *Petite-Rivière ;* ils y débarquent le brigadier-général Montalembert et le colonel Lapointe, avec les troupes de l'Arcahaye. Ils se dirigent plus au Sud ; et, laissant le fort *Ça-ira*, ils balayent le poste de l'*Ester*, et y débarquent le reste de leur armée, dont le général Bowyer pose le quartier-général sur l'habitation *Buteau*.

X. Le fort *Ça-ira* est situé au village du même nom, il commande le débarcadère qui mène à Léogane, ville située dans l'intérieur de la plaine. Ce fort était armé d'une pièce de 18, d'une de 24, de deux de 36 et de onze de différents calibres. Pétion s'y trouvait avec trois cents hommes.

Le premier germinal (21 mars) l'amiral Parker remonte avec le vent d'ouest et vient s'embosser devant *Ça-ira* : à dix heures du matin la canonnade commença ; elle dura jusqu'à cinq heures du soir. L'escadre vomit sur le fort de cinq à six mille boulets (1). Au milieu du combat, Pétion envoie le bouillant Ogé avec un détachement chercher à Léogane des munitions dont il commençait à manquer. Ogé, à son retour, se trouve entouré par les Anglais débarqués à *l'Ester*, qui occupaient le grand chemin. Le jeune capitaine était peu habitué à compter avec le nombre ; l'épée à la main, la bayonnette en avant, il se fit une trouée sanglante et rentra à *Ça-ira* avec ses boites de mitrailles. Pétion, que rien n'étonnait, fut cependant tellement émerveillé de tant de courage qu'il décerna dès lors à Ogé le surnom de *brave*.

Le feu continue. Tous les ouvrages intérieurs du fort sont rasés ; la drisse du drapeau tricolore est coupée ; le pavillon s'abat. Pétion ordonne à un jeune matelot du corsaire les *Droits-de-l'homme*, ce jeune homme comme tous ses camarades, à l'apparition de l'escadre, s'était

(1) C'est par erreur qu'ailleurs j'ai dit quinze à seize mille boulets. Voir les bulletins des Anglais eux-mêmes.

refugié au bourg de Ça-ira, — de monter clouer le pavillon à son mât.

L'intrépide matelot obéit ; mais en redescendant, il reçoit un biscayen et tombe dans son sang. Pauvre enfant il pleurait en se sentant mourir si jeune. « Oh !
« dit-il en s'adressant à Villaumez, son capitaine, et qui
« était à côté de lui, faites-moi panser, rendez-moi à la
« vie ! — Eh ! malheureux, lui répond Villaumez, que
« ferais-tu de cette vie, si nous sommes vaincus ? — S'il
« en est ainsi, s'écrie le jeune marin, en ranimant toutes
« ses forces : *Vive la République* ! Et il expire.»

Pétion grandissait avec le danger ; il se multipliait, en se portant alternativement à chaque batterie. La canonnade du fort fut si bien dirigée que le vaisseau l'*Africa*, qui portait le pavillon-amiral, eut son mât de misaine brisé. Sir Parker ordonna alors d'appareiller pour gagner le large. Cet appareillement se fit avec tant de confusion, qu'on fila les cables, c'est-à-dire que les ancres furent abandonnées. Comme il arrive toujours dans une violente canonnade, l'air était devenu si intense que les vaisseaux furent obligés de se faire remorquer par les chaloupes. A bord d'un seul de ces vaisseaux il y avait eu plus de quatre-vingt morts ([1]).

([1]) Relation du siége de Léogane par Rigaud et Bauvais, du 9 germinal an IV (28 mars 1793) aux Cayes chez Lemery, imprimeur.

XI. Le général Bowyer avait établi à *Baussan* une demi-lune armée de canons de 24. Quoique la déconfiture de l'escadre eût paralysé ses opérations, il se porta néanmoins en avant, et vint attaquer le bastion de la *Liberté* où se trouvait le capitaine Dupuche ([1]) ; il est reçu avec une rare intrépidité et se voit forcé de regagner son quartier-général. Mais dans la nuit, l'ennemi met le feu aux halliers qui se trouvent entre lui et la ville ; à la faveur de cet incendie, il monte vis-à-vis du bastion de la *Liberté* une batterie, et au jour commence une canonnade. Dupuche fait encore un feu si vif qu'après trois heures de combat, les Anglais abandonnent leurs retranchements. « Alors leur général, pour pren-
« dre sa revanche, ordonne un assaut général ; aussitôt
« ses troupes s'avancent, soutenues de quatre canons de
« campagne qui faisaient un feu continuel sur la ville ;
« fascines, ponts volants, échelles, rien n'est oublié.

Lettre de Rigaud à Mahé, commandant la *Concorde*, 6 germinal an IV (26 mars 1796).

(1) Dupuche (Eliacin) mulâtre, naquit à la Basse-Terre, (Guadeloupe) le 10 février 1772. Il vint à Saint-Domingue en 1790; l'artillerie dans laquelle il avait déjà servi à la Guadeloupe avait besoin d'officiers; il fut successivement sous-lieutenant dans la compagnie commandée par Pétion, capitaine de la même compagnie, chef de bataillon à la même arme, quand Pétion fut nommé chef de brigade adjudant-général. Il mourut au Port-au-Prince en 1828, âgé de cinquante six ans. Il était alors général de brigade en retraite.

« Déjà, ils sont au bord des fossés, où les républicains les
« attendent. Tout à coup la garnison fait une décharge
« générale d'artillerie et de mousqueterie, et continue
« un feu si vigoureux et si nourri, que l'assaillant ne
« voit son salut que dans la fuite la plus précipitée;
« il se disperse, jette ses outils, ses armes et abandonne
« deux pièces de campagne de 6 en bronze, quatre
« avant-trains et douze caissons de munitions. Les ré-
« publicains ne perdent pas de temps; ils font une sortie,
« s'emparent de tous ces objets, ainsi que des balles de
« coton qui leur servaient de bastingages, et se mettent
« à poursuivre l'ennemi (1). »

Les Anglais allèrent se rallier sur l'habitation *Dampuce*; mais à l'annonce de l'approche de Rigaud et de Beauvais, ils se rembarquèrent sur les transports dans la nuit du 4 au 5 germinal, laissant encore sur le rivage des chevaux et des munitions de guerre. Le rapport de Rigaud et de Bauvais porte à huit le nombre de nos morts et à dix-huit celui de nos blessés,

XII. C'était sans contredit au chef de bataillon Pétion que revenait la plus large part de la gloire de cette héroïque défense. Cependant dans la *relation*, on cherche avec étonnement le nom de cet officier. On y voit au contraire Beauvais et Rigaud parler beaucoup de ce

(1) Relation précitée.

qu'ils eussent fait, s'ils s'étaient trouvés sur les lieux. Le style de cette relation semble surtout appartenir à Beauvais, dont le faire m'est assez connu par sa volumineuse correspondance que j'ai sous les yeux. Quoi qu'il en soit, l'omission des services que venait de rendre Pétion à la cause de la République fut toute volontaire, et couvre de blâme Beauvais et Rigaud, — Rigaud qui en 1791 avait donné publiquement à Pétion le beau surnom de *brave* ?—Qu'importaient les nuages qui s'étaient élevés entre le chef de bataillon et les deux généraux ? La vérité n'a-t-elle pas toujours droit aux hommages des hommes? Aussi Pétion pour la première fois peut-être sentit les mouvements d'un juste orgueil indignement outragé : ceci nous est révélé par une lettre que lui écrivit Sonthonax à son retour dans la colonie, que nous extrayons d'un registre de correspondance, et que nous nous empressons de consigner ici :

« J'ai reçu, citoyen, le 10 nivôse (30 décembre), votre
« lettre du 7 de ce mois ; les témoignages de votre souvenir,
« quoique tardifs, m'ont été très agréables; sans approuver
« les modestes motifs de votre silence, je les excuse volontiers.
« Je ne suis pas surpris que la fermeté et la franchise de
« votre caractère, votre entier dévoûment aux organes légi-
« times de la République, vous aient fait des ennemis. Je sais
« depuis long temps que vous êtes sourdement persécuté par
« les factieux ; je n'ignore pas que vous avez eu la plus

« grande part au succès contre les Anglais au siége de
« Léogane en germinal dernier, et que par la plus injuste
» partialité, la relation de ce siège n'a fait aucune mention de
« vous ; n'en persévérez pas moins dans vos sentiments;
« le temps de la justice n'est pas loin, et son glaive saura
« distinguer les bons citoyens des factieux. »

Ainsi Sonthonax vengeait Pétion de l'injustice de Beauvais et de Rigaud. Mais une chose tout à l'honneur de Pétion et qui prouve que dès lors, comme toujours, Pétion ne fut jamais l'homme d'aucun parti, c'est que, malgré les insinuations que contient la lettre de Sonthonax contre la fidélité de Beauvais et de Rigaud, avec lesquels le commissaire se trouvait alors en lutte, le chef de bataillon Pétion sut ne pas épouser sa violente animosité ; bien plus, — quand cette animosité se traduisit par la guerre sacrilége de Toussaint et de Rigaud, — on vit Pétion, oubliant tous les outrages, se séparer des rangs de Toussaint, — qui cependant lui témoignait une haute estime, — et aller offrir spontanément son cœur et son bras à Rigaud, car, à côté de lui, se trouvaient la France et les principes de liberté, tandis qu'à côté de Toussaint se trouvaient l'Angleterre et les colons.

XIII. La métropole était sortie triomphante de la coalition des rois ; elle avait à Bâle dicté la paix à l'Espagne. Le traité en date du 4 thermidor (22 juillet) cédait à la France les possessions espagnoles de Saint-Domingue ; il devait ainsi amener le dénoûment de la guerre que Jean-François continuait à faire avec acharnement à la cause de la liberté. C'est la corvette, la *Vénus*, capitaine Désagneaux, qui, entrant au Cap le 22 vendémiaire (14 octobre), apporta officiellement cette heureuse nouvelle ; elle apportait aussi le décret qui déclarait que *l'armée de Saint-Domingue avait bien mérité de la patrie.*

Beauvais et Rigaud nommèrent trois députés pour aller remercier la Convention de leur élévation au généralat : ces trois députés étaient Pinchinat, un blanc nommé Sala, ancien officier au régiment de l'*Aube*, alors capitaine aide-de-camp de Rigaud et Jean-Pierre Fontaine, noir, sous-lieutenant aux dragons de la *Légion de l'Ouest*, attaché à l'état-major de Beauvais. Ces députés se rendirent au Cap, où Laveaux vint établir son quartier-général, afin de mieux surveiller l'exécution du traité de paix entre la France et l'Espagne.

XIV. Laveaux fit d'abord restituer par les Espagnols les places qu'ils occupaient sur le territoire français. Jean-François allait être obligé de sortir de l'île. Cet ancien esclave se trouvait riche de plus d'un million provenant autant du pillage que des gros appointemens de la cour d'Espagne. La République seule acheta de lui pour cent-cinquante-cinq mille quarante-cinq francs de bestiaux (¹)! Il chargea trois bâtiments de balles de café. Et malgré cette fortune déjà assurée,—comme s'il était dit qu'il devait toujours revenir à ses antécédents, — il fit dévaliser par ses lieutenants toutes les sucreries aux environs du Fort-Dauphin (²). Le gouvernement espagnol lui promettait des terres à Cuba ; pour cultiver ces terres, il fallait des esclaves. Jean-François, de gré ou de force, fit embarquer plus de mille personnes. Le nouveau nabab n'oublia pas son sérail de jeunes et fringantes négresses. Tout était à bord qu'il était encore à terre, à l'affut sans doute de quelque occasion de pillage, quand il apprit que Villatte venait rendre une visite à Casa-Calvo, qui jusque là commandait pour l'Espagne, au Port-Dauphin. Le *grand-amiral*, pris d'une terreur panique, loin d'attendre une embarcation, se jette à la nage et gagne avec précipation sa flotte, qui le 11 nivôse (1ᵉʳ janvier 1796) met à la voile pour la Havane (³). L'*amiral*, arrivé à la Havane, vendit ses compagnons, et se rendit à Madrid où de grands honneurs l'attendaient, grâce à son immense fortune. Il y mou-

(1) Lettre de Péroud à Laveaux, Fort-Dauphin, 19 brumaire an IV (10 novembre 1795).

(2) Lettre de Grandet à Laveaux, du 4 frimaire an IV (25 novembre 1795.)

(3) Lettre de même du 12 nivôse an IV (2 janvier 1796.

rut. Quant au dégoûtant Biassou, le *vice-roi des pays conquis*, comme il s'intitulait, il avait depuis longtemps disparu du théâtre de ses forfaits, sans qu'on puisse au juste préciser le sort qu'il subit.

XV. A l'arrivée de Laveaux au Cap, — venant du Port-de-Paix, le pouvoir de Villatte, — ce pouvoir dictatorial, quoique paternel, — avait souffert, au dire de tous, une atteinte mortelle (¹) : l'homme qui avait protégé toute la *Bande-du-Nord* contre les Anglais, les Espagnols et les esclaves, fut réduit à la vaine revue des troupes. Sans voix dans les délibérations administratives, il ne semblait plus qu'une ombre inutile près d'un colosse étrange. Et pourtant chacun se rappelait les grands services de Villatte, tant pendant l'incendie du Cap, que pendant le long espace de temps où Laveaux, tout-puissant au Port-de-Paix, abondamment pourvu de vivres et de munitions, avait laissé cette ville aux seules mains de Villatte, avec une poignée de noirs démunis de tout élément de défense, sans avoir à son aide un seul soldat blanc, puisque tous étaient partis à la retraite de Sonthonax pour le Port-de-Paix.

On se demandait donc d'où venait le nouvel arrivé ? Avec Laveaux se trouvait un commerçant du Port-de-Paix, du nom de Péroud, que Laveaux

---

(1) *Esquisse historique des principaux événements*, par François Frédéric Cotterel; *De Villatte et de Laveaux*, par Barbault Royer.

avait tiré de son obscurité pour lui confier les finances de la colonie, en qualité d'*ordonnateur*. Espèce d'intriguant qui ne rêvait qu'à sa fortune propre, il voulut créer un *papier-monnaie* à sa façon avec l'initiale de son nom. Le commerce s'en émut, — avec raison. On se demandait si, lorsqu'avec Villatte on n'avait pas eu besoin de recourir à de pareils moyens, malgré la pénurie générale, ce n'était pas la dilapidation qu'on voulait introduire ?

Villatte s'était complétement isolé de Laveaux. Celui-ci, prévoyant quelqu'orage, chargea Pinchinat d'opérer un rapprochement entre les autorités. Loin de pouvoir y réussir, Pinchinat, voyant l'imminence du danger, d'accord avec ses collègues, fit prendre la résolution de solliciter la nomination des députés que l'Ouest et le Sud n'avaient pas encore nommés à la Convention, comme l'avait fait le Nord. La voix de députés directement nommés par le peuple semblait devoir mieux éclairer la France sur la position des choses que celle de simples citoyens délégués par les généraux. Laveaux ordonna enfin sur les instances de Rigaud et de Beauvais, la convocation des assemblées primaires. Pinchinat, Salla et Fontaine remirent leurs dépêches au capitaine Desagneaux et repartirent pour l'Ouest et le Sud le 2 Ventôse (21 février). Dans ces deux provinecs, Decout, blanc, et Pinchinat furent élus aux Cayes, Rey, Delmar, blanc, et Fontaine, à Léogane (¹).

XVI. Mais depuis le retour de Pinchinat dans le Sud, les murmures avaient augmenté au Cap contre Laveaux et Péroud : l'orage éclata. Le 30 ventôse (20 mars) à dix heures du matin, la maison du gouvernement est envahie par des blancs, des noirs et des mulâtres. Laveaux constitué prisonnier est maltraité ; on le conduit à la geôle où déjà l'attendait Péroud. Une circonstance qui prouve jusqu'à quel point de discrédit était tombée l'autorité de ces deux fonctionnaires, c'est la facilité avec laquelle l'expédition se put accomplir ; la population, loin de s'y opposer, laissa tout faire avec un certain bonheur ; le peuple, sans distinction de couleur, y applaudit. La municipalité régularisa ce funeste mouvement, en décernant à Villatte le soin du *Salut public;* Villatte fit la faute d'accepter.

XVII. Villatte, ancien volontaire, comme Rigaud, Beauvais, Lambert, avait, on se le rappelle, servi sous le comte d'Estaing, pendant la guerre des Etats-Unis. Homme sans instruction, en comparaison de Rigaud et de Beauvais, il en avait néanmoins plus que la plupart des autres généraux de la colonie. C'était une nature impatiente de frein, faite, comme je l'ai dit ailleurs,

(1) Mémoire justificatif de Pierre Pinchinat.

pour mener une armée au combat, ou pour rester à la caserne (¹). Sans nulle politique, incapable de concevoir que dans une contrée telle que les Antilles, le rôle du mulâtre devait être purement conciliateur, surtout à l'époque dont je parle, sans chercher à rien diriger par lui-même, sous peine de se perdre au milieu des chocs.

XVIII. Les postes extérieurs, commandés par Pierre-Michel, colonel du 3ᵉ régiment, se prononcèrent contre l'arrestation de Laveaux : Henry Christophe, capitaine des grenadiers du 3ᵉ régiment, fut envoyé au Cap pour s'informer de la nature des événements. Pierre-Michel fit plus, il ameuta les cultivateurs et dépêcha à L'Ouverture, alors aux Gonaïves. La municipalité, terrifiée, désigna le 1 germinal (11 marsᵉʳ) à neuf heures du matin trois de ses membres pour aller mettre en liberté le gouverneur et l'ordonnateur. Ces deux fonctionnaires, rentrés au sein de la municipalité, jurèrent, mais le parjure dans le cœur, l'oubli du passé. L'Ouverture néanmoins marche à la tête de forces considérables, pendant que tout est en armes au Haut-du-Cap ; bientôt vingt mille hommes menacent la ville : il y a à craindre de nouvelles horreurs. Laveaux, pour ne pas assumer sur sa tête la responsabilité totale des événements, va le 6 germinal (16 mars) s'établir à la *Petite-Anse*, bourg non éloigné du Cap, sur l'habitation fortifiée de

(1) *Vie de Toussaint-L'Ouverture.*

Saint-Michel. Villatte, à son tour, suivi de son aide-de-camp Magny, prend le parti de se retirer sur l'habitation *Lamartelière* au *Terrier-Rouge*, où se trouvait le camp de son nom. Le 9 germinal, Toussaint rencontra Laveaux avec deux régiments et une nombreuse cavalerie (¹). Et, bien qu'il fût possesseur de terres, Laveaux le proclama le même jour, au mépris de la loi du 4 avril, lieutenant au gouvernement général de la colonie.

XIX. Ici commence réellement la fortune de Toussaint. Destinée étrange que celle de cet homme ! Parti du rang le plus infime, ayant à peine secoué les chaînes de l'esclavage, il nourrit le projet de s'élancer au suprême pouvoir ! Mélange inouï de ruse et d'ambition, nous le verrons employer tous les moyens pour arriver à son but. Rien ne lui coûte pour réussir ! C'est qu'il avait merveilleusement compris tout le parti qu'il pouvait tirer de sa couleur dans ces temps désastreux ! En effet, d'un côté, une population abrutie, sans frein, passant sans transition de l'esclavage à l'émancipation, et par suite, forcément vouée au désordre ; de l'autre, des chefs sans talents, sans avenir, élevés aujourd'hui par les circonstances, prêts à tomber demain, si ces mêmes circonstances venaient à leur manquer, et du

---

(1) Lettre de Laveaux au ministre, 17 messidor, an IV (17 juillet 1796).

reste, incapables d'égaler cet ambitieux, soit par le talent, soit par la fourberie ; tel était le vaste champ qui lui était ouvert.

Quoique encore obscur, cet homme se crut donc prédestiné, surtout quand Laveaux le proclama officiellement le *Spartacus de la race noire*, le *Sauveur de la race blanche*, bien qu'il n'eût rien fait jusqu'alors pour mériter ces titres pompeux. Il fut installé solennellement dans le sein de la municipalité du Cap, où il parla de suite d'un *plan de gouvernement* qui n'est pas arrivé jusqu'à nous, parce qu'il sentit sans doute qu'il ne fallait pas trop se presser. Et par un raffinement inouï de machiavélisme, Laveaux déclara qu'il n'y avait eu dans le mouvement tumultuaire de ventôse aucun blanc, aucun noir, feignant d'oublier que le commandant Magny et Annecy (1) depuis député au corps législatif, étaient noirs, que le colonel Rodrigue était blanc, et que ces

---

(1) « Laveaux et Péroud, dit M. Frédéric Cottrel, dans son *Esquisse historique*, (brochure in 8º Paris, an VI, chez Jean Gélée), furent emprisonnés non, comme on s'est plu à le débiter, par les hommes de couleur seulement, mais encore par les blancs et les noirs. La plupart de ces derniers lors de l'arrestation de Villatte ont été mis en liberté, parcequ'on craignait et le nombre et la force des noirs : l'un d'eux, Annecy, généralement estimé, arrive aujourd'hui avec Sonthonax, comme député du corps législatif. Ainsi, quoique prévenus du même fait, les uns sont proscrits, les autres sont exceptés ! Qui ne voit les motifs de ce discernement ? »

trois hommes étaient des principaux meneurs de la journée du 30 ventôse. Péroud surtout remua les plus horribles passions : dans un libelle monstrueux pour la forme et pour le fond, intitulé : *Conspiration dévoilée d'une horde d'hommes de couleur* (1) ; il voua à la proscription toute la caste généreuse, dont la glorification commence à Ogé, arrive à Pétion, et qui est destinée à être la synthèse de l'humanité. Et, anomalie singulière dans un homme de l'intelligence de Toussaint! on le vit aussi, sans doute par reconnaissance pour ses nouveaux patrons, dont il devait à son tour devenir le protecteur, accuser les mulâtres de haine aux blancs, et commencer dès lors à persécuter ces hommes qui pouvaient être si utiles à ses projets ultérieurs. Tels furent les évènements du 30 ventôse.

XX. Une nouvelle commission civile arriva le 22 floréal (11 mai) : cette commission était composée de MM. Giraud, Leblanc, Raymond, Southonax et Roume. Desfourneaux, nommé général de division, on ne sait en récompense de quels services signalés, Chanlatte et Besse, faits généraux de brigade (2), pour avoir en vendémiaire défendu la *Convention* sous les ordres du gé-

(1) Cet écrit est daté du 30 brumaire an III (20 novembre 1794). Il fut imprimé à Philadelphie.

(2) Chanlatte fut dangereusement blessé de trois coups de feu dans cette journée. Dossier personnel. Ministère de la marine de France.

néral Bonaparte, reparurent à la même époque. La nouvelle commission était envoyée par le *Directoire exécutif :* depuis le 4 brumaire, an V (25 octobre 1796), la *Convention* avait résigné ses pouvoirs à une nouvelle organisation politique.

Roume, dont le poste avait été assigné à Santo-Domingo, avait précédé ses collègues ; il s'appliquait par une correspondance pleine de sagesse, à apaiser les haines, quand les autres commissaires débarquèrent au Cap.

XXI. Sonthonax revenait dans la colonie le cœur gros de l'échauffourée du 16 mars 1794, où Montbrun avait déjoué ses menées, en faisant marcher la Légion contre le régiment d'*Artois* et en exigeant l'embarquement de Desfourneaux. Il manda Villatte au Cap ; celui-ci s'y rendit le 24 (13 mai). L'ordre lui est donné d'aller licencier les camps où il s'était réfugié. Mais les soldats refusent d'obéir aux sommations de ce général, et s'opposent même à son retour. Alors Sonthonax proclame Villatte *traître à la patrie*, et ordonne de lui *courir sus*. Ce fut grâce à Pierrot (1), cet ancien lieutenant de Jean-François, que nous avons vu se rendre à la République, lors de l'incendie du Cap, si le camp de Lamartellière ne fut pas assailli par les nombreuses bandes de Toussaint. Enfin, Villatte prit le parti de se rendre au *Petit-Caracol*, d'où une embarcation le con-

(1) Pierrot parvint au grade de général de brigade. Il mourut au Cap le 25 thermidor an IV (12 août 1796).

duisit sur la corvette la *Méduse* dans la rade du Cap, le 3 floréal (22 avril) (¹), avec Daumec (²), Beaucorps, Beaubert, Despéroux, Gérard, Decoubet, Blot, Chervain, Fenette et Laboult.

XXII. Cependant les écrits incendiaires de Péroud se propageaient; les hommes de bien étaient consternés. Sonthonax, prévoyant quelque nouvel orage, ne se sentant pas du reste assez assuré sur un terrain qu'il avait perdu de vue depuis longtemps, fit pour calmer l'inquiétude universelle, insérer dans le journal l'*Impartial*

---

(1) Villatte (Jean-Louis) naquit au Cap en 1751 ; élevé en France, il servit successivement dans le régiment de la *Reine-Dragons* et dans celui de *Royale-infanterie*. Grenadier intrépide à l'assaut, ses camarades lui donnèrent le sobriquet de la *Palissade* ; congédié le 18 mars 1777, il retourna dans son pays à la fin de la même année. Il fit comme volontaire la campagne de Savannach et fut au siège de Pensacolo. Conduit en France, il fut longtemps détenu à Rochefort ; le premier Consul le rendit à la liberté. Il ne reparut dans la colonie qu'avec l'expédition de 1802. Il mourut au Cap le 16 ventose an X (27 mars 1802)

(2) Daumec (Louis Auguste), mulâtre, né au Cap, élevé à Paris, honora la race noire par sa haute intelligence et l'élévation de ses sentiments. On le vit, au moment où les blancs venaient de mettre à mort Chavanne, au moment où la famille de ce courageux martyr était persécutée, rechercher son amitié, la couvrir de ses soins et en épouser la fille. Membre de l'assemblée constituante de 1807, Sénateur de la République, en 1825 il fut envoyé en ambassade en France avec les citoyens Larose et Rouanez Il y mourut en décembre de la même année. « Mon Dieu, dit-il en expirant, protégez « mon pays. »

du Cap cette espèce de désaveu des doctrines de Péroud:

« Il s'est commis un grand attentat le 30 ventôse der-
« nier dans la ville du Cap. Des homme investis de l'autorité
« supérieure ont été attaqués et traînés dans les prisons. Si
« jamais des hommes, se plaignant de la tyrannie, pouvaient
« se croire autorisés à se faire justice eux-mêmes, la plus
« hideuse anarchie serait le prix d'un pareil ordre des choses;
« et si, sous prétexte de tyrannie, chaque individu tentait de
« détruire l'autorité qui contrarie ses goûts et blesse son
« amour-propre, où en serait la société?

« Citoyens, celui là est l'ennemi de la République qui
« cherche à faire naître des divisions entre ceux que nos an-
« ciens oppresseurs appelaient des castes. Il n'y a pas de
« castes coupables. Lorsqu'il y a des crimes commis, ce n'est
« pas la peau, c'est le cœur qu'il faut accuser ; et nous nous
« empressons d'improuver hautement des écrits dans lesquels
« une funeste doctrine, contraire à nos principes, aurait été
« imprimée. Les noirs, les hommes de couleur, les blancs,
« ont vu sortir parmi eux des traîtres, des ennemis des droits
« de l'homme; et ce n'est pas nous qu'on pourrait accuser
« de faire rejaillir sur la classe entière les fautes des indivi-
« dus. »

Pourquoi Sonthonax ne suivit-il pas les salutaires principes qu'il venait d'émettre aussi explicitement et aussi noblement? Certes, il pouvait apaiser les haines qu'avait soulevées le perfide écrit de Péroud. Il y eût réussi, en rendant à chacun bonne justice, en s'environnant des lumières de quelques noirs, de quelques mulâtres et, — quoiqu'en petit nombre, — de quelques blancs, qui n'avaient pas cessé dans la colonie de donner des preuves de leur amour de l'humanité. Loin de là, au mépris de sa belle profession de foi, on le vit, lui, qui avait pris sur ses débiles collègues la haute direction des affaires, se laisser aller à de cruelles injustices. Ainsi il éleva Toussaint au grade de général de division, et laissa Rigaud et Beauvais dans un dédaigneux oubli. Cependant, quand ces derniers combattaient pour la liberté, où se trouvait Toussaint? dans les rangs des fauteurs de l'esclavage. Cette conduite occasionna beaucoup de plaintes ; et à mesure que ces plaintes montaient, Sonthonax se laissait aller à une espèce d'emportement ou plutôt de débordement, indigne d'un homme privé, criminel et toujours funeste dans un homme public. De qui s'inspirait-il d'ailleurs? du rebut de la faction coloniale, de ces enragés qui ne pouvaient pardonner aux hommes du 4 avril d'avoir les premiers donné le branle à la révolution dans les îles, et de quelques aventuriers européens dont on ne connaît ni le berceau ni la tombe ; — les uns et les autres, quoiqu'à titres différents, s'entendant pour tout bouleverser et tout dilapider.—Aussi, voulant envoyer une délégation dans le Sud, quel fut son choix ? Rey, ce même colon qui, avec Bandollet et Mouchet, avait tenté d'assassiner Rigaud à la fête de la *Fédération* en 1795 ; Leborgne, un Suisse, qui de lui-même s'appelait le *Marat des Antilles*. Il me répugne d'accoler ici le nom de Kerverseau, homme de bien, nouvellement arrivé dans la colonie, qui, au grand désespoir des meneurs, sut toujours sacrifier à la justice, à la vérité. Desfourneaux, qui, surtout depuis le combat du régiment d'*Artois* et de la Légion, ne pouvait plus dissimuler sa haine contre les anciens libres, vint aussi dans le Sud comme inspecteur de la force armée. Idlinger, négociant failli de Bordeaux, qui à Saint-Domingue, avait servi tour-à-tour les royalistes, les républicains et les Anglais! Quant à Arnaud de Piétry, c'était à lui qu'on réservait le commandement de la gendarmerie. Il avait servi à Jérémie, où il s'était signalé dans la guerre contre les citoyens du 4 avril. On dit même qu'en guise de cocarde, il portait à cette époque à son chapeau les oreilles de ses victimes (1).

XXIII. Néanmoins, le 5 thermidor (23 juillet) ces hommes, malgré leurs tristes antécédents, malgré la sombre renommée qui les précédait et les suivait, furent reçus aux Cayes avec cette urbanité cordiale qui caractérise les habitants de cette ville. Rigaud et Beauvais étaient accourus exprès de Léogane pour les accueillir. Bientôt le bruit court, — et c'était vrai, — que la délégation est chargée d'arrêter Pinchinat, comme étant le moteur de l'événement du 30 ventôse et comme voulant détacher la colonie de la métropole. Les motifs de cette arrestation étaient de véritables calomnies: Pinchinat, par son

(1) *Esquisse historique*, par Cotterel, page 47.

passé, avait montré un cœur trop élevé au-dessus de ces sottes entreprises ; il avait d'ailleurs une intelligence trop supérieure pour vouloir le bouleversement de son pays, en facilitant à de mesquines ambitions, — s'il en existait alors réellement, — les moyens de pénétrer dans le chemin pernicieux d'un pouvoir éphémère. Aussi la mémorable carrière de Pinchinat, qui ne s'obscurcit qu'un instant, — au moment de la déplorable affaire des Suisses, — que pour se relever plus radieuse, lors de la criminelle *résistance à l'oppression* de Saint-Marc, — présente à tous les esprits, inspirait à tous les cœurs une respectueuse et filiale reconnaissance : on lui facilita de sortir des Cayes. Il fut au camp des *Baradaires* se mettre sous la protection du commandant Doyon. Toutefois, avant de prendre cette détermination, il tenta, mais vainement, de faire valoir qu'il était représentant du peuple, et, comme tel inviolable et justiciable seulement du corps législatif (1).

XXIV. Les calomnies de Péroud avaient aigri les esprits ; l'ordre d'arrestation donné contre Pinchinat vint les émouvoir. Ajoutez les propos inciviques de Desfourneaux, qui disait aux soldats noirs qu'il ne fallait pas obéir à leurs officiers mulâtres (2) : tout présageait quel-

(1) *Mémoire justificatif*, adressé au conseil *des cinq cents* par Pinchinat.
(2) Compte rendu des événements du Sud, par Bonnet, commandant aide-de-camp de Rigaud.

que catastrophe. Un des délégués, Leborgne poussa la chose jusqu'à corrompre la fidélité de Marie Villeneuve, jeune et belle mulâtresse, avec qui Rigaud avait des rapports intimes. Il alla plus loin ; il eut le cynisme de tirer un matin les rideaux de son lit et de montrer la victime de sa corruption encore couchée à Rigaud lui-même qui venait chez lui pour le service. A tant d'outrages, Rigaud sut contenir sa juste indignation, ne voulant par aucun éclat faire naître un conflit pareil à celui du Cap (1).

XXV. Ce fut au milieu de ces ferments de discorde que la délégation ordonna une marche générale contre Jérémie, appelé alors le *Coblentz* de la colonie. Le commandement provisoire de la province fut laissé à Beauvais. Rigaud, à la tête de la colonne de gauche, se porta sur les *Irois*, dont il commença le siège ; Doyon, à la tête de la colonne de droite, s'avança par le *camp des Baradaires* ; Desfourneaux, à la tête de la colonne du centre, se porta par le *camp-Périn* sur les *Plymouth*. Desfourneaux, battu, rentra en ville en vociférant avec rage contre les légionnaires, qui, à l'entendre, avaient mal fait leur devoir, — tandis qu'il n'eût dû s'en prendre qu'à ses mauvaises dispositions. — Dès lors le corps des légionaires se trouva comme déshonoré (2).

(1) Idem.
(2) Compte rendu par Beauvais, Jacmel, 2 fructidor an V (22 novembre 1796).

La délégation, dans ces entrefaites, mande le 10 fructidor (27 août) le colonel Lefranc aux Cayes. Lefranc avait remplacé Rigaud au commandement de la légion; de plus, il était revêtu du commandement de l'arrondissement de Saint-Louis : caractère énergique, il avait fait une guerre implacable aux colons. Il lui est ordonné,—chose à laquelle il était loin de s'attendre,—de se rendre à bord de la corvette la *Doucereuse* pour aller au Cap se mettre à la disposition de la commission. Le commandant Menou, aide-de-camp de Desfourneaux, le conduit au rivage par le collet. On arrive au coin des rues du *Rempart* et de la *Convention*, où se trouvait un groupe de légionnaires. Le colonel se précipite au milieu de ses soldats. Alors on crie *aux armes* ! Et, pendant que Desfourneaux fait battre la *générale*, Lefranc et les légionnaires se portent aux forts de l'*Ilet* et de la *Tourterelle*, situés à l'extrémité orientale de la ville.

XXVI. La *générale* avait rallié deux cent seize gardes nationaux et soixante huit hommes du 88ᵉ régiment. Desfournaux ordonne au chef de brigade Nadaud de se porter avec cent cinquante hommes sur la *Tourterelle*. Ce détachement est repoussé après avoir perdu trois hommes. Beauvais est envoyé dans les forts. Sa voix est méconnue ; on ne veut entendre aucune proposition de paix avant l'arrivée de Rigaud. La délégation est obligée de prendre le parti d'appeler ce dernier. Rigaud lève le siège des *Irois*, se porte à marche forcée sur les Cayes, et y fait son entrée le 24 au matin (31 août). Mais dans la nuit Rey, Desfournaux et leurs suites s'étaient clandestinement embarqués. « Cette fuite, dit Beauvais dans son compte rendu, décélait des coupables. » On arme des barges à leur poursuite : ils attérissent à *l'Ile-à-vache*, située à sept lieues de la *Plaine-du-Fonds*; ils y errent pendant sept jours ; recueillis enfin par un bâtiment américain, ils sont débarqués aux Gonaïves et se rendent au Cap ([1]). L'exaspération était au comble ; déjà et à grand'peine Beauvais avait empêché les soldats de fondre sur la ville. Cependant à l'annonce de l'arrivée de Rigaud, les légionnaires se portent à son gouvernement. On sait que dans toute cohue, il y a des fanatiques. On commence chemin faisant par mettre à mort un jeune mulâtre du nom de Lilladam, sous-contrôleur de la marine, créature de la délégation, qui avait remplacé Gavanon, blanc justement aimé, qu'on avait destitué au déplaisir général, et un jeune noir, du nom d'Édouard, capitaine aide-de-camp de Desfournaux, qui n'avait pu suivre ce général dans sa fuite. Lilladam et Édouard étaient arrivés dans la colonie avec Sonthonax. Ils avaient été arrêtés par une patrouille, alors qu'ils catéchisaient les hommes de la plaine en faveur de leurs patrons. Ces mêmes hommes de la plaine avaient aussi fait irruption en ville ; ils

---

(1) Rapport du général Desfournaux.

sacrifièrent plusieurs colons. Leborgne eut beaucoup à trembler pour ses jours. Enfin Beauvais et Rigaud purent faire renaître le calme. La commotion se fit sentir dans toute la *Bande-du-Sud :* le chef de brigade Laplume et le chef de bataillon Pétion surent, à Léogane, empêcher d'attenter à la vie des blancs, en déployant une énergie au-dessus de toute expression (1).

XXVII. Sonthonax envoya Besse et Chanlatte, comme commissaires pacificateurs, dans le Sud. Bien que ces généraux dans leurs rapports eussent attribué tous les torts à Desfourneaux, à Leborgne et à Rey, bien que Beauvais et Kerverseau fussent venus appuyer ces rapports par les leurs propres, Sonthonax, dont l'influence était unique dans la commission, fit une proclamation le 25 frimaire (15 décembre) contre le département du Sud : avec une infernale méchanceté, il rappelle la mort « *du brave Édouard, citoyen noir arrivé de*
« *France, l'honneur des Africains, l'apôtre et le*
« *martyr de la liberté ; il a succombé sous le fer des*
« *assassins soudoyés par Rigaud. Les deux Rigaud,*
« *continue Sonthonax, Duvalmonville, Salomon* (2),
« *Lefranc et Pinchinat, voilà les chefs de la révolte*
« *des Cayes ; ce Pinchinat qui, en* 1791, *a sacrifié*

(1) Mémoire inédit de Kerverseau.
(2) M. Salomon, vint au monde à la Martinique. C'est le grand père de M. Salomon jeune, aujourd'hui ministre des finances de l'empire d'Haïti

« *trois cents noirs à la rage des factieux du Port-*
« *au-Prince, en stipulant leur déportation à la baie*
« *de Hondouras, pour prix de leur fidélité aux*
« *hommes de couleur et du sang qu'ils avaient versé*
« *pour leurs droits.* » Ces paroles étaient faites pour soulever les plus affreuses passions ; elles désignaient clairement les hommes du 4 avril à l'animadversion de ceux du 20 Juin. Les gens de bien s'émurent de cette politique machiavélique qu'inaugurait l'ancien Jacobin. Sonthonax ne s'arrêta pas là ; il mit ses délégués à l'abri de tout reproche, autorisa les habitants du Sud à se retirer dans les pays neutres et alliés ; — mais ces habitants, au contraire, se rallièrent autour de Rigaud ; — enfin il donna le commandement de Jacmel à Chanlatte, celui de Léogane à Beauvais, en y adjoignant les deux Goâves, l'Anse-à-veau et le fonds-des-Nègres, celui de Saint-Louis à Martial Besse ; il déclara de plus cesser toute correspondance avec Rigaud (1).

C'était là mettre à l'état d'interdit tout un immense département, composé des citoyens les plus recommandables par leurs antécédents politiques. C'était l'outrage déversé à pleines mains et gratuitement. Sonthonax oubliait-il que le règne des Jacobins avait fini, que la Convention laissait respirer l'humanité et que le temps n'était

(1) *Exposé de la conduite du général Rigaud, dans le commandement du département du sud de Saint-Domingue,* par Bonnet, aide-de-camp dudit général.

plus où impunément on poussait les populations au désespoir pour les égorger ensuite?

XXVIII. Rigaud ne se possédait plus. Pinchinat était dans la désolation. Ils résolurent tous deux de se rendre en France pour se justifier des outrageuses colonnies que Sonthonax commettait à leur égard. Mais toutes les communes du Sud s'opposèrent au départ de Rigaud, le supplièrent et lui firent même une loi de rester à son poste. La population des Cayes chargea Garigon et Lachapelle d'aller porter les doléances au tribunal de la Métropole. Ces commissaires partirent le 4 brumaire (25 octobre) avec Pinchinat, Fontaine, Decout, Rey-Delmar, députés au corps législatif, et Bonnet [1], commandant-aide de camp de Rigaud avec les dépêches spéciales de ce général. Le but ostensible du

---

[1] Bonnet (Guy-Joseph) naquit à Léogane le 15 mai 1773. La révolution le trouve employé dans une maison de commerce. Lettré pour son temps, Brunache se l'attacha comme secrétaire, quand il fut nommé commandant-militaire du Petit-Goâve, envoyé en mission à Léogane, le 10 novembre 1793; il se trouvait dans cette dernière ville lors de la trahison de Labuissonnière. Arrêté, puis envoyé pour gagner Brunache et Desruisseaux, il rentra au Petit-Goâve le 15 mars 1794. (Déclaration de Bonnet à la municipalité du Petit-Goâve *Ministère de la marine de France*). Rigaud sut bientôt apprécier son intelligence et sa bravoure; à la réorganisation de l'armée du Sud, il fut nommé capitaine commandant des chasseurs à cheval; bientôt après, chef d'escadron aide-de camp; adjudant-général, sous Dessalines: général de brigade, enfin général de division sous Pétion, il mourut à Saint-Marc le 9 janvier 1843.

voyage était de conduire des prisonniers en Angleterre. Le navire fut capturé et mené au Môle. Decout et Fontaine, sous prétexte de santé, se rendirent à la Jamaïque. Pinchinat, Rey-Delmar, Bonnet, Garrigon et Lachapelle furent dirigés en Angleterre, d'où ils rentrèrent en France sur parole le 24 thermidor an V (11 août 1797).

XXIX. Garrigon était colon ; Lachapelle mulâtre. Le premier, lié d'intimité avec le père d'André Rigaud, avait toujours affiché un grand dévoûment à la personne de ce général, ce qui avait fait décider de son choix par la ville des Cayes. Lachapelle était connu pour avoir en 1790 prêté le serment infâme de *respect aux blancs*; depuis, par sa jeunesse, son intelligence, son civisme, il avait fait oublier son passé et mérité l'affection de ses concitoyens. A peine arrivés en France, les deux messagers se plurent à faire l'apologie de Sonthonax, dont ils voyaient la fortune puissante, et à accabler Rigaud et Pinchinat, sous le poids d'un pamphlet aussi ridicule pour la forme qu'atroce pour le fond [1]. Bonnet et Pinchinat surent avec éloquence rétablir la vérité des faits et mériter les louanges de leurs concitoyens [2].

(1) *Compte rendu des événements de fructidor*, par Garrigon et Lachapelle.

(2) *Réponse* de Pinchinat, député de Saint-Domingue aux discours, actes ou écrits des citoyens Leborgne, Garrigon, Lachapelle et Son-

8.

XXX. Toussaint eut le bon esprit de voir sans s'émouvoir la conduite de Sonthonax contre Rigaud. Il est vrai qu'il avait encore besoin du premier; car il était loin d'être au comble de son ambition. Bien que général de division, commandant dans le département de l'Ouest une armée nombreuse dont il était le maître absolu, il ne voyait pas sans un certain dépit et sans un certain regret au dessus de son pouvoir, le pouvoir de Laveaux et de Sonthonax, deux blancs dont il fallait qu'il se défît, avant d'établir son règne universel. Raymond, Beauvais et Rigaud n'étaient que peu de chose, — des mulâtres. Il pouvait gagner la complicité de Raymond, en lui donnant de l'or, neutraliser Beauvais en lui suscitant des tribulations et expulser Rigaud, en inaugurant la guerre de caste, dont ses patrons avaient déjà donné le signal. Il ne restait dans la colonie que Roume; mais Roume était à Santo-Domingo, contrée trop éloignée, pour qu'il dût s'inquiéter de ce délégué dont il serait toujours temps de savoir ce qu'il en pourrait faire, quand il le tiendrait sous sa griffe. D'ailleurs, la Métropole, trop embarrassée des guerres européennes, n'était pas en ce moment à même de rien faire pour faire respecter ses droits.

Ainsi Spartacus peut avoir le champ libre : parlons de Laveaux, car c'est lui qu'il fallait faire partir le premier.

thonax. Brochure de 171 pages in 8°. Mémoire de Bonnet, aide-de-camp du général Rigaud. Paris, an VI.

Toussaint, toujours hypocrite et tortueux, s'adonna à mille platitudes pour éloigner son patron. Il lui écrivit, à ce patron, de son habitation Descahaux, située dans les environs de la bourgade d'Ennery ; il l'appelle, *mon général, mon père, mon bon ami, mon bienfaiteur*. Il lui parle de sa *femme* de ses *enfants*, objets les plus propres à attendrir le cœur, *dont il est séparé depuis si longtemps*. Il l'amadoue, il le fascine comme le serpent sa proie ; il lui propose enfin de le faire nommer député au corps législatif, et termine par se dire, *son fils, son fidèle ami* (1). Laveaux se laisse prendre à ce traquenard. Alors le Renard, rusé, ne peut plus contenir sa joie : « Mon général, mon frère, mon bon ami, dit-il à Laveaux, d'un ton patelin, que votre lettre en date
« du 10 courant a été agréable à mon cœur ! que je
« suis heureux d'avoir en vous un ami aussi sincère, aussi
« vrai ! Autant mon cœur reçoit de joie, en lisant votre
« lettre, autant il souffre de tous les chagrins qu'il sait
« que vous éprouvez sans cesse ; mais, continue le moine
« en prière, tel qu'il en puisse être, résignons-nous
« entièrement en la divine Providence ; imitons Jésus-
« Christ qui est mort pour nous donner l'exemple que
« l'homme sage et vertueux est fait pour souffrir ; car

(1) Lettre tirée de la Bibliothèque impériale du 30 thermidor, an V (17 août 1796).

« celui qui permet que nous souffrions est celui qui
« nous consolera (1). »

Et qu'on ne s'imagine pas que ce soient là des paroles prêtées gratuitement à Toussaint ; lui-même a toujours déclaré que sa dictée lui appartenait en propre.

XXXI. Laveaux fut donc nommé député au corps législatif. Sonthonax, de son côté, avait brigué le même honneur et l'avait obtenu ; mais c'était pour se ménager un poste de dignité au sein de la métropole, au cas qu'il y eût été rappelé, comme il devait s'y attendre. Sonthonax continua donc à séjourner dans la colonie, tandis que Laveaux en partait le 28 vendémiaire (19 octobre 1796) (2). Il ne nous appartient pas ici de rechercher la moralité de la conduite politique de Laveaux en cette circonstance ; mais était-il de son honneur de quitter son uniforme de général d'armée, d'abandonner son poste de gouverneur de la colonie, pour aller se vêtir de la robe de législateur ?

XXXII. Le projet de Sonthonax de morceler l'autorité que Rigaud exerçait dans le département du Sud et les quartiers y annexés de l'Ouest, n'avait pas réussi ; les populations exaspérées, expulsèrent Chanlatte

(1) Lettre tirée de la bibliothèque susdite du 14 fructidor an IV (31 août 1796).

(2) Lettre tirée de la même bibliothèque, de Laveaux à Toussaint, datée de Vigo (Espagne) du 21 frimaire an V (11 décembre 1796).

de l'arrondissement de Jacmel, et Besse de celui de Saint-Louis (¹). Sonthonax n'en était devenu que plus irrité ; il cherche d'abord à perdre Rigaud dans l'esprit de Beauvais ; il l'accuse de vouloir livrer le Sud aux Anglais ; il termine sa lettre du 18 prairial (6 février) en disant : « *C'est au moment où un de vos ca-* « *marades va terminer sa carrière par une perfidie,* « *que vous vous immortaliserez par votre courage et* « *votre fidélité.* »

Beauvais s'empressa de communiquer à son frère d'armes cette épître grossière et calomnieuse. Rigaud la fit imprimer avec une réfutation pleine de dignité. Il n'y a rien de tel que la lumière de la publicité pour déjouer les complots des méchants ; les manœuvres de Sonthonax tournèrent ainsi à sa propre confusion.

Mais comme pour ne donner aucun démenti à sa politique et ne laisser à Rigaud que le moins d'influence possible, il retire Léogane de son commandement, en confie l'arrondissement à Laplume (²) qu'il crée le 29 ventôse (9 mars) général de brigade, envoie Desruisseaux

---

(1) Besse, à son retour au Cap, fut envoyé par Sonthonax en France, pour justifier la commission auprès du directoire exécutif. Il fit naufrage le 3 prairial an V (22 mai 1797), à bord de la flûte la *Lourde* sur le *Champ-de l'épi-d'or* près de Brest. (Lettre de Besse au ministre du 5 prairial an V (24 mai 1797.) Dossier personnel, au *ministère de la marine de France*). Il ne reparut à Saint-Domingue que sous le général Hédouville.

(2) Laplume (Jean Joseph), né dans le royaume de Congo

au Petit-Goâve, et remet Jacmel sous les ordres de Beauvais : chacun ne devait correspondre qu'avec lui. Il fait plus, il élève soudainement, le 12 floréal (1ᵉʳ mai) Toussaint, au grade de général en chef de l'armée, place vacante depuis le départ de Laveaux.

C'est alors que les Anglais crurent pouvoir attirer Rigaud sous leurs drapeaux. Mais cet austère républicain repousse leurs propositions, venge Toussaint des injures de leurs agents, et continue malgré tout, à servir la cause de la liberté.

XXXIII. Partout où il y avait une manœuvre à diriger, un ressentiment à surexciter contre Rigaud, Sonthonax ne laissait rien échapper : il élève le 1ᵉʳ prairial (20 mai) Pétion au grade de chef de brigade, adjudant-général près de l'armée de l'Ouest. Il sait que ce chef de bataillon avait à se plaindre de Rigaud comme de Beauvais ; en lui annonçant ses nouvelles fonctions, il cherche à

(Afrique), fut importé par la traite à Saint-Domingue. Il servit sous Halaou d'abord; puis sous Dieudonné, dont il facilita l'arrestation. Rigaud le nomma le 3 ventôse an IV (22 février 1796) chef de bataillon *commandant la force armée de Nérette et dépendances.* Laveaux le fit la même année chef de la 11ᵉ demi-brigade à la formation de ce corps. Il fut confirmé par le premier consul dans son grade de général de brigade le 11 thermidor an X (30 juillet 1801) Il mourut à Cadix le 19 fructidor an XI (6 septembre 1802). MINISTERE DE LA MARINE DE FRANCE, dossier personnel.

le circonvenir, à lui faire épouser ses injustes et cruels ressentiments :

« Le général Laplume, lui écrit-il, vous remettra, citoyen, un brevet de chef de brigade adjudant-général. La commission a cru devoir cette récompense tant à vos talents militaires, à vos services, qu'à votre fidélité aux agents du gouvernement français. Les bons témoignages rendus de vous par le général Laplume et la connaissance particulière que j'avais de vos bons principes, n'ont pas peu contribué à déterminer la commission à vous accorder votre avancement.

« Je compte beaucoup sur vous, tant pour les opérations militaires du général Laplume, que pour écarter de lui le souffle empoisonné des rebelles du Sud. Votre expérience, votre caractère, la connaissance parfaite que vous avez des hommes dont il a à se méfier, vous rendront infiniment propre à lui éviter tous les pièges qu'on pourrait lui tendre et à conjurer tous les orages qu'on voudrait exciter contre lui. » (¹)

Mais Pétion avait l'intelligence trop élevée, le cœur trop patriote, pour se laisser ainsi suborner par le Jacobin. Il ne méprisait jamais rien tant que les cabales des factions, pour épouser aucune animosité, au détriment de la justice et de l'intérêt général.

Boyer, Segrettier et Paul, tous trois lieutenants au régiment dont Laplume avait eu le commandement furent

(1) Lettre du 1er prairial an V (20 mai 1797) extraite des registres de correspondance de Sonthonax.

à la même époque nommés capitaines-adjoints à l'adjudance-générale de Pétion. Segrettier, qui avait sauvé la vie à Chanlatte, lors de son expulsion de Jacmel et qui, par Santo-Domingo, avait suivi ce général au Cap, apporta à Pétion son brevet. Dupuche fut appelé en remplacement de ce dernier au grade de chef de bataillon, commandant de l'artillerie légionnaire.

XXXIV. Qu'il me soit permis de citer ici une anecdote qui se passa à cette époque ; les petites choses peignent souvent fort bien le caractère moral de l'homme : Pétion avait établi ses bureaux dans la maison dite *Daverne;* il avait laissé à ses anciens artilleurs les chambres de la cour comme logement. Or, un de ces artilleurs lui vola un petit chien de race, qu'il dressait lui-même pour la chasse, — sa passion. L'animal est vendu à une campagnarde de l'habitation *Cormier.* Pétion, chagrin de la disparition de cet ami de tous les instants, ordonne des perquisitions. Un négociant Européen lui apprend enfin où se trouve le chien.

Je laisse le général Segrettier continuer la narration [1]. « Pétion me fit appeler et m'ordonna de me
« rendre à minuit chez lui, avec Boyer et Paul, tous les
« trois à cheval. Nous nous trouvâmes à l'heure. Pétion
« à notre tête, nous prîmes le chemin de la campagne.
« Tant d'orages sillonnaient à cette époque l'atmosphère

---

[1] Segrettier (Nicolas), mulâtre, né à Léogane vers 1774, vient de mourir général de division en retraite.

« politique de la colonie, que nous crûmes de bonne
« foi, que nous allions faire quelque coup de main.
« Nous chevauchions, plongés dans mille réflexions.
« Enfin nous fîmes halte devant une maison. Pétion
« ordonne à chacun de s'emparer d'une issue ; qu'on
« s'imagine notre anxiété ! L'adjudant-général frappe
« à la porte principale ; on ouvre. « Madame, l'enten-
« dîmes-nous dire, d'une voix pleine d'émotion, mon
« chien ! rendez-moi mon chien ! » nous rentrâmes ;
« Pétion déliait le petit animal attaché au pied du lit,
« qui, fou du bonheur de revoir son maître, ne se pos-
« sédait pas. La bonne femme, inquiète, embarras-
« sée, n'osait articuler aucun mot : impossible de dé-
« crire les sentiments divers qui nous agitaient. Pétion
« prend le nom du voleur, restitue à la femme les deux
« gourdes qu'elle lui avait données.

« Nous remontâmes à cheval avec Pétion. « Je pu-
« nirai bien sévèrement ce vol, disait-il. » Le jour com-
« mençait à poindre quand nous rentrâmes en ville.
« La nouvelle de cette affaire se répandit bien vite..
« l'artilleur fut appelé ; le bataillon se groupa : tous
« s'attendaient à quelqu'acte de grande sévérité. Mais
« Pétion, à l'étonnement extraordinaire de la multi-
« tude, se contente d'humilier le voleur, par une courte
« exhortation, et de le renvoyer à son poste. L'artil-
« leur devint un des plus probes de l'armée. »

C'est ainsi que Pétion songeait dès lors, par son propre exemple, à inspirer à ses concitoyens, l'esprit d'indulgence et de mansuétude qui était devenu si rare qu'à cette époque la vie de l'homme comptait pour rien ; la moindre faute entraînait souvent la mort.

XXXV. Pétion avait à cette époque vingt-sept ans ; il était d'une taille au-dessus de la moyenne, et parfaitement fait de sa personne ; un certain degré d'embonpoint ajoutait à la dignité de sa démarche. Son front, impassible, ne laissait deviner aucun des mouvements de son cœur, ni aucune des aspirations de son intelligence ; seulement à son sourire tantôt railleur, tantôt mélancolique, toujours bienveillant, on devinait qu'il y avait là un homme de bien. — Accessible aux plus humbles, il aimait à secourir toutes les nécessités. Sa maison était le rendez-vous des officiers de la garnison : beaucoup profitaient de sa bonté ; quelques-uns abusaient de sa complaisance, tous l'aimaient. — Depuis la mort de sa mère, survenue au Port-au-Prince le 29 vendémiaire an V (20 septembre 1796), à l'âge de soixante-six ans, il avait fait venir à Léogane ses deux anciens esclaves, Aly et Bellerose, noirs Africains ; ces deux fidèles serviteurs lui tenaient lieu de valets de chambre, de cuisiniers, d'intendants ; ils avaient souvent de la peine pour répondre aux exigences des amis de leur maître.

Pétion, entre ses trois adjoints, s'était attaché plus particulièrement le capitaine Boyer, qu'il avait connu dans son adolescence. C'était un jeune homme d'une vingtaine d'années, plein de feu, et plus lettré que ne l'étaient d'habitude ses contemporains. Pétion en fit son principal secrétaire (1).

XXXVI. Ce fut vers le temps où Pétion fut fait adjudant-général, que Sonthonax voulut dissoudre la Légion de l'Ouest, dont la concentration aux mains d'un officier de l'Ouest ou du Sud, lui semblait un danger. Pétion et l'adjudant-général Boyer (Européen), qui se trouvait à Jacmel, furent chargés par Toussaint, de procéder à la séparation des trois armes dont se composait la légion. Cette opération n'eut pas lieu, grâce à la dissention qui s'éleva entre Toussaint et Sonthonax.

XXXVII. Sonthonax, qui croyait avoir assis sa toute puissance, par l'élévation des anciens esclaves sur les ruines des anciens affranchis, devait recueillir les tristes fruits de son machiavélisme ; après avoir mis toutes les castes en opposition les unes aux autres, il pensait avoir démoralisé tous les partis, et sur leurs débris, il

---

(1) Boyer (Jean-Pierre), fils de blanc et de négresse, né au Port-au-Prince le 15 février 1773, exerçait avant la révolution le métier de tailleur d'habits. Il commença ses premières armes dans les troupes franches de l'Ouest, compagnie des grenadiers de Nérette, dont il devint le lieutenant. Il parvint à la présidence de la République Il mourut à Paris le 9 juillet 1850, à l'âge de soixante-dix-sept ans cinq mois, moins six jours.

rêva dit-on, de proclamer l'indépendance du pays, et de s'en faire le chef. Il comptait, ajoute-t-on, pour réaliser ce projet gigantesque, sur le dévoûment du général Toussaint qu'il avait comblé de tant d'honneurs inespérés.

Ce général, qui couvrait ses moindres tendances d'un mystère impénétrable, dont les actes, même les plus ostensibles, ne pouvaient révéler les calculs secrets de la pensée, aurait d'abord fait semblant d'être la dupe du commissaire ; mais au fond, il n'eût songé qu'à débarrasser la colonie de sa présence.

Telle fut la principale accusation que Toussaint éleva contre Sonthonax. La vérité, à mon avis, est que Sonthonax voulut d'abord sonder les dispositions de Toussaint envers la France; qu'il lui tint même quelques propos trop inconsidérés; mais qu'il s'aperçut avoir affaire à plus madré que lui; que ses prétendues confidences faites il trouva qu'il avait un chef plutôt qu'un lieutenant ; qu'alors avec son caractère irascible, il passa, suivant son habitude, d'un extrême à l'autre, et commença à attaquer Toussaint dans ses discours ; ce qui fit hâter son embarquement.

Peut-on croire sérieusement que Sonthonax eût proposé à Toussaint l'égorgement des quelques blancs qui restaient encore dans la colonie?

XXXVIII. Toussaint se rend au Cap: après plusieurs

conférences tant avec Raymond qu'avec Sonthonax; et voulant bien user des formes les plus flatteuses, il écrit au commissaire le 3 fructidor an V (20 août 1797): « Qu'il est temps qu'il se rende à son poste au corps « législatif pour dire à la France ce qu'il a vu, les prodi- « ges dont il a été témoin et pour défendre la cause sacrée « de la liberté ([1]) » Sonthonax ne pouvait résister à cette pression qu'appuyait une armée nombreuse réunie à la Petite-Anse sous les ordres de Toussaint lui-même. Il voulut néanmoins travailler l'esprit de quelques officiers noirs de la garnison du Cap. Mais le 7 fructidor (24 août) à minuit, trois coups de canon d'alarme, partis de la Petite-Anse, viennent jeter l'épouvante au Cap : Toussaint lui donne jusqu'à huit heures du matin pour s'embarquer.

Alors le *Robespierre du Nouveau-Monde*, ainsi appelé, aux *Cinq-Cents*, par Villaret-Joyeuse, accompagné de Raymond, du général Léveillé, commandant de la place, de deux ou trois autres fonctionnaires, de madame Villevalex, sa femme, sortit du gouvernement à six heures du matin, traversa la ville au milieu d'une population muette et silencieuse et fut s'embarquer sur le navire l'*Indien*. Ce silence solennel, qu'aucun applaudissement, aucun murmure, aucune insulte ne vint interrompre, dut bien diversement agiter le cœur de cet homme orgueilleux et despote qui dans ses deux

[1] Vie de Toussaint-L'Ouverture, par Saint-Rémy, page 203.

missions occasionna autant de mal que de bien. L'*Indien* mit à la voile le lendemain et se dirigea vers la Havane, où l'on ne voulut pas laisser séjourner l'ex-commissaire. Heureusement pour Sonthonax, il arriva en France, après l'élimination faite au corps législatif de Vaublanc, de Villaret et de la partie modérée des députés. Le Jacobin eut beau jeu; son audace, qui s'était si fort abattue, se releva; admis le 16 pluviôse an V (4 février 1798), au conseil des *Cinq-Cents*, il se disculpa, comme il put, de ses fautes et de sa honte.

XXXVIII. Leblanc et Giraud étaient déjà retournés en France. La commission se trouva donc concentrée aux seules mains de Raymond.

Julien Raymond descendait de ces premiers *manants* qui colonisèrent la colline d'Aquin. Son père, devenu riche, n'avait rien négligé pour son éducation. Elevé en France, il s'y était marié : mais il ne voyait pas sans horreur le joug humiliant des préjugés sous lequel sa caste était placée dans les colonies. Il consacra un second voyage en Europe à publier sur ces graves questions quelques brochures bien faibles pour la forme, puissantes de recherches et d'appréciations (¹). Le plus

---

(1) Lettre au citoyen D.., député à la convention nationale, par J. Raymond, colon de Saint-Domingue, sur l'état des diverses parties de cette colonie et sur le caractère des déportés. Paris 1793, brochure in-8, 24 pages. Mémoires sur les causes des troubles et des désastres de la colonie de Saint-Domingue, Paris, 1793, brochure in-8° 66 pages. Réflexions sur les véritables causes des troubles et

remarquable de ses travaux est encore inédit, c'est un mémoire présenté en 1784 au maréchal de Castres, alors ministre de la marine. — On ne peut donc contester son dévoûment à la liberté. Mais caractère faible, il ne sut jamais attendre d'amélioration que du temps, comme si le temps ne devait pas être aidé dans ses évolutions; toujours opposé aux impatiences d'Ogé, toujours, dans sa correspondance avec les colonies, engageant nos pères au calme, aux ménagements, il eût reculé la révolution de dix ans, sans les criantes injustices de l'aristocratie blanche. Sa prudence touchait à la pusillanimité. Honoré de la confiance du gouvernement, après avoir gémi dans les cachots sous la *Terreur*, et envoyé comme commissaire à Saint-Domingue, il fut constamment l'instrument, la dupe et la victime du machiavélisme de Sonthonax; il sanctionna les arrêtés les plus impolitiques et les plus cruels. Et comment se défend-il des reproches qu'on peut lui adresser? « Quoi donc! fait-il dire au ministre dans « son rapport du 18 fructidor an V (4 septembre 1797); « quoi donc! me direz-vous, n'avez-vous pas signé

des désastres de nos colonies, notamment ceux de Saint-Domingue avec les moyens à employer pour préserver cette colonie d'une ruine totale. Paris, 1793, in-8, 36 pages. Preuves complètes et matérielles du projet des colons pour mener les colonies à l'indépendance. Paris, an III, in-8, 31 pages. Origine des préjugés de couleur. Paris, 1792. Correspondance avec ses frères des colonies, Paris, 1794.

« vous-même les actes que vous accusez? avez-vous du
« moins protesté contre eux? — Oui, citoyen Ministre,
« je les ai signés, parce que l'absence de ma signature
« n'en pouvait empêcher l'exécution. Je n'ai point
« protesté, parcequ'une protestation de ma part n'au-
« rait pu qu'aggraver les maux que je prévoyais. »

Voilà Raymond peint par lui-même. On devine qu'avec un pareil personnage, le champ reste tout entier à Toussaint. Ce général, en effet, après le départ de Sonthonax, se trouva le chef souverain de la colonie. Rien ne manquait à l'élévation totale de sa fortune que de détruire dans le Sud la grande influence de Rigaud. Mais l'occupation du Port-au-Prince par les Anglais était la solution de continuité entre les deux généraux, car le Sud se trouvait par le fait de la guerre comme dans une espèce d'indépendance.

XXXIX. Rigaud méditait alors une expédition contre Jérémie; pour laisser ses derrières sans inquiétudes, il obtint de Toussaint l'ordre d'une diversion contre le Port-au-Prince. Le soin de cette diversion fut confié à l'adjudant-général Pétion.

Les Anglais possédaient dans les hauteurs du Port-au-Prince quatre camps, la *Coupe*, *Nérette*, *Grenier*, et *Formy*; déjà Beauvais avait fait deux pénibles, périlleuses et vaines tentatives contre ces camps. Pétion partit de Léogane le 25 pluviôse (13 février) à la tête de deux mille hommes; c'étaient les trois bataillons de la Légion, le régiment des troupes franches, commandé par Nérette (aujourd'hui 11ᵉ) les débris des régiments de *Berwick*, de l'*Aube*, et de la *Seine-Inférieure*; passant par la *Rivière-Froide*, il bivouaqua sur l'habitation *Philippe*. Le lendemain il contourna le camp *Grenier*, prit position près de la *Coupe* sur l'habitation *Chevalier*. Quand le voyageur a dépassé le morne de la *Charbonnière*, gagnant au sud, il rencontre les *Savanettes* que surmonte le morne de la *Coupe*. C'est au sommet de ce morne, à l'est de la source, que se trouvait le fort dont on voit encore les ruines : enceinte de remparts régulièrement bâtis, entourée de chevaux de frises et de fascines, la position semblait inabordable. Une demi-lune s'étendant de l'est à l'ouest, aux extrémités de laquelle se trouvaient deux bastions dont le canon battait la source et le grand chemin, était le premier travail à emporter. La garnison commandée par un émigré, le chef de bataillon Brunet, se composait de trois cents jeunes et vaillants Anglais.

L'habitation *Chevalier*, depuis longtemps dévalisée, comme toutes les circonvoisines, ne contenait aucune plantation de vivres.—Il y avait par rapport au chemin trop de difficulté pour en tirer de Léogane. Cette considération préoccupait déjà l'armée.

Pétion, à la longue vue, découvrit le 27 pluviôse (15 février), au jour, un convoi qui se dirigeait du Port-au-Prince, à la *Coupe*. Aussitôt il assemble ses officiers : quelques-uns objectent qu'on n'a mission que d'inquiéter l'ennemi, et non de l'attaquer ; mais le commandant Gauthier, les capitaines Ogé, Boyer, Segrettier, le lieutenant Bazelais, demandent le combat ; les officiers européens y accèdent enfin.

Pétion donne au chef de brigade Ulysse le commandement de la colonne de gauche, qui doit tomber sur les derrières du fort ; il se réserve le commandement de celle de droite, qui doit attaquer de front. Le combat commença à cinq heures et dura jusqu'à huit et demie ; le bastion est enlevé à la bayonnette ; l'ennemi rentre dans le fort. Ulysse l'y poursuit ; mais il est refoulé jusqu'au bastion. Pétion est accueilli par un premier coup de canon qui lui renverse quatre hommes. Rien n'arrête l'ardeur des assaillants. L'enceinte principale est envahie. On voit alors des soldats anglais monter sur les toits, et là, continuer encore le combat. Brunet se porte partout, encourageant ses compagnons et leur distribuant des munitions. Quand il voit que tout est perdu, que lui-même est blessé, il se jette du haut des remparts et réussit à se sauver.

Quinze hommes seulement purent trouver leur salut dans la fuite, tant la résistance avait été opiniâtre ! On ne fit que sept prisonniers, parmi lesquels était une jeune Anglaise de douze à treize ans qui avait reçu une balle. Le capitaine Boyer s'empressa de donner à cet enfant infortunée, quelques soins ; elle mourut dans le trajet de Léogane. L'intérieur du fort offrait un affreux spectacle ; les glacis, et toutes les chambres étaient jonchés de morts ; on ne savait où mettre les pieds. Pétion perdit cinq officiers, douze soldats, et eut un nombre considérable de blessés. Quatre pièces de canon, dont deux en bronze de 2 et de 6, les autres en fonte, de 12 et de 8, beaucoup de munitions de guerre et de bouche, furent les trophées de cette journée. Le pavillon tricolore fut arboré au bruit du canon et aux cris de : *Vive la République !*

La prise du camp de la *Coupe* décida le même jour, de l'évacuation de celui de *Nérette,* et le lendemain de celui de *Grenier*. Quelques jours après, Nérette, chef de brigade, au régiment des troupes franches, enleva après un violent combat, le camp de *Formy*. Les résultats de ces succès furent immenses ; les Anglais abandonnèrent les habitations *Fleuriau* et *Digneron*, et rentrèrent à la Croix-des-Bouquets. Les derrières du Port-au-Prince se trouvèrent à découvert ; la vaillante jeunesse de la Croix-des-Bouquets commença à déserter la cause des Anglais ; nos patrouilles poussaient fort avant dans la plaine. Enfin la prise du camp de la *Coupe* mit l'Ouest en relation avec l'Artibonite, et entraîna l'évacuation du Port-au-Prince.

Les fatigues, essuyées durant cette courte, mais pénible expédition, occasionnèrent à Pétion, une fièvre si

(1) Rapport du général Laplume à Toussaint du 27 pluviôse an VI (15 février 1798).

violente, qu'il fut obligé de se faire transporter à Léogane, pour être mieux soigné. Quand il rentra dans cette ville, ce fut pour lui une espèce de triomphe, et le plus précieux de tous : les enfants, les femmes, les anciens, tous s'empressèrent de venir prodiguer leurs témoignages d'attachement au vainqueur de la *Coupe* ; et, il faut le dire, c'était autant au citoyen qu'au soldat, que s'adressaient tant de sympathies (1).

J'annonce, pour le tome suivant, la mission du général Hédouville, la rupture de Toussaint et de Rigaud, la guerre civile enfin, le plus épouvantable de tous les fléaux.

(1) **Notes de Segrettier.**

FIN DU TOME PREMIER.

www.ingramcontent.com/pod-product-compliance
Lightning Source LLC
Chambersburg PA
CBHW071344150426
43191CB00007B/838